SECOND LATIN

SECOND LATIN

BY

CORA CARROLL SCANLON, A.M.

AND

CHARLES L. SCANLON

TAN BOOKS AND PUBLISHERS, INC.
Rockford, Illinois 61105

PREFACE

This second-year Latin course supposes the previous study of our *Latin Grammar*. It is intended for students who can devote only two years to the study of Latin and who must be prepared to read intelligently Latin textbooks of philosophy, theology, and canon law. Therefore the vocabularies, word studies, exercises, and connected passages have been selected with this practical purpose in mind. The first half of the book is based on philosophical texts; the second half is drawn from works of theology and from the Code of Canon Law. At the end of the volume is a vocabulary of 3,000 words, which may serve the purpose of a concise dictionary.

THE AUTHORS

Printed with Ecclesiastical Approval

Copyright © 1976 by TAN Books and Publishers, Inc.

Originally published in 1948 by B. Herder Book Co.

Library of Congress Catalog Card Number: 48-748

ISBN: 0-89555-003-2

Fourth Printing

PRINTED AND BOUND IN THE UNITED STATES OF AMERICA

TAN BOOKS AND PUBLISHERS, INC.
P.O. Box 424
Rockford, Illinois 61105
1976

CONTENTS

CONTENTS

LESSON I

Vocabulary

abrogare, *to revoke, to abrogate, to annul*
aptus, *fit, suited to, correct*
congruus, *proper, suitable*
corporeus, *bodily, corporeal*
dicitur, *it is called, it is said to be*
distincte, *clearly, plainly, distinctly*
exhibere (2), *to show, to exhibit*
exprimere, -pressi, -pressus, *to show, to express, to represent*
hujusmodi, *of this kind*
mere, merely
mosaicus, *Mosaic, pertaining to Moses*
nota, f., *mark, feature*
perfectio, f., *perfection, correctness*
privativus, *deprived of, lacking*
probare, *to prove, to test, to examine*
prout, *according as*
pugnare, *to fight*
roborare, *to strengthen*
solere (2), *to be accustomed*
subjectum, n., *subject, proposition*
vivens, *living*

WORD STUDY

1. Realis, realiter, realitas refer to the existence of something existing independent of the action of the created mind. Thus a dot is an **ens reale, realiter existens.** But a point is not an **ens reale.**

2. **Substantia** is an **ens reale** that is suited to exist by itself (e.g., an

apple). **Substantia** is contrasted with **accidens.** An **accidens** (plur., **accidentia**) inheres in a **substantia** (e.g., redness, roundness).

3. **Carentia, privatio. Carentia,** the generic term, means the absence of some quality. **Privatio** (adj., **privativus**) is an absence of a quality from a being that is **aptum** to have that quality. Thus a man's blindness is a **privatio.**

4. **Subjectum, objectum. Subjectum** is that in which something exists. Thus the intellect is the **subjectum** of ideas; a man is the **subjectum** of health. **Objectum** is that toward which something is directed. Thus color is the **objectum** of the power of sight.

GRAMMAR

The passive voice is used for the most part as in English.

a) The agent, if expressed, is placed in the ablative case preceded by the preposition **a** or **ab. Evangelia a discipulis scribebantur.** *The Gospels were written by disciples.*

b) Many verbs may be used in the passive with impersonal force.

Dicitur. *It is said to be, it is called.*
Agendum est. *The matter to be treated is.*

EXERCISES

Translate into English: 1. Substantia non deletur. 2. Evangelium a sacerdote praedicatur. 3. Mundus non amatur ab inimicis suis. 4. Ideae distinctae in duas partes dividuntur. 5. Animae immortalitas ex ejus spiritualitate probatur. 6. Dei existentia ex existentia mundi probatur. 7. Corpus exercitio congruo roboratur. 8. Lex mosaica a Christo abrogata est. 9. Veritas in actu exercito cognoscitur. 10. Multas dies pugnatur. 11. Cogitationes impiae repelli possunt. 12. Portae civitatis apertae sunt. 13. Gratiae actae erant. 14. Principium pacis factum erit. 15. Domus a virgine mundatur. 16. Panes pauperibus dabuntur. 17. Deprecationes a filiis oblatae sunt. 18. Virgo in caelis coronatur. 19. Filia a matre sua docebitur. 20. Discipuli Domini verbis conturbabantur. 21. Agnus a servo abductus est. 22. Vultus suus

aversus est. 23. Famuli moniti erant. 24. In civitate illa litigabatur.
25. Poenae non evadentur. 26. Rex a plebe salutatus est. 27. Indulgentia
inimicis tribuetur. 28. Praemia servis bonis data erant. 29. Militiae
ad civitatem diriguntur. 30. Idea illa dici solet negativa. 31. Sancti ab
omnibus hominibus admirati sunt. 32. Verbum a discipulis discutitur.
33. Trinitas a nobis non comprehendi potest. 34. Os suum non apertum
est. 35. Calamitates a Deo permittuntur. 36. Antistes a papa audietur.
37. Murus bene munitus erat. 38. Puer in ecclesia relinquebatur.
39. Homines mali ejecti sunt. 40. Terra a Deo facta est. 41. Tutamentum eis mandatum est. 42. Viri a famula vocantur. 43. Ignis a pueris
non visus est. 44. Caritas Dei ab omnibus implorabatur. 45. Pes hominis fractus erat. 46. Civitas a rege condetur. 47. Medicina sanamur.
48. Dicta ejus audi solent. 49. Aqua non potabitur. 50. Animae nostrae
ab angelis eripientur. 51. Ab apostolis aestimabatur. 52. Sonus tubae
a filiis timetur. 53. Vota a matribus facta erunt. 54. Potestas vestra
perdita est. 55. In illa die pax concelebrabitur.

READING

1. Idea positiva est ea, quae aliquam realitatem exhibet, ut idea
vitae. Idea negativa est ea, quae exhibet carentiam realitatis, ut idea
nihili, mortis, tenebrarum. Prout exhibet carentiam perfectionis in
subjecto apto, vel non apto, dici solet privativa, vel mere negativa.

2. Idea distincta dividitur in completam et incompletam. Idea completa est ea, quae omnes notas essentiales distincte exhibet; si non
omnes huiusmodi notas exprimit, dicitur incompleta. Completa est
idea quae hominem exhibet ut substantiam corpoream, viventem,
sensitivam, rationalem.

LESSON II

Vocabulary

alienus, -a, -um, *of another, another's*
attingere, -tigi, -tactus, *to arrive at, to attain*
circa, *about, in respect to*
cognitio, f., *knowledge, idea*
colligere, -legi, -lectus, *to assemble, to collect*
debere (2), *to owe, ought, must*
detegere, -texi, -tectus, *to uncover, to detect*
diligenter, *carefully*
iterum, *again*
nam, *for*
naturaliter, *naturally*
operam dare, *to work hard at, to devote oneself to*
ops, opis, f., *power, support;* **ope,** *with the help*
patere (2), *to be visible, to be obvious*
porro, *next*
primo (adv.), *first*
processus, -us, m., *course, process*
ratio, f., *account, reason*
ratiocinium, n., *reasoning*
redigere, -egi, -actus, *to make, to reduce*
reflectere, -flexi, -flexus, *to reflect*
regula, f., *rule*
seipsum, *himself;* **sibiipsi,** *to himself*
systema, -atis, n., *system*
vitium, n., *defect*
vulgo, *commonly, generally*

4

Word Study

1. Ratio. The first meaning of this word is account or reckoning, a business transaction: for example, **rationem ducere,** to compute; **rationes subducere,** to close accounts. From this there develops a figurative meaning, such as **rationem habere,** to make a calculation (of any kind, not merely financial). From this is derived other similar meanings, such as plan, mode, method of procedure, nature, kind. The word then comes to be applied to that faculty of the mind which calculates and plans, namely, the reason. From this it is applied to certain properties of the reason, such as reasonableness, order, method. From being applied to the reason itself, it is used to indicate some product of the reason, such as theory, doctrine, system, or the operation itself of the reason, namely, an adducing of proof or reasoning.

Grammar

Adverbs.

a) Adverbs are formed from adjectives of the first and second declensions by adding **e** to the stem: **clarus, clare; distinctus, distincte; merus, mere.**

b) Adverbs are formed from adjectives of the third declension by adding **iter** to the stem (stems in -nt lose the -it) : **fortis, fortiter; prudens, prudenter; naturalis, naturaliter.**

c) The ablative singular neuter or feminine of adjectives, pronouns, and nouns may be used adverbially: **falso,** *falsely;* **recta,** *straightway;* **vulgo,** *commonly;* **crebro,** *frequently.*

d) The words of a phrase or short sentence have sometimes united to form an adverb: **postmodo,** *presently;* **videlicet,** *to wit;* **nihilominus,** *nevertheless;* **scilicet** (usually abbreviated to **scil.**), *that is to say.*

e) A common adverbial ending in Latin is **-tim: partim,** *partly;* **statim,** *on the spot;* **saltim** (or **saltem**), *at least;* **separatim,** *separately;* **generatim,** *in general;* **divisim,** *separately, individually;* **vicissim,** *in turn;* **singillatim,** *singly;* **gradatim,** *step by step, gradually, by degrees.*

EXERCISES

Translate into English: 1. Haec iterum, ratione objecti, dividitur in Metaphysicam generalem et specialem. 2. Homines generatim agunt, prout cogitant. 3. Sic cognosco Petrum, non modo ut est homo, sed etiam, ut est animal, substantia. 4. Ita ideae sunt imagines rerum. 5. Jam imagines, et ergo ideae, considerari possunt: (a) ratione originis; (b) ratione objecti quod exprimunt; (c) ratione perfectionis repraesentationis; (d) ratione inter se relationum. 6. Adhuc non coenaverunt. 7. Amodo omnes pueros hic colligent. 8. Hodie illam rem amplius considerabo. 9. Cognoscunt bene omnes notas objecti. 10. Nobis benigne multas res tribuere solet. 11. Deprecationes meas clementer audivit. 12. Competenter diligenterque omnem scientiam ad regulas redegerunt. 13. Etiam ope regularum scientia logicae filiis docebitur. 14. Homines iniqui foras ejecti sunt. 15. Fortiter pugnatur in illa natione. 16. Hic remanere possunt. 17. Igitur homo substantia corporea, vivens, sensitiva, rationalis dicitur. 18. Ideo idea negativa est ea quae carentiam realitatis exhibet. 19. Illic stabat auxilium implorans. 20. Pueri item cum matribus in ecclesiam introibunt. 21. Iterum dicam, id quod jam dixi. 22. Nimis de legibus discutitur. 23. Sine exercitio congruo corpus numquam roborari potest. 24. Sic probari non solet. 25. De carentia perfectionis in illa re non agendum est. 26. Subjectum nunc probatum est. 27. Olim leges ratiocinii non comprehendebantur. 28. Exercitus Romam pridie intravit. 29. In hoc subjecto duae ideae pariter expressae sunt. 30. Quando lex mosaica abrogabatur? 31. Quare haec idea privativa dicitur? 32. Idea quoque negativa dicitur. 33. Quondam domus in illa regione sine tectis erant. 34. Corpora sua exercitio roborare quotidie solent. 35. Non recte exhibent notas realitatis. 36. Homo sicut apostolus dixit. 37. Duas ideas simul expressit. 38. Primo, sibiipsi subjectum probat; porro, omnibus hominibus id probabit. 39. Realitatem facile et sine errore probare possunt. 40. Igitur veritas non vulgo patet. 41. Quare vitia ratiocinii ejus detegere non possumus? 42. His processibus naturaliter veritatem attingimus. 43. Tamen regulas illius systematis non clare percipimus.

44. Homo, huic scientiae operam dans, vitia ratiocinii sui observat. 45. Conclusiones tam remotae erant, ut vulgo non paterent. 46. Gloria virtutem tamquam umbra sequitur. 47. Comprehendemus tunc processus ratiocinii nostri. 48. Discipuli Christi ubique aliis rationem reddere de fide sua debent. 49. Unde non opus est id aliis probare. 50. Si admittuntur ideae universales, debent quoque admitti res aliquo modo universales. 51. Nunc experientia habetur ope observationis et experimenti. 52. Cognitio nostra est essentialiter relativa. 53. Studium logicae mentem gradatim roborat. 54. Homo partim spiritus, partim corpus est. 55. Prout huic subjecto operam damus, id intelligemus.

READING

1. Nam qui huic scientiae (logicae) operam dat, primo, in suam mentem et ejus operationes reflectens, diligenter observat modum, quo naturaliter veritatem attingit; deinde ex hac observatione colligit, et in systema redigit, regulas, quas in suis circa veritatem operationibus sequi debet.

2. Porro, ope ejusdem regularum systematis, cognitiones jam habitas clarius et distinctius percipit; conclusiones remotiores, quae vulgo non patent, ex eis deducit; alienorum vitia argumentorum detegit; ac sibiipsi, et si opus est, aliis rationem reddere potest de sui ratiocinii processibus.

LESSON III

Vocabulary

actus, m., *act*
communiter, *commonly*
conserere, -serui, -sertus, *to connect*
definire, *to define*
facultas, f., *faculty*
hinc, *hence*
intellectus, m., *intellect*
necessario, *necessarily*
non modo, *not only*
notio, f., *notion*
notitia, f., *knowledge, acquaintance*
res, f., *thing*
scil. (abbrev. for **scilicet**), *that is to say, namely*
sensibilis, *perceptible, apprehensible, sensible*
seu, *or*
significare, *to mean, to signify*
simplex, *simple*
sonare, *to sound, to indicate*
terminus, m., *term*
tractare, *to treat*
ullus, -a, -um, *any*
verum etiam, *but also*

Word Study

1. **Essentia:** that by which a thing is what it is; the intrinsic nature of a thing. Thus the **essentia** of man consists in his being a rational animal; the **essentia** of a triangle consists in its being a three-sided plane figure. Further details do not belong to the **essentia.**

2. **Facultas:** used here in the sense of power or ability.

3. **Sensibilis:** perceptible to the mind through the senses of sight, hearing, touch, and the like. Capable of being apprehended by the bodily senses.

GRAMMAR

Gerund and gerundive participle. These verb parts are formed similarly, that is, by adding -nd- plus the inflectional endings to the basic root. For example:

capiendus, -a, -um	capiendi, -ae, -a
capiendi, -ae, -i	capiendorum, -arum, -orum
capiendo, -ae, -o	capiendis, -is, -is
capiendum, -am, -um	capiendos, -as, -a
capiendo, -a, -o	capiendis, -is, -is

a) The gerund is used in the singular only, and only in the oblique cases (i.e., all cases except the nominative and the vocative).

b) The gerund combines the functions of both the verb and the noun. For example: **ars scribendi,** *the art of writing.* **Potestas res cognoscendi,** *the power of recognizing things.*

c) The gerund is always active in meaning and in grammatical relationship.

d) The gerundive participle is used in all cases and both numbers.

e) The gerundive participle is used as an adjective or with some form of **esse** as a predicate verb with the idea of must or ought. This last construction is sometimes called the Second Periphrastic.

f) The gerundive participle is always passive in meaning and in grammatical relationship. The agent, when expressed, is put in the dative case.

Examples:

As adjective: **Magna et conservanda civitas,** *a great city worthy of preservation.*

Second Periphrastic: **Hinc cum iisdem tractanda sunt.** *Hence they must be treated with the same.* **Quaedam res aggregandae erant.** *Certain things had to be added.*

Translate into English: 1. Quaedam res cognoscendae sunt. 2. Haec facultas possidenda est. 3. Homo facultatem possidet cognitiones proprias manifestandi. 4. Hic terminus definiendus est. 5. Ille actus cum aliis non confundendus est. 6. Essentia alicujus rei menti repraesentanda est. 7. Ideae simpliciter exprimendae erunt. 8. Hoc nomen simplex accipiendum erat. 9. Panis manducandus erat. 10. Inimici nostri repellendi erunt. 11. Calices pueris ostendendi erant. 12. Ars scribendi docenda est. 13. Spes amicos suos liberandi corda replevit. 14. Leges iisdem hominibus observandae erunt. 15. Initium ecclesiam decorandi factum est. 16. Laetitia Deum cognoscendi non potest exprimi. 17. Luces non videndae sunt. 18. Domus mundanda erat. 19. Peccatum reservatum commissum est et non absolvendum. 20. Modus vivendi est optimus. 21. Manifestat timorem suum clamando. 22. Perdidit discipulos auxilium inimicis ducendo. 23. Placendae militiae causa in illo loco remansit. 24. Regnat viros malos ejiciendo. 25. Videndi exercitus gratia in monte alto stabit. 26. Ostia aperienda erant. 27. Mortuus est ad alios salvandos. 28. Respiciendi ignis causa ingressae sumus ad civitatem. 29. Multa faciendo virtutem ostendunt. 30. Agendum est. 31. Te vocabo ad canendum hymnum. 32. Pueri introeunt ad aquam aspergendam. 33. Sapientiam non habeo in rebus meis gerendis. 34. Modis malis relinquendis vitam meliorem possumus consequi. 35. Os sancti reddendum erit. 36. Eadem ei non petenda sunt. 37. Coenandum est. 38. Non videmus utilitatem ad invicem litigandi. 39. Pueri matresque liberandi sunt. 40. Oves ab haedis sequestrandae sunt. 41. Porta mihi aperienda est. 42. Faciendum erat. 43. Multa tabernacula aedificanda erunt. 44. Vivitis non ad mandata danda sed ad accipienda. 45. Hic famulus in illo tumulo sepeliendus erat. 46. Hi homines dolosi quoque timendi sunt. 47. Venerunt ad pacem poscendam. 48. Possidendae terrae causa rex malus pauperes

de domibus eorum ejecit. 49. Ulciscendi domini gratia servus inimicos
ejus quaesivit. 50. Rex virginibus lacrimosis non affligendus est.

READING

1. Sed homo non modo habet potestatem res cognoscendi, verum
etiam facultatem possidet cognitiones proprias aliis hominibus manifestandi. Haec manifestatio fit per quaedam signa sensibilia, scil.,
terminum, propositionem, argumentationem, quae, pro nostra praesenti conditione, cum mentis operationibus necessario conserta sunt,
et hinc cum iisdem tractanda.

2. Apprehensio, ut ipsum nomen sonat, significat aliquid capere,
percipere, tenere, quibus verbis, communiter exprimitur cognitio seu
notitia, quam mens accipit de rebus. Hinc simplex apprehensio definitur: actus, quo intellectus sibi repraesentat essentiam alicujus rei, sine
ulla de ipsa re affirmatione vel negatione.

LESSON IV

Vocabulary

complexio, f., *combination*
duplex, *double*
e.g. (exempli gratia), *for example*
ens, n., *being*
expers, *devoid of, without*
formalis, *formal, essential*
i.e. (id est), that is
immaterialis, *immaterial*
imprimere, -pressi, -pressus, *to impress*
materialis, *material*
objectum, n., *object*
omnino, *altogether, entirely*
organismus, m., *organism*
Plato, m., *Plato* (Greek philosopher, 427–347 B.C.)
praecisive, *precisely*
praeterquam, *beyond, besides*
sensitivus, *perceptive by the senses*
seu . . . vel, *whether . . . or*
spectare, *to look at*
tantum, *only*
uterlibet, *whichever of the two*
v.g. (verbi gratia), *for example*

WORD STUDY

1. **Ens** (plur. **entia**). Strictly speaking, this most general of all terms cannot be defined. But we can say that it means **id quod est.** Whatever

12

is, is an **ens**. Existence is not requisite for something to be an **ens**. Whatever can be the object of thought is an **ens**. Thus a mile-high tree is an **ens** (possible); but a square circle is not an **ens**.

2. Formalis. An object of thought or study may be twofold: as the thing is in itself and as it is from a special point of view. As the former it is the **objectum materiale**; as the latter it is the **objectum formale**. The **objectum materiale** of chemistry is matter; the **objectum formale** is likewise matter, but considered as consisting of ultimate elements and their mutual relations.

Grammar

1. Ut followed by the indicative may be translated by the adverbial conjunctions *as, when, while, as soon as, since.*

2. Some conjunctions.

a) Often the same conjunction is repeated in two coordinate clauses.

et ... et	
-que ... -que	*both ... and*
aut ... aut	
vel ... vel	*either ... or*
sive ... sive	
seu ... seu	*whether ... or*
neque ... neque	*neither ... nor*

b) Many adverbs are similarly used in pairs **as conjunctions.**

nunc ... nunc	
tum ... tum	
jam ... jam	*now ... now*
modo ... modo	
ut ... sic (ita)	
tam ... quam	*as ... so (as)*
cum ... tum	
non modo ... vero (sed) etiam	*not only ... but also*
seu ... vel	*either ... or*

Translate into English: 1. Apprehensio, ut ipsum nomen sonat, significat aliquid percipere. 2. Plato ut sapiens. 3. Matresque puerique passi sunt. 4. Et inimicos timebant et despiciebant eos. 5. Aut caritas aut virtus nobis placet. 6. Vel gaudeant vel affligantur. 7. Sive bibat sive manducet gratias agere decet. 8. Seu famuli seu famulae aderunt in domo domini. 9. Neque regem vidimus neque audivimus eum. 10. Nunc clamabant, nunc obsecrabant. 11. Tum nomina filiorum suorum vocant, tum vultus suos avertunt. 12. Homo jam pius jam impius est. 13. Modo corde fratres modo ad invicem dolosi sunt. 14. Ut pater sic filius. 15. Ut mater docet, ita agit filia. 16. Agnus non tam magnus est quam ovis. 17. Cum mirabiliter factum est, tum nimis dignum est. 18. Non modo judex verum etiam rex ipse reum ex regno migrare jusserunt. 19. Seu est nota vel notarum complexio. 20. Ut portam aperueram, citaram audire poteram. 21. Ut famulae concelebrabant, aliquis donum matris meae fregit. 22. Non eas vidi, ut id dixerunt. 23. Et vinum benedixit, et bibit eum. 24. Aut nobis medelam dabit aut moriemur. 25. Vel virgo vel filius patrem suum consolabitur. 26. Sive valde contriti erant sive in malis suis laetabantur, non scio. 27. Neque homines neque gentes leges justitiae observaverunt. 28. Seu Maria in ecclesia erat seu ad domum jam ierat, non dicere poterant. 29. Nunc leones agnos capiebant, nunc isti evadebant. 30. Tum aedificant, tum delent. 31. Ut sacerdos ducit, sic omnes discipuli sui consequentur. 32. Ille vir praeclarus tam fortis quam fidelis est. 33. Sancti jam vincula jam certamina patiebantur. 34. Cum latro est hic vir, tum regionis reus pessimus. 35. Utrumlibet habere potes: seu calicem de argento vel fontem aquae sanctae. 36. Modo sapientiam exhibeo, modo delicta copiosa facio. 37. Non modo de die in diem in via commorati sunt, verum etiam omnes panes et carnes manducaverunt. 38. Deus tam bonus quam clemens est. 39. Neque defunctorum neque vivorum obliviscentur. 40. Non memini sive apud benefactorem suum apparuit sive in tenebris occultus remanebat. 41. Nunc credebat, nunc dicebat se ignorare. 42. Ut alios aestimat, ita cogitat alios eum aestimare.

43. Ut ex civitate egressi sunt, non mihi scripserunt. 44. Semper nobis epistolam mittit, ut advenit. 45. Seu Agnes vel Andreas oves custodit. 46. Seu bonus seu malus est, nemo diligit eum. 47. Habitatio, ut ipsum nomen sonat, significat locum habitandi. 48. Martyres innocentes erant ut angeli. 49. Non modo vox ejus suavis erat, verum etiam vultus valde benignus erat. 50. Aut nubes aut montes erant.

READING

1. Actus facultatis sensitivae exhibet tantum sensibiles corporum qualitates (i.e., eas quae in organismum se imprimere valent), at actus intellectus, praeterquam quod attingit ad res qualitatibus sensibilibus omnino expertes (e.g., Deum, animam), res materiales sub rationibus praecisive immaterialibus substantiae, entis, etc., cognoscit.

2. Objectum ideae seu id quod idea repraesentat, est duplex, materiale et formale: Materiale est res spectata ut est in se, scil., cum omnibus suis notis, e.g., Plato; formale est eadem res, prout a mente apprehenditur, v.g., Plato ut sapiens; seu est nota vel notarum complexio, quae hic et nunc repraesentatur, e.g., sapientia vel virtus Platonis.

LESSON V

Vocabulary

alter, *the other*
contemplatio, f., *contemplation*
diversitas, f., *difference*
dividere, -visi, -visus, *to divide*
excitare, *to excite, to arouse*
exsurgere (3), *to arise*
extra, *outside of*
factitius, *artificial*
inquirere, -quisivi, -quisitus, *to seek*
intuitivus, *intuitive*
nominare, *to call, to name, to nominate*
operatio, f., *action*
ordinare, *to arrange, to ordain*
oriri, ortus, *to rise*
partitio, f., *division*
philosophia, f., *philosophy*
posterior, *the latter*
practicus, *practical*
praesentia, f., *presence*
praxis, m., *practice, exercise*
prior, *the former*
realis, *real*
reflexus, *reflex*
respectus, m., *respect*
scopus, m., *aim, object*
sistere, stiti, status, *to stand*
sol, m., *sun*

speculativus, *speculative*
supremus, *ultimate, highest*
vero, *but, whereas*

Word Study

1. **Factitius.** An idea is said to be **factitius** when it is the result of several ideas being combined by the mind to form a new idea of which the mind has had no previous knowledge.

2. **Reflexus.** A reflex idea is one whose object is within the mind, such as the idea of one's own happiness.

Grammar

1. **Present participle.** Used only in the active voice, the present participle has the force of both a verb and an adjective. As adjective it shows agreement; as a verb it may take an object. **Objectum extra cognoscentem est.** *The object is outside the person recognizing it.*

2. **Conjunctions** that require special notice.

a) **et** (and) simply connects words or clauses. **Ideae dividuntur in intuitivas et factitias.** *Ideas are divided into intuitive and factitious.*

b) **-que** (and) combines more closely into a connected whole. **-que** is added as an enclitic to the word connected. **Aqua ignique deleta sunt.** *They have been destroyed by fire and water* (combined).

c) **Atque, ac** (and) lays more emphasis on the added word. It may be translated *and so, and yet, and besides, and then.* **Omnia bona atque mala.** *Everything good and everything bad besides.*

d) **Sed, verum, vero** (but), the last two being more emphatic. These words are used to introduce something in opposition to what precedes.

e) **At** introduces a new point in an argument and is more emphatic than **sed.**

f) **At enim** introduces a supposed objection which is presently to be refuted.

g) **Autem** marks a mere transition and is best translated *however* or *now*.

h) **Quod si** (but if, and if) continues a line of reasoning.

i) **Aut, vel** (or). The usual difference is that **aut** excludes the alternative, whereas **vel** gives a choice between two alternatives. This distinction is not always observed.

Philosophia aut speculativa aut practica est. *Philosophy is either spectulative or practical.*

Bibat vel manducat. *Let him eat or drink* (whichever he wishes).

j) **Nam, namque** (for) introduce a reason for some statement already expressed.

k) **Enim** (for) introduces a statement of lesser importance, somewhat parenthetically.

l) **Etenim** has the force of *for, you see; for, you know.*

m) **Ergo** (therefore) is used of things as formally proved.

n) **Igitur** (therefore, accordingly) is weaker than **ergo**. It is used to mark a transition from one idea to another.

o) **Itaque** (therefore, accordingly, and so) is less formal than **ergo**.

p) **Autem, enim, vero** never stand first in their clause, but are always preceded by some other word or words.

EXERCISES

1. Verba nuntiantis audivimus. 2. Munera accipientes gratias agimus. 3. Quaerenti mihi nihil dixerunt. 4. Rex eos intendit intercendentes pro filiis eorum. 5. Adveniens suaviter discipulis suis locutus est. 6. Non dominum invenientes servi egressi sunt. 7. Contagionem litigantium evadere decet. 8. Illud laudans episcopus iterum eadem promisit. 9. Patriae suae decorem nimis diligens vir ille migrare nolebat. 10. Lazarum ex tumulo venientem videbant. 11. Deus cle-

menter judicat et propitius indulget. 12. Nix rosque formae aquae
sunt. 13. Mater justa atque misericors erat. 14. Rex multa bona possi-
debat, sed nihil pauperibus dabat. 15. Haec non magna sunt, verum
valde bona. 16. Culpa maxima est at non nova. 17. Benedictiones
accipiunt, non gratias vero agunt. 18. At enim dicis eos regem non
eligere; veritas non est. 19. Praemia muneraque hujus mundi despiciebat. 20. Terminum autem non cognoscebat, et itaque ei nihil
significabat. 21. Quod si nox obscura est, pater vester cadet. 22. Homines omnes mortales sunt; Joannes homo est, ergo Joannes mortalis est. 23. Promisit et igitur nobiscum cooperabit. 24. Non ei
credimus, etenim numquam veritatem dicit. 25. Curae custodiaeque
filiorum operam dabant. 26. Caelum et terra plena gloria ejus sunt.
27. Dicta ac cogitationes benigna esse possunt. 28. Bonus erat et igitur
caelestia nec terrena optabat. 29. Quod si certas notas exhibet, id cognoscere poterimus. 30. Lex mosaica ac leges gentium a Christo abroga-
tae sunt. 31. In monte latentem latronem non invenient. 32. Patriarcha
advenit pauperibus multa offerens. 33. Eis pietatem exhibebat mandata
sua observantibus. 34. Corpora sanantes et animas salvantes ibant
apostoli de civitate in civitatem. 35. Oculos elevans in caelum sacerdos
hostiam in manus suas accipit. 36. Vinum in calicem infundentem
eum spectabamus. 37. Res certae atque incertae nos contristabant.
38. Cum laetitia canens, servus gregem suum ad lacum adduxit.
39. Virginem fratrem suum foventem laudant. 40. Praecepta regis
venerantibus munera praestabit. 41. Prior enim respicit solam rei
cognitionem. 42. Posterior vero eas veritates respicit quae ad praxim
ordinantur. 43. Ergo in omni judicio tres illae veritates necessario
conseruntur. 44. Falsum non idem est ac verum. 45. Haec autem sententia semper est in tempore praesenti respectu loquentis.

READING

1. Philosophia, dum supremas rerum causas inquirit, aut sistit in
contemplatione veritatis, aut veritatem ad operationem seu praxim
ordinat; hinc duplex exurgit philosophiae partitio, quarum prima

speculativa, altera practica, pro scopi diversitate, nominatur. Prior
enim respicit solam rei cognitionem; posterior vero eas veritates, quae
ad praxim ordinantur.

2. Secundum modum, quo in mente oriuntur, ideae dividuntur in
intuitivas et factitias. Idea intuitiva est ea, quae excitatur in mente a
reali praesentia rei cognitae. Duplex est: (a) directa, i.e., idea intuitiva, cujus objectum est extra cognoscentem, v.g., idea solis; (b) re-
flexa, i.e., idea cujus objectum est intra cognoscentem, v.g., idea meae
laetitiae, cogitationis, etc.

LESSON VI

Vocabulary

actus, m., *act, actuality*
componere, -posui, -positus, *to compose*
consideratio, f., *consideration*
corporalis, *corporeal, bodily, material*
habitudo, f., *habitual association, close relationship*
pertinere (2), -tinui, -tentus, *to pertain, to be the business* (**of**)
potentia, f., *power, possibility, capacity*
productio, f., *production, creation*
secundo (adv.), *secondly*
spiritualis, *spiritual*
tertio (adv.), *thirdly*
theologus, m., *theologian*
tres, tria, *three*
unio, f., *union*
versare, *to turn, to treat, to deliberate*

Word Study

1. **Ex parte.** This phrase is used in the sense of *upon* or *from one side only, from the standpoint of.* Thus we may consider education **ex parte magistri** or **ex parte discipuli;** psychology studies man **ex parte animae,** biology considers man **ex parte corporis.**

2. **Virtus** means not only *virtue* in the sense of a moral habit, but also *active quality or power, capacity or power adequate to the production of a given effect, energy, strength, efficacy.*

3. **Potentia, actus.** Philosophically these terms refer to possible existence and real existence. What is **in potentia** is possible but has not come into existence. What exists is **in actu.**

21

Since God is everything that it is possible for Him to be, there is no **potentia** in Him. He is **actus purus.**

GRAMMAR

The infinitive may be used variously.

a) With **est** and similar verbs, as the subject or in apposition with the subject or as predicate nominative.

Orare bonum est. *It is good to pray.*
Id, v.g., gratias agere, actus amoris est. *This, namely, to give thanks, is an act of love.*
Illud erat inimicis caritatem exhibere. *That was showing charity to the enemy.*

b) As the apparent subject of impersonal verbs.

Naturam hominis considerare pertinet ad theologum. *To consider the nature of man pertains to the theologian.*

c) After many verbs if their subject is also the subject of the infinitive.

Rebus practicis operam dare solent. *They are accustomed to devote themselves to practical things.*

d) With the subject in the accusative case after verbs of knowing, thinking, telling, and the like (indirect discourse).

Scio theologum terminum illum definivisse. *I know that the theologian has defined that term.*

e) To express purpose. **Nobis manducare dedit.** *He gave us something to eat.*

EXERCISES

1. Omnino practicum est supremas rerum causas inquirere. 2. Sistere in contemplatione veritatis congruum est. 3. Haec intellectus facultas, rei essentiam apprehendere, non ratiocinii processus est. 4. Id erit praeterquam regulas diligenter colligere. 5. Sanctus esse significat vitiis expertem. 6. Leges malas abrogare debent. 7. Hinc prior philo-

sophia speculativa communiter nominari solebat. 8. Postquam carentiam praxis exhibuerant, eos docere volebamus. 9. Oblivisci non
possum certas res quas expressit. 10. Circa perfectionis Dei notiones
tractare opus est. 11. In systema regulas redigere optabat. 12. Subjecta
mentis materialia vel immaterialia esse possunt. 13. Primo perturba-
tiones intra gentes excitare constituerunt. 14. Scopos processus aut
simplex aut duplex esse solet. 15. Ait subjectum in partes duodecim
se divisisse. 16. Dicit ideas novas exurgituras esse. 17. Cogitabant se
alteram facultatem intellectus detegere. 18. Vulgo dicebant autem
solem ex aqua oriri. 19. Scient enim nos venisse. 20. Sperant se resusci-
tatos iri in novissimo die. 21. Promittunt se processuros esse ad contemplationem rerum realium. 22. Confessus sum me notam illam
organismi non comprehendisse. 23. Dicunt se solem spectare cum
oculis suis apertis. 24. Dixit hoc delictum item inultum futurum esse.
25. Dixerunt se venisse ad testimonium perhibendum. 26. Sciebant
Deum benedictiones supra orbem ut rorem sparsisse. 27. Dicitur servos ingemiscere ob malos domini actus. 28. Dixit vero systema non
practicum esse. 29. Spero contemplationem rerum harum eas im-
pressuram esse in mentem vestram. 30. Vidit praesentiam suam iram
eorum excitare. 31. Venturus est mundum judicare. 32. Id facere
praecisive comparati sunt. 33. Juravit tantum jussu regis se tradidisse
discipulos. 34. Martyres per flammas transire debebant. 35. Memini
eam semper lassam esse. 36. Deus solem in caelum ponere voluit, ad
terram illuminandam. 37. Ibunt tabernaculum spectare. 38. Argentum
auferre non ausi sunt. 39. Timeo calicem frangere propter fragilitatem
ejus. 40. Pugnare debent ad seipsos roborandos. 41. Theologus existentiam Dei probare potest. 42. Cognitio, ut nomen suum sonat, significat
cognoscere. 43. Materialia ex immaterialibus dividere opus est. 44. Dixit se in caelum ascensurum esse. 45. Operationes mentis considerare
opera philosophiae est.

READING

1. Post considerationem creaturae spiritualis et corporalis considerandum est de homine, qui ex spirituali et corporali substantia

componitur: et primo de natura ipsius hominis; secundo de ejus productione. Naturam autem hominis considerare pertinet ad theologum
ex parte animae, non autem ex parte corporis, nisi secundum habi-
tudinem quam habet corpus ad animam; et ideo prima consideratio
circa animam versabitur.

2. Tria inveniuntur in substantiis spiritualibus, scilicet essentia,
virtus et operatio: primo considerabimus ea quae pertinent ad essentiam animae; secundo ea quae pertinent ad virtutem, sive potentias
ejus; tertio ea quae pertinent ad operationem ejus. Circa primum
occurrit duplex consideratio: quarum prima est de ipsa anima secundum se, secunda de unione ejus ad corpus.

LESSON VII

Vocabulary

adjungere, -junxi, -junctus, *to add, to attach*
calefacere, -feci, -factus, *to heat*
calidus, *hot*
calor, m., *heat*
errare, *to err*
incorporeus, *incorporeal*
intellectualis, *intellectual*
natura, f., *nature*
non solum, *not only*
opinari (dep.), *to think*
phantasia, f., *image, representation*
subsistere, -stiti, -stitus, *to subsist, to abide*
tandem, *at length, finally*

WORD STUDY

1. **Incorporeus:** not having a material body or form; not consisting of matter.

2. **Phantasia,** *fantasy:* act or function of forming images or representations whether in direct perception or in memory, or by derivation through sensation.

3. **Subsistere:** to have existence or to continue to exist; to appear as the essential corollary of the existence of something else.

GRAMMAR

Compounds of **quis** and **qui.**

a) The suffix **-cumque** added to the relative gives it an indefinite sense. The compound form is declined like the simple relative:

quicumque, quaecumque, quodcumque, *whoever, whatever;* **cujus-cumque,** etc.

The suffix **-cumque** may be added to some other words with the same effect: **qualiscumque,** *of whatever sort;* **quandocumque,** *whenever;* **ubicumque,** *wherever;* **quantuscumque,** *however great.*

b) In **quisquis,** *whoever,* both parts are declined.

c) **Quidam,** *a certain one,* and **quivis, quilibet,** *any you please,* are used as both pronouns and adjectives. The forms are:

m.	f.	n.
quidam	quaedam	quiddam or quoddam
quivis	quaevis	quidvis or quodvis
quilibet	quaelibet	quidlibet or quodlibet

Quidam changes *m* to *n* before *d:* acc. sing., **quendam** (m.), **quandam** (f.); gen. plur., **quorundam** (m., n.), **quarundam** (f.).

d) **Quispiam,** *some, any,* is both pronoun and adjective.
Pronoun: **quispiam** (m., f.), **quidpiam** (n.).
Adjective: **quispiam** (m.), **quaepiam** (f.), **quodpiam** (n.).

e) **Quisquam,** *any at all,* is used as both pronoun and adjective in the masculine and feminine forms; in the neuter (**quidquam,** sometimes **quicquam**) it is a pronoun only. This relative has no plural.

f) **Aliquis,** pronoun, *some one,* and **aliqui,** adjective, *some,* are declined like **quis** and **qui** except that the feminine of the nominative singular is **aliqua.**

g) **Quisque,** *every one,* **quique,** *every:* **-que** added to the interrogatives **quis** or **qui** gives a universal sense.
Pronoun: **quisque** (m., f.), **quidque** (n.).
Adjective: **quique** (m.), **quaeque** (f.), **quodque** (n.).

h) **Unusquisque,** *every single one.* In this compound both parts are declined: genitive, **uniuscujusque.**

1. Quicumque introivit cineres non vidit. 2. Quodcumque id est, non cognosco. 3. Praemia dedit cuicui venit. 4. Quidam servus apparuit tubam sonans. 5. Quodlibet signaculum gerere potes. 6. Timebant propter quorundam vitas. 7. Potentiae quaepiam patebant, aliae non comprehendebantur. 8. Da nobis quemquam panem. 9. Eis locuti sumus de aliquibus objecti notis. 10. In rei contemplatione aliquod tempus sistebat. 11. Aliqua locum habitationis inquirit. 12. Quisque de somno resurrexit. 13. Quodque objectum essentiam habet. 14. In hoc libro quidam mentis processus nominantur. 15. Aliquod in nos imprimet cujuscumque docuit. 16. Substantia qualiscumque principium ac finem habet. 17. Ingrediens in domum dixit: "Salve!" cuicumque ibi invenit. 18. Quendam vidimus ejicientem spiritus malos. 19. Versabitur circa quasdam animae potentias. 20. Quaepiam diversitates sunt inter philosophiam practicam et speculativam. 21. Quidquam ei placebit. 22. Divisi erant circa aliquos unionis scopos. 23. Apparebat sol intra aliquas nubes mirabiles. 24. Adducite ad altare quemvis haedum. 25. Pueri matris uniuscujusque in servitutem ducti sunt. 26. Quare in quibusdam malitiis glorificaris? 27. Fortes, quantaecumque sunt gentes, tandem delentur. 28. Ubicumque oves erant eas inveniebant. 29. Quomodo possumus unicuique credere? 30. Cane pro nobis verba cujuslibet hymni. 31. Quandocumque pater olim iram suam manifestabat, filii ei dona offerebant. 32. Primo domum calefacient, secundo aliquos panes cum vino manducabunt, tertio dormient. 33. Naturam quorumpiam organismorum non comprehendimus. 34. Quisquam hujusmodi actus ad philosophiam practicam pertinet. 35. Quodque systema de regulis compositum est. 36. Mens potentiam habet quarundam phantasiarum formandarum. 37. Non solum quospiam latrones in monte viderunt, verum etiam aliquos leones maximos. 38. Praeterquam quaedam notarum complexio naturaliter patet. 39. Primo, homo suos actus proprios considerat, porro causas eorum inquirit. 40. Ubicumque sistimus, calidum est. 41. Opinatur quoddam ratiocinium ves-

trum non rectum esse. 42. Speramus quamque venturam esse. 43. Accepit quemquem miserunt. 44. Exprime quasvis notiones. 45. Ope quarundam rerum hujusmodi in totum mundum leges novas imponemus.

READING

1. Dicitur quod anima humana non est aliquid subsistens. Sed contra est quod Augustinus dicit: "Quisquis videt mentis naturam et esse substantiam, et non esse corpoream, videt eos qui opinantur eam esse corpoream ob hoc errare, quod adjungunt ei ea sine quibus nullam possunt cogitare naturam," scilicet corporum phantasias. Natura ergo mentis humanae non solum est incorporea, sed etiam est substantia, scilicet aliquid subsistens. Respondeo dicendum (dicit Doctor Angelicus) quod necesse est dicere id quod est principium intellectualis operationis quod dicimus animam hominis, esse quoddam principium incorporeum et subsistens.

2. Ipsum igitur intellectuale principium quod dicitur mens, vel intellectus, habet operationem per se, cui non communicat corpus. Nihil autem potest per se operari nisi quod per se subsistit; non enim est operari nisi entis in actu. Unde eo modo aliquid operatur quo est; propter quod non dicimus quod calor calefacit, sed calidum. Relinquitur igitur animam humanam, quae dicitur intellectus, vel mens esse aliquid incorporeum et subsistens.

LESSON VIII

Vocabulary

accidens, m., *accident*
aliter, *otherwise*
alius, *other, another*
animal, n., *animal*
attribuere, -ui, -utus, *to attribute*
brutus, *brute, irrational*
completus, *complete*
dupliciter, *doubly, in a double sense*
excludere, -clusi, -clusus, *to exclude*
forma, f., *form*
genus, n., *class, kind*
imperfectio, f., *imperfection*
inhaerentia, f., *inherent quality*
intelligere, -lexi, -lectus, *to perceive, to understand*
materia, f., *matter*
obstaculum, n., *hindrance*
opinio, f., *opinion*
palpare, *to feel* (by touch)
praemittere, -misi, -missus, *to set forth as a premise*
proprie, *properly*
sententia, f., *opinion*
species, f., *kind, species*
substantia, f., *substance*
vetus, *old*

WORD STUDY

1. **Substantia, accidens.** A substantia is that which exists in itself.
An accidens is a quality or attribute of some other thing. Thus an

29

apple is a **substantia**, but redness and sweetness are **accidentia** existing in the apple.

2. **Materia, forma.** Every material thing is constituted of **materia prima** and **forma**. The **forma** is a determining element of any reality. All bodily things have in common **materia prima**. Each thing's **forma** is what makes it distinct from every other thing. **Forma substantialis** makes a thing a **substantia** of a precise essential nature. **Materia prima** is that which all material things have in common. It never actually exists except as being "informed" by a **forma substantialis**.

GRAMMAR

Deponent verbs.

a) A deponent verb is one which is passive in form but active or reflexive in meaning. The active forms have disappeared except the participles, which exist in both voices:

sequens, *following*	**secuturus,** *about to follow*
secutus, *having followed*	**sequendus,** *to be followed*

b) Most deponents belong to the first conjugation, and these are all regular.

c) The following common deponents are irregular:

confiteor, confiteri, confessus, *to confess*
experior, experiri, expertus, *to try*
fruor, frui, fructus, *to enjoy*
fungor, fungi, functus, *to fulfill*
egredior, egredi, egressus, *to walk, to depart*
irascor, irasci, iratus, *to be angry*
labor, labi, lapsus, *to fall*
loquor, loqui, locutus, *to speak*
metior, metiri, mensus, *to measure*
morior, mori (moriri), mortuus (moriturus), *to die*
nanciscor, nancisci, nactus (nanctus), *to find, to get*
nascor, nasci, natus, *to be born*

nitor, niti, nisus (nixus), *to strive*
obliviscor, oblivisci, oblitus, *to forget*
ordior, ordiri, orsus, *to begin*
paciscor, pacisci, pactus, *to bargain*
patior, pati, passus, *to suffer*
proficiscor, proficisci, profectus, *to set out*
queror, queri, questus, *to complain*
revertor, reverti, reversus, *to return*
sequor, sequi, secutus, *to follow*
tueor, tueri, tuitus (tutus), *to defend*
ulciscor, ulcisci, ultus, *to avenge*
utor, uti, usus, *to use, to employ*
reminiscor, reminisci (no supine), *to call to mind*
vescor, vesci (no supine), *to feed upon*

d) **Utor, fruor, fungor, potior,** and **vescor,** and their compounds take their direct object in the ablative case.

e) A few verbs having no perfect stem appear, in the perfect tenses, only in the passive forms. Such verbs are called semi-deponents.

audeo, audere, ausus, *dare*
confido, confidere, confisus, *trust*
gaudeo, gaudere, gavisus, *rejoice*
soleo, solere, solitus, *be accustomed*

EXERCISES

1. Intelligere est moveri. 2. Quipiam multa certamina passi sunt. 3. Tandem proficiscentur. 4. Queritur diem nimis calidum esse. 5. Sua ratiocinia non proprie tuiti sunt. 6. Si his regulis uteris non errabis. 7. Reminiscor hodie me in altari pridie id reliquisse. 8. Injusta gentium ultus est. 9. Delicta sua confiteri nolebat. 10. Libris naturae intellectualis perfruebatur. 11. Agni non pane vescuntur. 12. Quandocumque veniebam jam reversi erant. 13. Solet oblivisci ea quae ei dicimus. 14. Aliqui nova ordiuntur, alii veteribus operam dant. 15. Scimus animam cum corpore subsistere. 16. Exprimite ideas vestras cum claritate, aliter eas intelligere non poterimus. 17. Proprie loquendo

calor non calefacit. 18. Magis proprie dicitur id calidum esse. 19. Quisque videt per oculum et palpat per manum. 20. Nos secuti sunt non solum per viam, verum etiam in domus nostras. 21. Nixi erant in ratiociniis suis non errare. 22. Ad incorporea phantasias corporeorum adjunxit. 23. Invicem paciscentur ad laborem faciendum. 24. Homo caelestia terrenis non metiri potest. 25. Judex ob rei verba horrenda iratus est. 26. Lapsae sumus et promissionibus nostris fungi non possumus. 27. Experior sed non bene procedo. 28. Sequentes eum in montem obscurum intravimus. 29. Sancti precibus suis fruuntur. 30. In tenebris remanentes eos per ostiam ecclesiae egredientes videbamus. 31. Quidam dixit se philosophia non uti; irasci posse volebat sine obstaculis. 32. In laetitiis aliorum sociando miserias nostras obliviscimur. 33. In illa terra aqua non erat, et igitur omnia bruta animalia mortua sunt. 34. Profecti erant non solum ad gentes succurrendas, sed etiam causarum certaminis inter eas inquirendarum causa. 35. Ite et vos sequar. 36. Civitatem cum fortitudine tuebantur, sed tandem in manus militiae lapsa est. 37. Quare non reminiscimini regulas quas theologus in praeclarum librum suum collegit? 38. Benedictio ejus ut tutamentum contra mala tribuenda est. 39. Quantos panes nanctus est Petrus? 40. Agnus Dei qui tollis peccata mundi, miserere nobis.

READING

1. Ad primum ergo dicendum, quod *hoc aliquid* potest accipi dupliciter: uno modo pro quocumque subsistente, alio modo pro subsistente completo in natura alicujus speciei. Primo modo excludit inhaerentiam accidentis et formae materialis. Secundo modo excludit etiam imperfectionem partis. Anima humana pars speciei humanae est, et igitur potest dici *hoc aliquid* primo modo, quasi subsistens, sed non secundo modo; sic enim compositum ex anima et corpore dicitur *hoc aliquid*. Ad secundum dicendum, quod verba illa Aristoteles dicit non secundum propriam sententiam, sed secundum opinionem illorum qui dicebant quod intelligere est moveri, ut patet ex iis quae ibi praemittit.

2. Operationes partium attribuuntur toti per partes; dicimus enim

quod homo videt per oculum et palpat per manum, aliter quam calidum calefacit per calorem, quia calor nullo modo calefacit proprie loquendo. Potest igitur dici quod anima intelligit sicut oculus videt; sed magis proprie dicitur hominem per animam intelligere. Ad tertium sic proceditur. Videtur animas brutorum animalium subsistere. Homo enim convenit in genere cum aliis animalibus. Sed anima hominis est aliquid subsistens, ut ostensum est. Ergo et animae aliorum animalium sunt subsistentes.

LESSON IX

Vocabulary

accidere, -cidi (no supine), *to happen, to take place*
antiquus, *ancient*
color, m., *color*
convenire, -veni, -ventus, *to agree, to be appropriate*
distinctio, f., *distinction*
distinguere, -stinxi, -stinctus, *to distinguish*
exercere, -ui, -itus, *to exercise, to operate*
falsus, *false*
felicitas, f., *happiness, bliss*
ignorantia, f., *ignorance, lack of knowledge*
immutatio, f., *change*
intellectus, m., *intellect*
manifeste, *manifestly*
organum, n., *organ*
participare, *to participate, to share in*
philosophus, *m., philosopher*
praeterea, *besides, moreover*
pupilla, f., *pupil* (of the eye)
quandoque, *at one time or other, whenever*
quodammodo, *in a certain manner, in a measure*
quodcumque, *whatever*
sensus, m., *sense, feeling*
subjicere, -jeci, -jectus, *to subject*
transmutare, *to transform, to change*
uterque, *both*

Word Study

Sensus is here used in the meaning of sensation or feeling as opposed to intellect.

Grammar

Quia, quod, quoniam in indirect discourse. Verbs of saying, thinking, believing, and the like are frequently followed by a clause in the indicative introduced by the conjunction **quia, quod,** or **quoniam** instead of the infinitive with subject in the accusative case.

EXERCISES

1. Cogitabant quod immutatio non acciderat. 2. Cognosco quia antiqui philosophi illud credebant. 3. Dixit quod colorem pupillae non distinguere poterat. 4. Sperabamus quia ignorantiam suam non manifestaverant. 5. Oblitus sum quod venturus est. 6. Nuntiabit quia judicis ratiocinium manifeste falsum est. 7. Docent quia anima subsistens est. 8. Credimus quod homo convenit in genere cum aliis animalibus. 9. Dicis quia materia manifeste substantia est. 10. Intellexit quod materia scientiae subjicitur. 11. Ignorat quod distinctio est inter sensum et intellectum. 12. Juravit quia utrumque non viderat. 13. Antiquus philosophus habebat quod animae brutorum animalium subsistentes erant. 14. Promisimus ei quia obstacula non futura sunt. 15. Respondi quia accidentia non inhaerentia sunt. 16. Testimonium perhibet quod verba sua falsa sunt. 17. Recordarisne quod versatum est circa naturam phantasiarum? 18. Videbant quod veteres erant. 19. Audiveruntne quia nomen speciei obliti sumus? 20. Sciebatis quia objecta formam et substantiam habent. 21. Dicit quod sententias antiquorum philosophorum exclusit. 22. Credimus quia in homine unio animae et corporis est. 23. Sensit quia haec non necessario divisa erant. 24. Memento quod idea distincta dividitur in completam et incompletam. 25. Cognoscimus quod tota substantia carentiam perfectionis exhibet. 26. Scito autem quia quodque objectum est ens. 27. Nuntiat quod regem coronaverunt apud magnam turbam claman-

tem. 28. Docebant quod spes virtus christiana erat. 29. Opinabatur quia theologus non erraverat. 30. Dicit ei quia ignorantia felicitas est. 31. Cogitavit quod sol ortus erat. 32. Dicit quod pueri nullum timorem sentiunt. 33. Ostendunt quod ratiocinium suum falsum est. 34. Jurabimus quia testimonium ejus non justum erat. 35. Videtur quod theologus terminum bene definivit. 36. Confessi estis quia omnes actus vestros in illo die non reminisci potestis. 37. Dicit quod omnes scopos suos attigit. 38. Dixi quia mater mea jam vetus est. 39. Primo dixit quia regulas colligere debemus, porro eas in systema redigere. 40. Credebant quod notiones eorum universi completae erant.

READING

1. Antiqui philosophi nullam distinctionem ponebant inter sensum et intellectum; et utrumque corporeo principio attribuebant, ut dictum est. Plato autem distinxit inter intellectum et sensum; utrumque tamen attribuit principio incorporeo, ponens quod sicut intelligere, ita et sentire convenit animae secundum seipsam; et ex hoc sequebatur quod etiam animae brutorum animalium sunt subsistentes. Sed Aristoteles posuit quod solum intelligere inter opera animae sine organo corporeo exercetur. Sentire vero et consequentes operationes animae sensitivae manifeste accidunt cum aliqua corporis immutatione; sicut in videndo immutatur pupilla per speciem coloris; et idem apparet in aliis.

2. Omnia quaecumque sunt in actu, participant primum actum, qui Deus est; per cujus participationem omnia sunt et bona et entia et viventia. Ergo quaecumque sunt in potentia, participant primam potentiam. Sed prima potentia est materia prima. Anima humana est quodammodo in potentia, et apparet ex hoc quod homo quandoque est intelligens in potentia; videtur igitur quod anima humana participat materiam primam tanquam partem sui. Praeterea, in quocumque inveniuntur proprietates materiae, ibi invenitur materia. Sed in anima inveniuntur proprietates materiae, quae sunt subjici et transmutari; subjicitur enim scientiae et virtuti, et mutatur de ignorantia ad scientiam, vel de vitio ad virtutem. Ergo in anima est materia.

LESSON X

Vocabulary

absolute, *absolutely, fully, completely*
absolutus, *absolute, complete*
carere (2), *to lack, to be devoid of*
communis, *common*
compositio, f., *composition*
individualis, *individual*
individuatio, f., *individuation*
infinitus, *infinite*
inquantum, *inasmuch as*
intellectivus, *intellective, intelligent, rational*
lapis, m., *stone*
manifestus, *manifest*
probare, *to prove*
putare, *to consider, to suppose, to imagine*
quidem, *indeed*
singulare, *singly, separately, one by one*
specialiter, *specially*

Word Study

1. **Individuatio.** The development of the individual from the universal or the determination of the individual in the general. The principle of individuation is variously held to be matter, form, and particularity of the subject in time and space; personal or individual existence.

2. **Intellectivus.** As applied to knowledge the term means that knowledge which is obtained by the intellectual processes of abstraction and comparison independent of the senses.

Grammar

Verbs governing other than the accusative.

a) Verbs taking their object in the genitive:

1. Verbs of remembering or forgetting may take either the genitive or the accusative of the object. Such verbs are: **meminisse, recordari, reminisci, oblivisci.**

2. Verbs denoting pity may take the genitive: **Miserere mei.** Have pity on me.

b) Verbs taking their object in the dative:

1. Verbs meaning to favor, help, please, persuade, believe, and the like take the dative. Such verbs are: **parcere,** *to spare,* **subvenire,** *to assist,* **placere,** *to please,* **servire,** *to serve,* **confiteri,** *to praise,* **credere,** *to believe,* **indulgere,** *to forgive,* **miserere,** *to have pity on.*

2. Verbs compounded with **satis, bene,** and **male** govern the dative. For example, **satisfacere, benefacere, benedicere, maledicere.**

3. Many verbs compounded with **ad, ante, con, in, inter, ob, post, prae, pro, sub, super** admit the object in the dative. Such verbs are **inhaerere,** *to adhere to,* **convenire,** *to agree, to be suitable,* **indulgere,** *to pardon,* **confiteri,** *to praise,* **subvenire,** *to assist.*

4. The dative is used with **esse** to denote possession. **Ei tuba est.** *He has a trumpet.*

c) Verbs taking their object in the ablative:

1. Verbs denoting plenty or want require the ablative: **carere,** *to lack,* **egere,** *to want, to feel the need of,* **opus esse,** *to need,* **usus esse,** *to be necessary.*

2. Certain verbs of use or enjoyment take the object in the ablative: **frui,** *to enjoy,* **fungi,** *to perform,* **potiri,** *to get possession of,* **uti,** *to use,* **vesci,** *to feed on.*

EXERCISES

1. Memini caloris illius diei. 2. Regularum oblita est. 3. Miserere mei, Domine. 4. Agnus Dei qui tollis peccata mundi, miserere nobis.

5. Peccatis indulsit et peccatoribus pepercit. 6. Nobis subveniet. 7. Matri tuae placebit hic actus. 8. Civitate vix potiti erant. 9. Vitulum in monte invenientes, eo vescuntur. 10. Vota sacerdotum episcopo placebant. 11. Voluntati Dei serviverunt. 12. Vocis patriarchae reminiscitur. 13. Vultus filiorum eorum eis placent. 14. Omnes gentes visceribus brutorum animalium vescuntur. 15. Vir practicus est, et igitur tantum visibilibus fruitur. 16. Deus vanis non benedicit. 17. Verbis ejus non credo, quod veritate carent. 18. Ob actus suos fortitudinis regis venia fruetur. 19. Confitebantur ei cum hymnis vespertinis. 20. Usque ad finem mundi ei servient. 21. Ultio viris malis semper placet. 22. Gentibus non unitas est. 23. Pauperes utique rebus multis egent. 24. Tanti mortui sunt; ideo tumulis caremus ad eos sepeliendos. 25. Eum supplicavimus, et tunc nobis misertus est. 26. Terra tremebat, sed exercitus in illo die tremendo subvenit nobis. 27. Non tradidit, sed pepercit tribus ex eis. 28. In trigesimo die montibus potiti sunt qui lacum circumdabant. 29. Testem tertium sustulerunt, quod judici non satisfaciebat. 30. Throni terreni cadunt, si populo non benefaciunt. 31. Si solum temporalibus aut materialibus inhaerent, delebuntur. 32. Tecti domi reminiscebantur, quod novum erat. 33. Argentum optabat, sed tentatio tamen non potiebatur eo. 34. Ei qui oculis carent, in tenebris ingrediuntur. 35. Eis quae sumpserunt uti non possunt. 36. Debitoribus parcit et debitis indulget. 37. Aeribus suavibus patriae suae perfruuntur. 38. Stricte functus sum omnibus quae mihi jussa sunt. 39. In mundo afflicto spe usus est. 40. Aqua opus est ad altare aspergendum.

READING

1. Illa quae non habent materiam, non habent causam sui esse. Sed anima habet causam sui esse, quia creatur a Deo. Ergo anima habet materiam. Praeterea, quod non habet materiam, sed est forma tantum, est actus purus et infinitus. Hoc autem solius Dei est. Ergo anima habet materiam. Sed contra est quod Augustinus probat, quod anima non est facta nec ex materia corporali, nec ex materia spirituali. Respondetur quod anima non habet materiam, et hoc potest con-

siderari dupliciter. Primo quidem ex ratione animae in communi. Aut est forma secundum se totam, aut secundum aliquam partem sui. Secundo, specialiter ex ratione humanae animae, inquantum est intellectiva.

2. Manifestum est enim quod omne quod recipitur in aliquo, recipitur in eo per modum recipientis. Sic autem cognoscitur unumquodque, sicut forma ejus est in cognoscente. Anima autem intellectiva cognoscit rem aliquam in sua natura absoluta, puta lapidem, inquantum est lapis absolute. Est igitur forma lapidis absolute secundum propriam rationem formalem in anima intellectiva. Anima igitur intellectiva est forma absoluta, non autem aliquid compositum ex materia et forma. Si enim anima intellectiva est composita ex materia et forma, formae rerum recipientur in ea ut individuales; et sic non potest cognoscere nisi singulare, sicut accidit in potentiis sensitivis quae recipiunt formas rerum in organo corporali. Materia enim est principium individuationis formarum. Relinquitur ergo quod anima intellectiva et omnis intellectualis substantia cognoscens formas absolute, caret compositione formae et materiae.

LESSON XI

Vocabulary

actualitas, f., *reality, existence*
aptitudo, f., *aptitude, ability*
atvero, *however*
complecti, -plexus (dep. 3), *to embrace*
concludere, -clusi, -clusus, *to conclude*
corruptibilis, *corruptible*
exemplum, n., *example*
existentia, f., *existence*
existere, -stiti, -stitus, *to exist*
extensio, f., *extension, extent*
generatio, f., *generation, reproduction*
grammatice, *grammatically*
ibidem, *in the same place*
importare, *to convey*
indoles, f., *nature*
instar, n. (indecl.), *likeness, equivalent;* **ad instar** (followed by genitive), *like to*
interitus, m., *destruction, annihilation*
jumentum, n., *beast* (of burden)
legere, legi, lectus, *to read*
nomen, n., *noun, name*
participium, n., *participle*
possibilis, *possible*
praescindere, -scidi, -scissus, *to prescind*
se habet, *is regarded*
similis, *similar*
similiter, *similarly*

spirare, *to breathe*
talis, *such;* talis . . . qualis, *such . . . as*
tamquam, *as if*
vertibilis, *convertible, liable to be turned back*

Word Study

1. **Actualitas:** actual or real existence of a thing so far as this is endowed with form.

2. **Corruptibilis:** in its widest sense of general deterioration. An object is corrupt when it has lost its original soundness or integrity.

3. **Praescindere:** *to cut off; to abstract or separate from.*

Grammar

1. **The Subjunctive Mood.**

a) Clauses of result take the subjunctive introduced by **ut** (negative, **ut non**).

Talis est participii indoles, ut accipi possit ut nomen. *Such is the nature of a participle that it can be taken as a noun.*

b) **Sive (seu),** *whether,* may be used to introduce a conditional clause. If a fact is stated, the indicative is used. The subjunctive is required when a supposition or possibility is implied.

Sive ducit sive sequitur, solet opiniones suas exprimere. *Whether he leads or whether he follows, he is accustomed to express his opinions.*

Nomina exprimunt aptitudinem alicujus rei ad existendum, sive illa res actu existat sive non. *Nouns express the aptitude of something to exist, whether that thing exists in reality or not.*

c) Conditional clauses of comparison take the subjunctive. They may be introduced by **tanquam (tamquam), tamquam si, quasi, ac si, ut si, velut si,** all meaning *as if,* and by **quam si,** *than if.* The tense is usually present or perfect. **Post hoc erimus, tanquam non fuerimus.** *After this we shall be as if we had not been.*

d) The hortatory subjunctive is used in the present tense to express an exhortation or a command. The negative is **ne.**

Exemplum sit participium intelligens. *Let the participle* intelligens *be an example.* (*Take, for example, the participle* intelligens.) **Ne eant in tertio die.** *Let them not go on the third day.*

e) After verbs of saying, thinking, perceiving, and the like, the infinitive with subject accusative is often replaced by a **quod** or **quia** clause carrying its verb in the subjunctive. **Videtur quod anima humana sit corruptibilis.** *It seems that the human soul may be subject to corruption.*

2. **The dative of purpose.** The dative is used to denote purpose or end, often with another dative of the person or thing affected. **Magno usui nostris fuit.** *It was of great use to our men.* **Exemplo sit.** *Let it be for an example.*

EXERCISES

1. Talis est hominis natura, ut tentationi non semper resistat. 2. Tantae civitates deletae erant, ut non aedificari iterum possent. 3. Scimus hominem moriturum esse sive malus sive bonus sit. 4. Sive ei loquerentur sive eum in pace relinquerent, non movebat. 5. Eum supplicabit tanquam non multa jam poposcerit. 6. Sustinebant novas calamitates suas tamquam si non multa mala passi essent. 7. Verba tam superflua videbantur, ut nihil dicerent. 8. Sursum corda, velut si credatis quia vita bona sit. 9. Suscipiant labores suos ut si illi non acres sint. 10. Animal quodque spirat sive homo sive jumentum sit. 11. Videtur quod verba ejus notionem non importent quam putat. 12. Probat quod lapides in cineres igne vertibiles sint. 13. Ne sedeamus ibidem per totum diem. 14. Cunctos modos possibiles inquirebat, ut tandem scopum suum consequeretur. 15. Exemplo nobis sit jumentum fidele ac patiens. 16. De passione magis sciebant, quam si multos libros legissent. 17. De illis rebus loquitur, quasi similes sint. 18. Signo sint haec mirabilia. 19. Sermones ejus promissioni nobis sint. 20. Sicut dixit, fecit, i.e., quod venturus iterum esset. 21. Nubes evaserant, ut

caelum nunc serenum esset. 22. Eis serviebat ac si servitutem diligeret. 23. Sciamus sequentiam materiae. 24. Videtur quod scientia et sapientia non eaedem sint. 25. Tanta scelera commisit, ut non securus in illa civitate sit. 26. Manifestum est quia sanguis ex lapide non exprimi possit. 27. Sperant quod salus eorum propinqua sit. 28. Tam suppliciter rogaverunt, ut orationes suae concederentur. 29. Caelum rubebat, ut sciremus quod inimici civitatem accendissent. 30. Faciem avertit, velut si in reatu esset. 31. Ne recordentur id quod reliquerunt. 32. Nobis refrigerio requies erat. 33. Videbatur quod reliquias non reddidissent. 34. Nesciebant utrum genitrix ejus in illa civitate resideret sive non. 35. Nos respiciebat, ac si placitus esset.

READING

1. Ens grammatice sumptum est participium praesens verbi *esse,* sub quo respectu exprimit aliquid actu existens. Participium enim praesens, qua participium, exprimit actualitatem illius formae, quam verbum importat. Atvero, talis est participii indoles, ut accipi possit ut nomen, et sic acceptum praescindit ab actuali existentia rei significatae; nomina enim significant sine tempore, et exprimunt aptitudinem alcujus rei ad existendum, sive illa res actu existat sive non. Exemplo si participium *intelligens,* quod, ut participium, exprimit actualem intelligentiae usum, ut nomen, exprimit hominem aptum ad intelligendum sive actu intelligat sive non. Ens ut participium et ens ut nomen non eadem sunt atque ens actuale et ens possibile. Ens ut participium idem valet atque ens actuale; sed ens ut nomen complectitur in sua extensione tum actuale tum possibile, et respectu illorum se habet ad instar generis.

2. Videtur quod anima humana sit corruptibilis. Quorum enim est simile principium et similis processus, videtur esse similis finis. Sed simile est principium generationis hominum et jumentorum, quia de terra facta sunt; similis est etiam vitae processus in utrisque, quia "similiter spirant omnia, et nihil habet homo jumento amplius," ut dicitur Eccles., III, 19. Ergo ut ibidem concluditur, unus est interitus hominis et jumentorum, et aequa utrisque conditio. Sed anima bru-

torum animalium est corruptibilis. Ergo et anima humana est corruptibilis. Praeterea, omne quod est de nihilo, vertibile est in nihilum;
quia finis debet respondere principio. Sed sicut dicitur Sapient., II, 2,
"Ex nihilo nati sumus," quod verum est non solum quantum ad
corpus, sed etiam quantum ad animam. Ergo, ut ibidem concluditur,
post hoc erimus, tanquam non fuerimus, etiam secundum animam.

LESSON XII

Vocabulary

adaequatus, *adequate*
beatitudo, f., *happiness, blessedness*
complere, -plevi, -pletus, *to complete, to fulfill*
conceptus, m., *concept*
conjunctio, f., *union, whole*
constitutivus, *constituent*
contrarium, n., *opposite*
dicere, dixi, dictus, *to say, to mean*
differre, distuli, dilatus, *to differ*
divisibilis, *divisible, separate*
elementum, n., *element*
essendo, essendi, *in, of being:* the gerund of **esse** used in Vulgar Latin
expresse, *expressly*
extra, *outside of*
heri, *yesterday*
immediatus, *immediate, direct*
inclinatio, f., *tendency, inclination*
naturalis, *natural*
nequire, nequivi, *not to be able, cannot*
nobilis, noble
nonnihil, *not nothing* (that is, *something*)
ordo, m., *order*
pluralitas, f., *plurality*
postmodum, *afterwards*
proinde, *hence, therefore*
quare, *wherefore*
quatenus, *in so far as*

quidditas, f., *essence, "whatness"*
resolvere, -solvi, -solutus, *to separate*
specificus, *specific, relating to a species*
ultimus, *last, ultimate*
unicus, *single*
unitus, *united, joined*

Word Study

1. **Quidditas:** *essence;* that whereby a thing is what it is; that which answers the question **"Quid est?"** *"What is the thing?"*
2. **Differentia ultima:** a term applied to man's rationality; man's intellect which is the ultimate distinction between him and the beasts.
3. **Aliud quid,** *another thing; something else.*

Grammar

1. Subjunctive in causal clauses.

a) **Quod** and **quia** take the indicative when the reason is given on the authority of the writer or speaker, but require the subjunctive when the reason is given on the authority of another.

Id non possum manducare quod calidum est. *I cannot eat this because it is hot.*
Sua mater tristis est quia non redierit. *His mother is sad because he did not return.*

b) A relative clause expressing cause requires the subjunctive. **Participes poenarum nostrarum videntur qui perturbati sint.** *They seem to share our sufferings because they are troubled.*

c) A causal clause introduced by **cum** takes the subjunctive. **Corpus autem, cum sit extra essentiam animae, non videtur ad ejus speciem pertinere.** *But the body, since it is outside of the soul, does not seem to belong to its species.*

2. Comparison of adjectives and adverbs.

a) The comparative of adjectives is regularly formed by adding

48 SECOND LATIN

-ior(neuter -ius), the superlative by adding -issimus(-a, -um), to the stem of the positive.

Positive	Comparative	Superlative
clarus (*clear*)	clarior	clarissimus
nobilis (*noble*)	nobilior	nobilissimus
simplex (*simple*)	simplicior	simplicissimus

b) Adjectives ending in -er form the superlative by adding -rimus to the nominative.

acer (*keen*)	acrior	acerrimus
miser (*wretched*)	miserior	miserrimus

c) Six adjectives ending in -lis form the superlative by adding -limus to the stem. These are: facilis, *easy;* difficilis, *difficult;* similis, *similar;* dissimilis, *dissimilar;* gracilis, *graceful;* humilis, *humble.*

facilis (*easy*)	facilior	facillimus

d) Adjectives compared irregularly are:

bonus (*good*)	melior	optimus
malus (*bad*)	pejor	pessimus
magnus (*great*)	major	maximus
parvus (*small*)	minor	minimus
multus (*much*)	plus	plurimus
multi (*many*)	plures	plurimi
nequam (*wicked*)	nequior	nequissimus
frugi (indecl.)	frugalior	frugalissimus
vetus (*old*)	vetustior	veterrimus
exterus (*outward*)	exterior	extremus (extimus)
inferus (*below*)	inferior (*lower*)	infimus (imus)
posterus	posterior	postremus (postumus)
following	*latter*	*last*
superus	superior	supremus (summus)
above	*higher*	*highest*
juvenis (*young*)	junior	minimus natu
senex (*old*)	senior	maximus natu

e) The comparative degree of the adverb is the same as the neuter comparative of the adjective. The superlative is formed by changing the ending -us of the superlative of the adjective to e.

clare (*clearly*)	clarius	clarissime
nobiliter (*nobly*)	nobilius	nobilissime
acriter (*keenly*)	acrius	acerrime
facile (*easily*)	facilius	facillime

f) The following adverbs are irregular or defective at least in one form.

bene (*well*)	melius	optime
male (*badly*)	pejus	pessime
diu (*long*)	diutius	diutissime
saepe (*often*)	saepius	saepissime
satis (*enough*)	satius (*preferable*)	
secus (*otherwise*)	setius (*worse*)	
multum (multo)	plus (magis)	plurime (maxime)
much	*more*	*most*
parum	minus	minime
little	*less*	*least*
nuper		nuperrime
recently		*most recently*

g) Some comparative and superlative adjectives have no positive, but are derived from prepositions or adverbs.

intra	interior	intimus
within	*inner*	*inmost*
prae	prior	primus
before	*former*	*first*
prope	propior	proximus
near	*nearer*	*next*
ultra	ulterior	ultimus
beyond	*farther*	*farthest, last*

h) *Than* after a comparative is expressed by **quam**. Especially if the second member of a comparison contains no verb, quam may be omitted and the noun or pronoun placed in the ablative case.

EXERCISES

1. Ecclesia propior quam domus est. 2. Cogitationes intimas non exprimere poterat. 3. Anima manifeste ex materia non est. 4. Legit melius quam loquitur. 5. Sententiae utraeque falsissimae sunt. 6. Lapidem non videt, cum non ibidem sit. 7. Cum tam manifesti sint, existentiam eorum probare non opus est. 8. Potesne inter angelum et animam praecisive distinguere? Nequeo. 9. Non poterant invenire eum, quod nomen ejus non scirent. 10. Beatissimos putamus eos qui sapientiam attigerint. 11. Hodie calidius est quam heri. 12. Atvero, scopus ejus nobilior est quam actus. 13. Hae distinctiones inter hominem et animalia bruta communiores sunt quam putas. 14. Cum verba ejus non naturam idearum propriarum importarent, non comprehendebant eum. 15. Cum manibus palpemus, hae mentem adjuvant facilius notiones rerum formare. 16. Se habet id exemplum melius esse quam illud. 17. Nobis pluribus gratiis opus est ad virtutes illas exercendas. 18. Angeli humiliores hominibus sunt. 19. Leges non sciebant, quod antiquissimae essent. 20. Cum indoles animae non corruptibilis sit, debet esse immaterialis. 21. Credis quod homo sapientior quam jumentum sit? Naturalissime! 22. Cum theologus opinatus sit hoc verum esse, opinionem ejus accipiemus. 23. Angeli graciliores quam homines sunt. 24. Postmodum sciebant eum nobilissimum inter eos esse. 25. Homo conjunctio omnium virtutum nobiliorum et omnium vitiorum pessimorum est. 26. Joannes melior fratre est, quare melius quam frater agit. 27. Pater fortior quam filius est cum senior sit. 28. Amor pietatis naturalior ad hominem est quam inclinatio ad malum. 29. Judex magnus et praeclarus est qui multa praemia acciperit. 30. Sanctus bonus est; angelus melior est; Deus optimus est. 31. Plurimum habeo; quis minimum habet? 32. Peccator semper miserior est quam pauper. 33. Nomen *quidditas* essentiam rei exprimit, cum quaestioni, "quid est?" respondeat. 34. Multae ex Romae ecclesiis ve-

terrimis sistent adhuc. 35. Cum caelum clarius hodie sit, montes melius videre possumus.

1. Ens, quatenus definiri potest, est a) per ordinem ad existentiam; quidquid existit vel existere potest, vel quidquid habet aliquam realitatem; b) per ordinem ad cognitionem: quidquid per se intelligi potest. Conceptui formali entis respondet unus conceptus objectivus, adaequatus et immediatus, qui expresse non dicit substantiam neque accidens, neque Deum neque creaturam; sed haec omnia per modum unius, scil., quatenus sunt inter se aliquo modo similia, et conveniunt in essendo. Quare idea entis sicut est omnium communissima ita etiam est omnium simplicissima, et proinde ens proprie definiri nequit; rem enim definire est eam in sua elementa constitutiva resolvere, notio autem entis unicum elementum simplicissimum (aliquam realitatem) exprimit. Ens, res, aliquid, non re, sed ratione distinguuntur. Res nomen habet a quidditate rata et certa, ens vero ab actu essendi. Aliquid sumptum pro nonnihil non differt ab ente vel re.

2. Videtur quod anima et angelus sint unius speciei. Unumquodque enim ordinatur ad proprium finem per naturam suae speciei, per quam habet inclinationem ad finem. Sed idem est finis animae et angeli, scilicet beatitudo aeterna. Ergo sunt unius speciei. Praeterea, ultima differentia specifica est nobilissima, quia complet rationem speciei. Sed nihil est nobilius in angelo et anima quam esse intellectuale. Ergo conveniunt anima et angelus in ultima differentia specifica; ergo sunt unius speciei. Praeterea, anima ab angelo differre non videtur nisi per hoc quod est corpori unita. Corpus autem, cum sit extra essentiam animae, non videtur ad ejus speciem pertinere. Ergo anima et angelus sunt unius speciei. Sed contra, quorum sunt diversae operationes naturales, ipsa differunt specie. Sed animae et angeli sunt diversae operationes naturales: quia, ut dicit Dionysius, mentes angelicae simplices, et beatos intellectus habent, non de visibilibus congregantes divinam cognitionem; cujus contrarium postmodum de anima dicit. Anima igitur et angelus non sunt unius speciei.

LESSON XIII

Vocabulary

abstractio, f., *detachment, removal, abstraction*
actu (abl. of **actus**), *actually, in reality*
actualis, *actual*
additio, f., *addition*
alioquin, *otherwise*
cognoscitivus, *cognizant, aware*
comprehensio, f., *comprehensiveness*
determinare, *to determine*
determinatus, *definite, determined*
dumtaxat, *only*
exclusio, f., *exclusion*
illimitatus, *unlimited*
includere, **-clusi, -clusus**, *to include*
mediante, *by means of*
multiplicare, *to multiply*
multiplicatio, f., *multiplication*
ne . . . quidem, *not even*
octo, *eight*
praecisio, f., *preciseness, precision, definiteness*
proportio, f., *proportion*
qualis, *what kind*
quum (cum), *since* (takes subj.)
repugnare, *to be inconsistent or incompatible; to deny, to disagree*
requirere, **-sivi, -situs**, *to require*
revera, *indeed, truly*
separatus, *separate*
simplicitas, f., *simplicity*

talis, *such;* qua tale, *as such*
ubi, *where, when*
unire, *to unite*
utrum, *whether*

Word Study

1. **Cognoscitivus:** having the power of knowing, intellectually aware; from the verb **cognoscere,** to know.

2. **Intellectivum principium:** intellect, intelligence, mind; the mental principle.

3. **In genere:** generically speaking, as applied to a particular genus, kind, or class; generally.

4. **In potentia:** having the possibility of actual existence. **In actu:** having real existence. Thus an infant has the power of speech **in potentia;** an adult has it **in actu.**

Grammar

1. **Quum,** a form of **cum,** introduces a causal clause in which the subjunctive is required. **Ens infinitum, quum in se actu complectatur omnes perfectiones, ne cogitatione quidem, ullam potest accipere additionem.** *Infinite being, since it actually embraces all perfections in itself, cannot admit of any addition even in thought.*

2. **The subjunctive** is required in an indirect question. **Dixit nobis quid fecisset.** *He told us what he had done.* Circa hoc quaeritur **utrum intellectivum principium uniatur corpori ut forma.** *Concerning this the question is asked whether the intellect is united to the body as form.*

3. In a contrary to fact condition expressing present time, the imperfect subjunctive is required in both clauses. **Si intellectus uniretur corpori ut forma, non esset omnium cognoscitivus.** *If the intellect were united to the body as form, it would not be cognizant of all things.*

EXERCISES

1. Quum nihil significet non aliquid, nonnihil dicit aliquid. 2. Quum tempore careremus, indolem elementi non inquirebamus. 3. Animalia

bruta differunt specialiter hominibus, quum mentem rationalem non habeant. 4. Quum pupilla oculi multum sensitiva sit, opus est custodire eam. 5. Quum tanti in nostris diebus sint qui non in Conceptionem Immaculatam credunt, debemus hanc doctrinam de tectis predicare. 6. Dicere nequeo quid putet de mundorum pluralitate. 7. Poscit utrum terra a sole calefiat. 8. Volebat quaerere quare pauperes in habitaculis miserrimis habitarent. 9. Non cognoscunt ubi pridie fuerit. 10. Puer ignorabat quando mater sua profecta esset. 11. Si leges bene cognosceret, recte judicaret. 12. Si nox calidior esset, militia in terra dormiret. 13. Si hoc verum esset, in flammas projiceretur. 14. Gratissimi essemus, si non ad invicem semper litigarent. 15. Si manus vestras jungeretis, melius oraretis. 16. Putabant eos in domo, quum lucem effulgentem per ostium viderent. 17. In montibus occultae remanebant, quum inimicos valde timerent. 18. Quum beatius sit dare quam accipere; saepius debemus dare. 19. Quum duodecim apostoli essent, ibant ad duodecim terras separatas. 20. Quum praxis perfectionem faciat, convenit operam dare ad attingendos scopos nostros. 21. Sciebasne quae praemia ei donata essent? 22. Nescio quomodo ecclesia aedificanda sit. 23. Non nobis dixit quem postmodum vidisset. 24. Quaerebat quomodo ignis extinguendus esset. 25. Cognoscent quare ad has doctrinas adhaeserimus. 26. Si conceptus clarior esset, comprehenderemus eum. 27. Si lucem haberemus, nomina judicum legere possemus. 28. Si exercitus extra muros staret, civitatem facilius salvaret. 29. Si vultus suos erigerent, signum in caelis viderent. 30. Si obstaculum hujusmodi mere esset, ea timorem talem non exhiberet.

READING

1. Non est confundenda notio entis in genere cum notione Entis infiniti (i.e., Dei). Utraque notio aliquid illimitatum exprimit; sed ens in genere illud exprimit secundum extensionem et imperfectionem, ens infinitum secundum comprehensionem et perfectionem. Et revera, notio entis in genere se extendit ad omnia sive actualia sive possibilia, sed in sua comprehensione unam dumtaxat notam, scil., aliquam realitatem, includit; notio entis infiniti in se comprehendit omnes

perfectiones, et proinde minimam extensionem habet, quum plura hujusmodi entia repugnent. Utraque notio summam simplicitatem exprimit; sed simplicitas entis in genere est negativa, orta ex abstractione ab omni perfectione determinata; simplicitas entis infiniti est positiva. Utraque notio exprimit realitatem cum exclusione additionis; sed realitas expressa per ens in genere ita se habet per mentis praecisionem, nec potest in rerum natura sine additionibus existere; ens infinitum, quum in se actu complectatur omnes perfectiones, ne cogitatione quidem, ullam potest accipere additionem.

2. Deinde considerandum est de unione animae ad corpus, et circa hoc quaeruntur octo: 1° utrum intellectivum principium uniatur corpori ut forma; 2° utrum intellectivum principium numero multiplicetur secundum multiplicationem corporum, vel sit unus intellectus omnium hominum; 3° utrum in corpore, cujus forma est principium intellectivum, sit aliqua alia anima; 4° utrum sit in eo aliqua alia forma substantialis; 5° quale debeat esse corpus cujus intellectivum principium est forma; 6° utrum tali corpori uniatur mediante aliquo alio corpore; 7° utrum mediante aliquo accidente; 8° utrum anima sit tota in qualibet parte corporis. Ad primum sic proceditur. Videtur quod intellectivum principium non uniatur corpori ut forma. Dicitur enim quod intellectus est separatus, et quod nullius corporis est actus. Non ergo unitur corpori ut forma. Praeterea, omnis forma determinatur secundum naturam materiae cujus est forma; alioquin non requireretur proportio inter materiam et formam. Si ergo intellectus uniretur corpori ut forma, cum omne corpus habeat determinatam naturam, sequeretur quod intellectus haberet determinatam naturam, et sic non esset omnium cognoscitivus, ut ex superioribus patet; quod est contra rationem intellectus. Non ergo intellectus unitur corpori ut forma.

LESSON XIV

Vocabulary

actio, f., *action*
agens, m., *doer, actor, agent*
alteruter, *one or the other*
appetitus, m., *appetite*
attribuere, -ui, -utus, *to attribute*
calefactio, f., *heat, heating*
carpentarius, m., *carpenter*
competere, -ivi, -itus, *to fit, to belong to*
conversus, *converse;* e converso, *conversely, on the contrary*
discriminare, *to distinguish*
disserere, -serui, -sertus, *to discourse*
effectus, m., *effect*
instrumentum, n., *instrument*
investigare, *to investigate*
juxta, *according to*
logice, *logically*
metaphysica, f., *metaphysics*
motor, m., *mover, motor impulse*
motus, m., *movement, motion*
multipliciter, *in many ways*
ontologia, f., *ontology*
oppositum, n., *opposite*
philosophus, m., *philosopher*
plenius, *more fully*
potius, *rather*
praesupponere, -posui, -positus, *to presuppose*
praeter, *beyond, besides, in addition to, outside of*

serra, f., *saw*
specialis, *special*
vanus, *false*

Word Study

1. **Ontologia:** the branch of knowledge that investigates the nature, essential properties, and relations of being **(ens)** as such.

2. **Metaphysica:** that division of philosophy which includes ontology, or the science of being, and epistemology, or the theory of knowledge; in a narrower sense, ontology alone.

3. **Appetitus:** any inherent or habitual desire for some personal gratification, either of the body or of the mind.

Grammar

1. A so-called **less vivid condition** requires the present subjunctive in both clauses. *More vivid* conditions take the indicative in both clauses. A *more vivid* condition implies less uncertainty than a *less vivid.*

More vivid: **Si aderit, bene erit.** *If he will be present, it will be well.*
Less vivid: **Si adsit, bene sit.** *If he should be present, it would be well.*

2. **Some prepositions.**

a) **A, ab.** Their general meaning is *from, off from, away from.* They govern the ablative case. They may also mean *by* when introducing the agent after a verb in the passive voice. **Ab** must be used before words beginning with a vowel sound; **a** or **ab** may be used before consonants.

A Roma profectus est. *He set out from Rome.*
Octo res inclusae sunt ab eis. *Eight things have been included by them.*

b) **E, ex.** Their general meaning is *from the midst of, out of.* **Ex** must be used before vowel sounds. Either **e** or **ex** may be used before consonants. They govern the ablative.

Ex montibus egressi sunt. *They came out of the mountains.*
E pluribus unum. *Out of many, one.*
Duo ex hominibus illis carpentarii erant. *Two of those men were carpenters.*

c) **Per:** *through* in the widest sense. It governs the accusative.

Per civitates eunt. *They go through the city.*
Per diem. *Throughout the day.*
Per homines nobiles. *Through the instrumentality of noble men.*
Per se. *In and of itself (through itself).*

d) **Praeter:** used with the literal meaning of *along by, in front of,* and with the figurative meaning of *beyond, besides, in addition to.* It governs the accusative.

Praeter vultos nostros. *Before our faces.*
Praeter aedificium. *In front of the building.*
Praeter realitatem. *Beyond reality.*

e) **Propter:** used in the literal meaning of *near* or *next to,* and with the figurative meaning of *on account of, because of.* It governs the accusative.

Propter me sedent. *They sit near me.*
Propter diei calorem dormiebant. *Because of the heat of the day they slept.*

3. Ordinal numbers. The ablative of the ordinals is used as an adverb and is abbreviated by using a figure followed by a small o: 3°; primo, 1°; secundo, 2°

1. Per tales actus nobis probavit qualis est simplicitas sua. 2. Inclusimus dumtaxat tres ex regulis praeter communes. 3. Per diem et per noctem plenius investigabant qualis esset gentium voluntas. 4. Si effectum calefactioni attribuamus, causa clara sit. 5. Si logice de metaphysica disseret, nobis docebit multas ex veritatibus quas volumus cognoscere. 6. Si rex leges bonas abroget, gens patiatur. 7. Si alteruter

carpentarius opus suum bene faciat, serra non fracta sit. 8. Actio ex
agente, motus ex motore oritur. 9. Mens hominis praeter realitatem
attingere potest. 10. Si individuum hoc juxta merita ejus judicemus,
poenas accipiat potius quam munera. 11. Quum octo colores diversi
inclusi sint, effectus multipliciter repugnat. 12. Si non logice discri-
minabit inter malum et bonum, philosophus nunquam erit. 13. Quaeritur utrum ontologia scientia sit, quae de ente tractat. 14. Subjectum
investigabimus logicae juxta regulas. 15. 1°, leges intelligemus; 2°,
gentibus docebimus eas; 3°, observabimus eas. 16. Si carpentarius
domum forte aedificet, non cadat. 17. Si per civitatem illam incedamus,
philosophum verum inveniamus. 18. Solebant adjuvari a gentium
fortiorum militiis. 19. Si plures ex notis ejus exhibeantur, objectum
clare distinguatur. 20. Propter caloris effectus multi ex viris mortui
sunt. 21. Domus sacerdotis praeter ecclesiam stat. 22. Si homines per
multos dies misericordiam Dei rogent, ipse calamitates eorum avertat.
23. Servos in lacum ejiciebant praeter regis oculos. 24. Tres e pueris
elegit ad auferendas epistolas in terram inimicam. 25. Per opera bona
virginum fidelium, pueri custoditi sunt et curati veteres. 26. Si refrigerium aliquod nobis des, in via procedamus. 27. Si operatio ex
talibus causis oriatur, naturam ejus determinare simplex sit. 28. Si
nos spectent, lapides ad eos mittamus. 29. Si panis nimis calidus sit,
non eum manducetis. 30. Si unum ex his jumentis accipiat, non ei
opus sit Romam incedere.

READING

1. Ontologia juxta vim vocis idem sonat ac sermo de ente; juxta
rem ipsam definitur: scientia, quae tractat de ente, prout est omnibus
commune. Dicitur 1°. scientia, quia est systema veritatum, quae ex
principiis certis logice deducuntur. Dicitur 2°. quae tractat de ente,
quia ontologia non tale vel tale ens considerat, sed omne ens, et sic
discriminatur a Metaphysica Speciali, quae de mundo, de homine,
et de Deo disserit. Dicitur 3°. prout est omnibus commune; est enim
ontologiae proprietates entis ejusque suprema genera investigare.
Unde ontologia a S. Thoma definitur: scientia quae considerat ens

et ea quae consequuntur ens. Quare ejus objectum materiale sunt omnia entia realia; objectum formale sunt rationes omnibus rebus communes. Porro, hae rationes possunt esse communes, aut quatenus eaedem rationes omnibus entis generibus competunt (ut verum et bonum, etc.), aut quatenus alterutra ex oppositis (v.g., substantia vel accidens, causa vel effectus) cuique entis generi convenit. Quare plenius definitur ontologia: scientia de ente ejusque proprietatibus ac supremis partitionibus.

2. Quidam autem dicere voluerunt quod intellectus unitur corpori ut motor, et sic ex intellectu et corpore fit unum, ut actio intellectus toti attribui possit. Sed hoc est multipliciter vanum. Primo quidem quia intellectus non movet corpus nisi per appetitum, cujus motus praesupponit operationem intellectus. Non ergo quia movetur Socrates ab intellectu, ideo intelligit; sed potius e converso quia intelligit, ideo ab intellectu movetur Socrates. Secundo, quia cum Socrates sit quoddam individuum in natura, cujus essentia est una, composita ex materia et forma, si intellectus non sit forma ejus, sequitur quod sit praeter essentiam ejus; et sic intellectus comparabitur ad totum Socratem sicut motor ad motum. Intelligere autem est actio quiescens in agente, non autem transiens in alterum, sicut calefactio. Non ergo intelligere potest attribui Socrati propter hoc quod est motus ab intellectu. Tertio, quia actio motoris nunquam attribuitur moto nisi sicut instrumento, sicut actio carpentarii serrae. Si igitur intelligere attribuitur Socrati, quia est actio motoris ejus, sequitur quod attribuatur ei sicut instrumento: quod est contra Philosophum I *De anima,* text. 12, qui vult quod intelligere non sit per instrumentum corporeum.

LESSON XV

Vocabulary

absens, *absent*
affirmare, *to affirm*
affirmatio, *f.,* affirmation
aliquando, *formerly*
amabilis, *lovable*
causare, *to cause*
circulus, m., *circle*
dominare, *to dominate*
efformare, *to form, to shape*
elementaris, *elementary*
excedere, -cessi, -cessus, *to exceed, to excel*
explicare, *to explain*
facile, *easily*
immergere, -mersi, -mersus, *to immerse, to merge*
magis, *more*
metallum, n., *metal*
minus, *less*
mixtus, *mingled, mixed*
negare, *to deny*
nobilitas, f., *nobility*
prius, *previously*
quadratus, *squared*
qualitas, f., *quality*
quanto sanior . . . tanto fortior, *the healthier . . . the stronger*
relativus, *relative*
remotus, *remote*
sortire, *to select*

terminare, *to limit*
transcendere, -scendi, -scensus, *to transcend*
vegetabilis, *vegetable*

Word Study

1. **Anima sensibilis:** conscious existence, that is, life as it manifests itself in the animal world (men and beasts).

2. **Anima vegetabilis:** vegetable life, that is, life as it manifests itself in the plant world as distinct from men and beasts.

3. **Qualitas elementaris:** the simplest rudiment or characteristic of a thing.

Grammar

1. **The subjunctive mood.**

a) **Cum,** *when,* regularly requires the indicative when the tense of the verb is present, future, or future perfect. If the verb of the **cum** clause is in the past tense, the indicative is used when the time of the main clause and that of the temporal clause are absolutely identical. If the temporal clause describes the circumstances that accompanied the action of the main verb, then the subjunctive is used.

Cum is negat, affirmamus. *When he denies, we affirm*
Cum cadebat nix, sol lucebat. *When (at the time that) the snow was falling, the sun was shining.*
Cum metallum spectavissem, vidi quod argentum esset. *When I had looked at the metal, I saw that it was silver.*

b) A relative clause with a negative antecedent regularly takes the subjunctive. **Nullam notam habet quae mentem determinet et terminet.** *It has no feature that may determine and limit the mind.*

c) The subjunctive may be used in one clause of a condition. If one verb implies that a condition has already been fulfilled and the other implies a probability of fulfillment, the former is put in the indicative, the latter in the subjunctive. **Si aliquando nihil fuit in rebus,** nunc nihil esset. *If formerly there has been a lack of existence in things, there would be a lack of existence now.*

2. Compounds of ipse. This demonstrative is often combined with forms of the reflexive pronoun and thus replaces the usual reflexives.

Meipsum vidi in aqua. *I saw myself in the water.*
Nihilum per seipsum cognosci nequit. *Non-existence cannot be known by and through itself.*

3. Ille, iste. These demonstratives are frequently used to express the idea of "the former" and "the latter." **Illud dicitur nihilum relativum, istud nihilum absolutum.** *The former is called relative non-existence, the latter absolute non-existence.*

EXERCISES

1. Cum metallum videbis, cognosces non argentum esse. 2. Cum vitia dominaverint, nobilitatem attigerint. 3. Cum id negavit, non credidimus ei. 4. Cum magis elementaria essent, ea facilius intelleximus. 5. Quanto magis seipsum in propriam existentiam suam immergit, tanto minus diligitur a ceteris. 6. Cum locum sortivisset propinquum lacui et juxta notiones suas, erexit ibi lapidibus domum parvam, ubi solus cum jumento suo habitabat. 7. Absentes in terris remotis semper delectabantur cum epistolas a familiis suis accepissent. 8. Quanto spes remotior erat, tanto magis seipsum despiciebat. 9. Si tantum perdidit, non vellet iterum probare. 10. Si utrosque ex fratribus suis excessit actionis nobilitate, conveniret quod rex fieret. 11. Possibile est putare quod sit post vitam hanc vel alia existentia vel nihilum: illa notioni justitiae nostrae satisfacit, ista nobis repugnat. 12. Invenimus duo verba quae similia sonant: os (oris) atque os (ossis); illud pars vultus est, istud carnem sustinet. 13. Neminem vidit qui ei auxilio esset. 14. Animal brutum cognosco nullum quod fortius sit quam illum jumentum. 15. Poposcistine utrum omnia praeparata essent cum sacerdos veniret? 16. Nullam causam quidem determinare poterat, quae explicaret poenas quas sentire solebat. 17. Seipsos muniebant cum muris ex lapidibus atque terra factis. 18. Qualitates bonas ex-

ercendo in personam amabilem seipsam mutaverat. 19. Potesne teipsum justificare eo quod facturus es? 20. Ideae dividuntur in intuitivas et factitias secundum modum quo in mente oriuntur: illae excitantur in mente a reali praesentia rei cognitae, istae in mente efformantur conjungendo plures ideas intuitivas. 21. Idea aut positiva aut negativa est: illa aliquam realitatem, ista carentiam realitatis exhibet. 22. Philosophia duas partitiones habet, quarum prima speculativa, altera practica nominatur: illa etiam Metaphysica dicitur, ista in Logicam et Ethicam dividitur. 23. Cum civitatem condidissent, per multos dies atque noctes concelebrabant. 24. Cum turbis loquebatur, lucebat sol. 25. Cum pueros et servos omnes liberavisset, matres patresque venerunt ad agendas ei gratias. 26. Si aliquando juravit, non nunc abesset. 27. Si alii exercitui seipsos junxerunt, hodie fortiores essent. 28. Obstaculum nullum est quod praeveniat ne illa gens dolosa opes magnas capiat nostrae patriae dilectae. 29. Neminem cognoscebat quem docere posset ad spargendas doctrinas novas. 30. Cum dies calidae sunt, veteres in umbra ecclesiae sedent.

READING

1. Quum intellectus se habeat ad opposita, ex notione entis jam data facile colligitur notio sui oppositi, seu nihili, quod difinitur: Carentia entis. Jam sicut ens sumitur ad significandum aliquid actu existens, vel aliquid aptum ad existendum, ita nihilum accipi potest pro carentia actualis existentiae, quo sensu alter mundus est nihilum; vel pro carentia possibilis existentiae, ut cum dicimus circulum quadratum esse nihilum. Illud dicitur nihilum relativum seu nihilum existentiae, istud nihilum absolutum seu nihilum essentiae. Nihilum per seipsum cognosci nequit, quum nullam notam habeat quae mentem determinet et terminet; cognoscitur vero per suum oppositum, quatenus mens prius fertur in ens, cujus realitatem deinde negando, notionem nihili sibi efformat. Unde notio nihili non est falsa, quia per eam mens non cognoscit id, quod non est, sed cognoscit ens modo speciali, i.e., ut absens vel remotum. Affirmatio nihili universalis repugnat;

nam qui ita affirmat dicit se esse et proinde aliquid semper fuisse, si aliquando nihil fuit in rebus, nunc nihil esset.

2. Natura uniuscujusque rei ex ejus operatione ostenditur. Propria autem operatio hominis, inquantum est homo, est intelligere: per hanc enim omnia alia animalia transcendit. Unde Aristoteles in lib. X Ethic., cap. vii, in hac operatione, sicut in propria hominis, ultimam felicitatem constituit. Oportet ergo quod homo secundum illud speciem sortiatur quod est hujus operationis principium. Sortitur autem unumquodque speciem per propriam formam. Relinquitur ergo quod intellectivum principium sit propria hominis forma. Sed considerandum est, quod quanto forma est nobilior, tanto magis dominatur materiae corporali et minus ei immergitur, et magis sua operatione vel virtute excedit eam; unde videmus quod forma mixti corporis habet aliquam operationem, quae non causatur ex qualitatibus elementaribus. Et quanto magis proceditur in nobilitate formarum, tanto magis invenitur virtus formae materiam elementarem excedere, sicut anima vegetabilis plus quam forma metalli, et anima sensibilis plus quam anima vegetabilis. Anima autem humana est ultima in nobilitate formarum. Unde intantum sua virtute excedit materiam corporalem, quod habet aliquam operationem et virtutem in qua nullo modo communicat materia corporalis, et haec virtus dicitur intellectus.

LESSON XVI

Vocabulary

accidentalis, *accidental*
amare, *to love*
bonitas, f., *goodness*
caput, n., *head; chapter*
coarctare, to confine
consistere, -stiti, -stitus, *to consist*
deprehendere, -prehendi, -prehensus, *to find*
divisio, f., *division*
elucescere, *to shine forth, to stand out clearly*
figura, f., *shape*
indivisibilis, *indivisible*
indivisio, f., *oneness*
indivisus, *undivided*
intendere, -tendi, -tentus, *to stretch out, to extend, to intend*
jamvero, *indeed*
late, *broadly, widely*
opponere, -posui, -positus, *to oppose*
praedictus, *aforementioned*
quantitas, f., *quantity*
quoties, *as often as, whenever*
referre, -tuli, -latus, *to relate, to refer*
remittere, -misi, -missus, *to slacken, to relax*
respectus, m., *respect, consideration*
substantialis, *substantial*
transcendentalis, *transcendental*
triplex, *threefold, triple*

Word Study

1. **Indivisio:** oneness; the state of being a unit that cannot be divided.

2. **Transcendentalis:** relating to a reality beyond the senses, and underlying the objects of experience.

3. **Forma substantialis:** that internal constitution which makes an existing thing to be what it is.

4. **Forma accidentalis:** not of the essence or substance of a thing.

Grammar

1. **Reflexive pronouns.** These are the same as the object pronouns except in the third person, where the following forms are used: **sui** (gen.), *of himself, herself, itself, themselves;* **sibi** (dat.), *to himself,* etc.; **se** (acc. and abl.), *himself,* etc., and *by* or *with himself,* etc.

Se amant. *They love themselves. They love each other.*
Mihi loquor. *I talk to myself.*

a) The preposition **cum** is added to these forms as an enclitic: **mecum, tecum, secum, nobiscum, vobiscum.** Primum matri, deinde patri servit, et tunc secum concludit. *First he serves the mother, next the father, and then he concludes with himself.*

b) Of the possessive pronouns, **meus, tuus, suus,** etc., **suus** is used only as a reflexive referring to the subject. When *his, her, its, their* refer to someone other than the subject, then **ejus** or **eorum** is used instead of **suus.**

Patrem suum vocant. *They call their* (own) *father.*
Matrem ejus vidit heri. *He saw his* (not his own, someone else's) *mother yesterday.*

c) The reciprocals, *one another* or *each other,* are expressed by the reflexive pronoun or by inter se or alter . . . alterum.

Opposita juxta se posita magis elucescunt. *Opposites placed next to each other stand out more clearly.*
Inter se fovebant. *They cherished each other.*
Altera alteram expectabit. *They will wait for each other.*

2. Some prepositions.

a) **Ad** always governs the accusative and is used in the sense of *to, towards, at, near, till.*

Remanebat hic ad nonam horam. *He remained here until three o'clock.*
Ad civitatem eo. *I go to the city.*

b) **Contra** governs the accusative and has the general meaning of *opposite* or *against.*

Contra haec est id quod philosophus dicit. *Against this is what the philosopher says.*
Contra montem expectabat exercitus. *The army waited opposite the hill.*

c) **De** governs the ablative and may mean *from, down from, of, concerning, about, out of.*

De caelo demissus est. *He was sent down from heaven.*
De illa re nihil cognoscimus. *We know nothing about that matter.*
Unus de turba venit ad loquendum ei. *One of the crowd came to speak to him.*

d) **In** may govern the accusative or the ablative; with the former it means *into, for, till, toward.* Some idea of motion toward a goal is conveyed. With the ablative this preposition is used in the general sense of *in, on, among.*

In Jerusalem introivit. *He entered Jerusalem.*
In lucem ignem spectabant. *They watched the fire until daybreak.*
Cognoscimus quod maculae in sole apparent. *We know that spots appear on the sun.*
In famulis nostris puer salvus est. *The child is safe among our servants.*

e) **Juxta** as a preposition governs the accusative and may be used literally (*near, next to, close by*) or figuratively (*together with, connected with, in accordance with*).

Turbae juxta muros stabant. *The crowds were standing close to the walls.*

Regis juxta mandata discipuli ex civitate ejiciebantur. *In accordance with the king's commands, the disciples were driven from the city.*

f) **Secundum** governs the accusative and may be used in the literal sense of *just behind, following,* or in the figurative sense of *according to.*

Ite secundum eum. *Go behind him.*

Secundum Lucam Christus in Bethlehem natus est. *According to Luke, Christ was born in Bethlehem.*

g) **Sub** governs the accusative when there is an idea of motion, otherwise it takes the ablative. It usually has the sense of *under* or *up under.*

Sub montem venerunt. *They came up under the hill.*

Ossa sancti sub altari sunt. *The bones of a saint are under the altar.*

1. Se coarctaverunt in modis multis. 2. Colores diversi elucescunt quando juxta se positi sunt. 3. Quoties se videbant, litigabant inter se. 4. Exercitus gentium multarum se exercebant certaminis in artibus et tunc late se opponebant. 5. Vita homini amarissima fieri potest, si veritatem ac bonitatem non aestimat. 6. Operam dabant ad horam sextam et tum requiescebant. 7. Id quod alter alteri dicebat contra ratiocinia philosophi erat. 8. Quanto magis loquebantur contra eum, tanto magis discipuli ejus diligebant eum. 9. Misit apostolos suos in terras remotas, sed multi ex eis secundum prophetarum verba ejiciebantur ab inimicis ejus. 10. Volumus nobiscum omnia auferre, de quibus in epistola vestra tractabatis. 11. Ubi invenisti librum meum de metaphysica? In sede jamvero in qua reliquisti eum. 12. Ab obstaculis inhaerentibus in natura nostra semper coarctamur. 13. Ecclesia domusque juxta se stabunt. 14. Dixit sibi: Ubi et quando potero investigare elementa in lapide illo occulta? 15. Nolite negare quod hos viros bonos in vinculis videbatis, et tamen eis nullum adjutorium

offerebatis. 16. Pater sub montem gregem suum maximum ducebat
ad eum de calore solis defendendum. 17. Servio mihi quandocumque
Deo servio. 18. Si te regi adjungas, non solum particeps felicitatis ejus
fias, sed etiam in calamitatibus ejus patiaris. 19. Quum ille putaverit
indolem conceptus simplicem esse, iste nihil dixit contra sententiam
illam. 20. Cum extra muros essent, revera misericordiae judicum
suorum obliviscebantur. 21. Praemia inter se dederunt. Quare fecerunt
illud? Non scio. 22. Alteri alteros adjuvabant cum monerentur inimicos lapides immensos contra muros civitatis missuros esse. 23. Cum
loquendum esse se audiret, non cognoscebat vocem propriam. 24. Cre-
didistis vobis? Non semper. 25. Cum aqua benedicta aspersit se.

READING

1. Transcendentales entis proprietates sunt attributa, quae enti,
prout est ens, conveniunt. Hae proprietates re non distinguuntur ab
ente, sed sunt diversi respectus, sub quibus ens considerari potest.
Hinc tam late patent quam ipsum ens; et sicut istud, nulli generi
rerum coarctantur, sed omnia genera transcendunt. Jamvero, ens sub
triplici respectu considerari potest: 1°. prout in seipso est, et sic con-
sideratum se manifestat ut unum; 2°. prout refertur ad intellectum,
a quo concipitur, et sic dicitur verum; 3°. prout refertur ad voluntatem vel ad appetitum sensitivum, sub quo respectu vocatur bonum.
Tres igitur sunt proprietates entis: unitas, veritas, bonitas. Quoniam
vero opposita (ut aiunt) juxta se posita magis elucescunt, in hoc capite
sermo erit, non solum de tribus praedictis proprietatibus, sed etiam
de notionibus, quae eis opponuntur. Ens dicitur unum, quatenus est
in se indivisum, et proinde unitas est carentia divisionis in ente.
Quoties enim deprehendimus aliquid divisum esse in ens et ens, unum
esse negamus; et quoties deprehendimus aliquid non esse divisum,
propter hanc indivisionem id unum nominamus.

2. Deinde considerandum est de his quae pertinent ad potentias
animae. Ad primum sic proceditur. 1. Videtur quod ipsa essentia
animae sit ejus potentia. Dicit enim Augustinus quod mens, notitia,
et amor sunt substantialiter in anima, et quod memoria, intelligentia

et voluntas sunt una vita, una mens et una essentia. 2. Praeterea, anima est nobilior quam materia prima. Sed materia prima est sua potentia. Ergo multo magis anima. 3. Praeterea, forma substantialis est simplicior quam accidentalis: cujus signum est quod forma substantialis non intenditur vel remittitur, sed in indivisibili consistit; forma autem accidentalis est ipsa sua virtus. Ergo multo magis forma substantialis, quae est anima. 4. Praeterea, potentia sensitiva est qua sentimus, et potentia intellectiva qua intelligimus. Sed id quo primo sentimus et intelligimus, est anima, secundum Philosophum. Ergo anima est sua potentia. 5. Praeterea, quod non est de essentia rei, est accidens. Si ergo potentia animae est praeter essentiam ejus, sequitur quod sit accidens, quod est contra Augustinum qui dicit quod praedicta non sunt in anima sicut in subjecto, ut color aut figura in corpore, aut ulla alia qualitas aut quantitas; quidquid enim tale est non excedit subjectum in quo est. Mens autem potest etiam alia amare et cognoscere. 6. Praeterea, forma simplex subjectum esse non potest. Anima autem est forma simplex, cum non sit composita ex materia et forma, ut supra dictum est. Non ergo potentia animae potest esse in ipsa sicut in subjecto. 7. Praeterea, accidens non est principium substantialis differentiae. Sed sensibile et rationale sunt substantiales differentiae, et sumuntur a sensu et ratione, quae sunt potentiae animae. Ergo potentiae animae non sunt accidentia, et ita videtur quod potentia animae sit ejus essentia.

LESSON XVII

Vocabulary

abjicere, -jeci, -jectus, *to degrade, to debase*

coextendere, -tendi, -tensus or **-tentus,** *to have the same extension*

constare, -stiti, -status, *to consist, to stand firm*

constat, *it is certain*

continuus, *continuous, constant*

entitativus, *of the nature of an entity or real thing*

forsitan, *perhaps*

integrans, *integrating, making up a whole*

licet, from **licere 2** (impers. verb), *it is permitted, allowable; although*

multiplex, *manifold*

mutuo, *mutually*

nimirum, *certainly, indisputably*

oportet, from **oportere 2** (impers. verb), *it is necessary, proper, reasonable*

parvulus, *small;* (as a noun) *little one, child*

quantum ad, *so far as concerns*

quidam, *a certain one*

quodlibet, *any whatever*

saepe, *often*

specificus, *specific; pertaining to a species*

strepitus, m., *noise*

subesse, -fui, *to be under, to underlie*

ulterior, *further, later*

vere, *really, truly*

Word Study

1. **Simpliciter:** in a simple manner or state; considered in or by itself; without additional qualification.

2. **Secundum quid:** according to something; in some one respect only.

3. **Potentia:** quality of possessing inherent strength or power; power or energy more or less free to act.

Impersonal verbs.

a) Many verbs appear only in the third person singular, infinitive, and gerund, having as a subject the impersonal *it*. Still other verbs may be used impersonally in the passive.

constat, *it is plain, evident*	**licet,** *it is allowed*
accidit, *it happens*	**libet,** *it pleases*
placet, *it pleases*	**videtur,** *it seems*
decet, *it is becoming, proper*	**oportet,** *it is fitting, ought*
necesse est, *it is needful*	**interest,** *it concerns*
refert, *it concerns*	**restat,** *it remains*
relinquitur, *it remains*	

b) These verbs are regularly followed by a **quod** or **quia** clause with the subjunctive (sometimes the indicative).

1. Quaeritur utrum anima independenter a corpore existere possit. 2. Non licet, nimirum, quod quidam opiniones diversas habeant de definitione vera realitatis. 3. Oportet forsitan quod consideremus naturam multiplicem hujus organismi. 4. Decet quod mutuo se ament cum alteri tantum alteros adjuvaverint. 5. Quantum ad caput secundum constat consideratione unitatis specierum, i.e. de unitatis notione et divisione quaeritur. 6. Necesse est quod deprehendat id quod notis quibuslibet subest. 7. Opera nulla complevit quae ipse non sortiret, cum ei placeret quod independenter ab aliis judicium suum exerceret. 8. Videtur quod affirmatio talis bonitatem et veritatem abjiciat. 9. Relinquitur quod scopos ulteriores detegatis qui sententiis ejus expressis subsunt. 10. Vere oportet quia carpentarius

usum instrumentorum multorum intelligat, specialiter, serrae. 11. Videtur quod substantia et accidentia coextendant. 12. Si oporteret quod istud faceret, non rem magis investigaremus. 13. Si deceret quod homines istos in domum nostram acciperemus, nimirum, non eis indulgentiam nostram negaremus. 14. Nobis placebat quod in familia nostra adesses, cum nosipsos coadunaremus ad spem novam infundendam in socios nostros. 15. Ei placebit quod patri veteri ejus honores collaturi sint. 16. Dicit id constare quod non aequalitatem consecuti sint quam diligenter quaesiverint. 17. Accidit saepe quod judices clementiam tribuant eis qui non mereantur. 18. Si sonum serrae non audimus, per totam noctem dormiemus bene. 19. Restat nunc quod mihi enarres omnia quae feceritis ad adventum regis celebrandum. 20. Libetne tibi quia pueri ecclesiam mundare velint ac decorare ante baptismum fratris tui? 21. Cum negarent quod inimicos consolati essent et bona eorum custodivissent, non jam nobis referebat. 22. Necesse est quod sacerdotes episcopum suum multis modis sustineant. 23. Videtur quod quanto magis sacerdos episcopum suum aestimat, tanto magis gentes illum diligant. 24. Oportebat quia panem et vinum hoc modo divideret: unam ex partibus pro veteribus, aliam pro parvulis, et partem tertiam pro pauperibus. 25. Necesse est quod bene dormiamus per hanc noctem; ergo ne fiant nec soni tubarum nec operatio serrarum nec voces hymnos canentes nec alii strepitus horrendi quilibet. 26. Accidit quod tam altus esset ut tectum attingere posset.

READING

1. Unitas est triplicis generis: unitas simplicitatis et compositionis; unitas per se et per accidens; unitas rationis et unitas realis. Unitas simplicitatis est unitas rei, quae nec dividitur nec dividi potest. Talis est unitas Dei, animae, actus affirmationis, etc. Unitas compositionis est unitas rei, quae constat partibus actu indivisis, sed tamen divisibilibus. Unitas per se est illa, quae competit enti vere indiviso, licet forsitan constet partibus, seu, est unitas entis, quod est simpliciter unum

et non multa; cujusmodi est unitas angeli, vel etiam hominis licet partibus constantis. Unitas per accidens est illa, quae competit enti, quod revera est multiplex, sed unum secundum quid. Unum per se dicenda sunt illa composita, quorum partes in eodem genere unione entitativa se mutuo complent, nimirum, a) in genere substantiae, compositio corporum ex materia prima et forma substantiali, et ex partibus integrantibus; b) in generibus accidentium, compositio partium integrantium quantitatis continuae et accidentium, quae quantitati coextenduntur. Unitas rationis est, quae rebus convenit ex mentis consideratione, ut unitas specifica inter homines. Unitas realis, est quae convenit rebus independenter a mentis consideratione, ut unitas Petri.

2. Respondet Philosophus dicendum, quod impossibile est dicere quod essentia animae sit ejus potentia, licet hoc quidam posuerint; et hoc dupliciter ostenditur quantum ad praesens. Primo, quia cum potentia et actus dividant ens et quodlibet genus entis, oportet quod ad idem genus referatur potentia et actus; et ideo, si actus non est in genere substantiae, potentia quae dicitur ad illum actum, non potest esse in genere substantiae. Operatio autem animae non est in genere substantiae, sed in solo Deo operatio est ejus substantia; unde Dei potentia, quae est operationis principium, est ipsa Dei essentia; quod non potest esse verum neque in anima, neque in aliqua creatura, ut supra etiam de angelo dictum est. Secundo, hoc etiam impossibile apparet in anima. Nam anima secundum suam essentiam est actus. Si ergo ipsa essentia animae esset immediatum operationis principium, semper habens animam, actu haberet opera vitae, sicut semper habens animam actu est vivum. Non enim, inquantum est forma, est actus ordinatus ad ulteriorem actum, sed est ultimus terminus generationis. Unde quod sit in potentia adhuc ad alium actum, hoc non competit ei secundum suam essentiam, inquantum est forma, sed secundum suam potentiam; et sic ipsa anima, secundum quod subest suae potentiae, dicitur actus primus, ordinatus ad actum secundum. Invenitur autem habens animam non semper esse in actu

operum vitae. Unde etiam in definitione animae dicitur, quod est actus corporis potentia vitam habentis, quae tamen potentia non abjicit animam. Relinquitur ergo quod essentia animae non est ejus potentia; nihil enim est in potentia secundum actum, inquantum est actus.

LESSON XVIII

Vocabulary

aequalitas, f., *equality, sameness*
affinis, *allied, related*
albus, *white*
appetere, -ivi or -ii, -itus, *to long for, to desire*
appetitivus, *having appetite or desire for*
convenientia, f., *agreement, fitness, propriety*
diversificare, *to make different, to diversify*
dubitare, *to doubt*
extrinsecus, *outward, external*
fere, *almost*
gustus, m., *taste*
identicus, *identical*
identitas, f., *identity*
impedire, *to prevent*
logicus, *logical*
maxime, *chiefly, to the greatest extent*
niger, *black*
non . . . nisi, *only*
obliquum, n., *that which is indirect;* **in obliquo,** *indirectly*
penes, *with, within*
plane, *plainly, clearly*
plures, *more, several*
princeps, m., *prince*
prohibere 2, *to prohibit*
quidquid, *whatever*
quin, *except that, unless*
realiter, *really, outside the mind*

recte, *correctly, properly*
rectum, n., *that which is right, straight, or direct;* in recto, *directly*
removere 2, -movi, -motus, *to remove*
sapiens, *wise, discerning*
semel, *once*
sibimetipsi, *to itself (himself, herself)*
similiter, *similarly*
similitudo, f., *resemblance*
visivus, *visual*
visus, m., *sight*

Word Study

1. **Affirmabilitas:** the state of being capable of affirmation; that which can be declared to be true.

2. **Formaliter:** with respect to or according to form; essentially; strictly speaking.

Grammar

1. **Quin** with the meaning of *but that, except that, unless, that not, that,* after negative verbs of hindering, prohibiting, doubting, or similar ideas, requires the subjunctive.

Unum nequit affirmari in recto de altero, quin sint idem. *One thing cannot be affirmed directly concerning another, except that they be the same thing.*
Non dubitabat quin ei crederemus. *He did not doubt that we believed him.*
Id non praeveniebat quin semetipsos excusarent. *That did not prevent them from excusing themselves.*

2. **Ablative absolute.** This construction consists in a noun or pronoun in the ablative case with an accompanying word or words (usually a past participle) in the same case. It is grammatically independent of the rest of the sentence in which it occurs and may be used to replace a temporal, causal, concessive, or conditional clause. **Remota**

causa, removetur effectus. *If the cause be removed, the effect is removed.*

3. **Idem,** *same,* is composed of the demonstrative pronoun **is** plus the indeclinable suffix **-dem.** It is declined as follows:

	Singular			*Plural*		
	masc.	fem.	neu.	masc.	fem.	neu.
n.	idem	eadem	idem	idem(ei-, ii-)	eaedem	eadem
g.	ejusdem	——	——	eorundem	earundem	eorundem
d.	eidem	——	——	eisdem(is-, iis-)	——	——
acc.	eundem	eandem	idem	eosdem	easdem	eadem
ab.	eodem	eadem	eodem	eisdem(is-, iis-)	——	——

Idem plus **atque** translates the English *same as, same . . . as,* or it may be followed by the dative.

Puer eandem vim habet atque pater ejus. *The boy has the same strength as his father.*

Quidquid unum est, idem est sibimetipsi. *Whatever is one, is the same as itself (is similar to itself).*

4. **Met:** This pronominal particle is inserted frequently between the intensive and the reflexive pronoun for added emphasis.

EXERCISES

1. Id non praevenit quin credat quod nigrum sit album. 2. Quomodo appetebamus easdem opes quibus principes fruuntur! 3. Capitibus cum pluribus additionibus diversificatis, non tam clara erant quam prius. 4. Res quae sibimetipsi identica est, est res ipsa. 5. Carentia omnium detecta, auxilium a gentibus aliis requirebant. 6. Vinum amarum erat, sed omnino non impediebamur quin id biberemus. 7. Non dubitabant quin systema multa vitia haberet. 8. Opinarisne quod prohibeat quin ego opinionem meam adjungam ad sententias aptas philosophi veteris? 9. Notitiis iisdem in eodem die acceptis, omnes semetipsos uniebant ad exsurgendum contra inimicos. 10. Nullum animal cogitat, quin potentiam ratiocinii habeat. 11. Habitatione bene

calefacta, parvuli ad horam nonam dormiebant. 12. Patet quod leges non impedire possint, quin regem spectemus. 13. Vosmetipsos a multis benedictionibus exclusistis in eis repugnando qui amant vos. 14. Regulis simplicibus probatis, oportebat tunc minus elementares includere. 15. Intellectus praeclarus non impedit quin homines inter se oderint. 16. Vero non dubitamus quin idem sit qui fratrem nostrum in illa nocte horrenda salvabat. 17. Actibus ejus judicatis secundum leges patriae, inquirebatur utrum alii non essent qui rei generis ejusdem deprehensi essent. 18. Diligenter fere duas horas ideas eorum consideravi, prout expressas in libris eorum, et non detego scopos eosdem atque tu. 19. Speciebus unitatis nominatis, spero quod vos non erretis de divisionibus ontologiae disserendo. 20. Non dubitat quin latrones removerint quodquod esse antiquum putarent. 21. Senex factus, princeps usum visus ac auditus perdebat. 22. Cum soni suaves auribus placeant atque colores clari oculis, has res easdem praeparemus eis. 23. Cum pauperibus dederis omnia quae eis necessaria sint, tunc da tibimetipsi id quod restat. 24. Duae res non identicae sunt quin similitudinem exactam in partibus omnibus habeant. 25. Actibus iisdem prohibitis fere in omnibus terris, facile erat regulas constituere quae universaliter aestimarentur.

READING

1. Notioni unitatis valde affinis est notio identitatis; nam quidquid unum est, idem est sibimetipsi. Quare identitas definitur: Convenientia rei cum seipso; vel: affirmabilitas in recto unius de altero. Dicitur in recto, quia unum nequit affirmari in recto de altero, quin sint idem; fieri autem potest, ut unum de altero affirmetur in obliquo, quae tamen sunt plane distincta. Sic, sapientia affirmatur in obliquo de homine, et similiter humanitas de Verbo divino, cum dicis: homo est sapiens, Verbum est homo, sed sapientia ab homine, et humanitas a Verbo realiter distinguuntur. Unde identitas fundatur in reali entis unitate, formaliter autem constituitur, quatenus eadem res semel et iterum concipitur, et secum collata, sibi identica invenitur. Duplex est: realis et logica seu rationis. Prior convenit rebus independenter

a mentis consideratione, ut identitas inter S. Petrum et Principem Apostolorum. Altera est ea, quae provenit a mentis consideratione, ut identitas inter Petrum et Paulum secundum naturam specificam. Haec minus recte dicitur identitas, revera non est nisi similitudo, i.e., convenientia plurium in aliqua forma. Triplex est: identitas seu similitudo secundum essentiam, ut in exemplo dato; identitas secundum qualitatem, i.e., similitudo proprie dicta; identitas secundum quantitatem, i.e., aequalitas.

2. Videtur quod potentiae non distinguantur per actus et objecta. Nihil enim determinatur ad speciem per illud quod posterius, vel extrinsecum est. Actus autem est posterior potentia; objectum autem extrinsecum. Ergo per ea potentiae non distinguuntur secundum speciem. Praeterea, contraria sunt quae maxime differunt. Si igitur potentiae distinguerentur penes objecta, sequeretur quod contrariorum non esset eadem potentia; quod patet esse falsum fere in omnibus; nam potentia visiva eadem est albi et nigri, et gustus idem est dulcis et amari. Praeterea, remota causa, removetur effectus. Si igitur potentiarum differentia esset ex differentia objectorum, idem objectum non pertineret ad diversas potentias; quod patet esse falsum; nam idem est quod potentia cognoscitiva cognoscit et appetitiva appetit. Praeterea, id quod per se est causa alicujus, in omnibus causat illud. Sed quaedam objecta diversa, quae pertinent ad diversas potentias, pertinent etiam ad aliquam unam potentiam; sicut sonus et color pertinent ad visum et auditum, quae sunt diversae potentiae; et tamen pertinent ad unam potentiam sensus communis. Non ergo potentiae distinguuntur secundum differentiam objectorum. Sed contra, posteriora distinguuntur secundum priora. Sed Philosophus dicit quod priores potentiis actus et operationes secundum rationem sunt; et adhuc his priora sunt opposita, sive objecta. Ergo potentiae distinguuntur secundum actus et objecta. Respondeo, dicendum quod potentia, secundum illud quod est potentia, ordinatur ad actum. Unde oportet rationem potentiae accipi ex actu ad quem ordinatur; et per consequens oportet quod ratio potentiae diversificetur, ut diversificatur ratio actus.

LESSON XIX

Vocabulary

adaequare, *to be equal to, to be adequate*
artifex, m., *artificer, maker, author*
atqui, *however, but, nevertheless*
attamen, *nevertheless*
attribuere, -ui, -utus, *to bestow, to grant*
centrum, n., *center*
conformis, *conformable, in conformity with*
congruere, -grui, *to fit, to conform to*
conjunctus, *connected, united with*
contrarietas, f., *opposite*
differe, distuli, dilatus, *to differ*
duo, *two*
exemplar, n., *pattern, model, original*
fundamentaliter, *basically, essentially*
frigidus, *cold*
haurire (4), **hausi, haustus,** *to draw out, to take*
humidus, *wet*
immutare, *to change, to alter*
inconvenienter, *improperly*
instituere, -stitui, -stitutus, *to institute, to establish*
magnitudo, f., *size*
medium, n., *means, middle*
passivus, *passive*
pauci, *few*
perfecte, *perfectly*
praenoscere, -novi, -notus, *to know beforehand*
primario, *primarily*

quinque, *five*
relate, *in relation to*
reponere, -posui, -positus, *to set, to place*
satis, *enough*
siccus, *dry*
summe, *in the highest degree*
tactus, m., *touch*
tamquam, *just as, as it were*
tum . . . tum, *both . . . and*
utpote, *as being, inasmuch as*

WORD STUDY

1. **Immutativum:** change, alteration, modification
2. **Sensibilia communia:** sense faculties, sensations, or perceptions common to all beings.

GRAMMAR

1. **Ut** clauses of purpose. A purpose clause introduced by **ut** (negative **ne**) regularly requires the subjunctive. **Natura instituit diversitatem in organis, ut congruerent diversitati potentiarum.** *Nature has established a difference in organs in order that they might fit a diversity of powers.*
2. Review **ut** with the indicative in Lesson IV.
3. Review **ut** clauses of result in Lesson XI.

EXERCISES

1. Natura homini attribuit quinque sensus, ut cognoscat mundum qui ei circumstat. 2. Hauriam duo ut numerus meus tuo adaequetur. 3. Ea diligenter elegimus ut differrent, et nunc invenimus quod essentialiter eadem sunt. 4. Ut habeas exemplar ad modum vivendi, tum contempla vitas sanctorum tum conforma temetipsum factis eorum. 5. Ierunt ad terras remotas ut humidum ac frigidum patriae propriae evaderent, attamen non beati erant. 6. Ut perfecte praenoscat quod volumus facere, ei epistolam mittamus quae spes nostras enarret.

7. Ne artifex decorem exteriorem domus immutet, monebitur ut lapides diligentissime reponat. 8. Ut visus summe sensitivus est, oculi custodiri debent. 9. Ut regio haec tam sicca est, animalia bruta ob carentiam aquae moriuntur. 10. Ex lacu aquam hauserunt ut aliud quid haberent quam vinum ad bibendum. 11. Alter ab altero tantum differebat, ut non ejusdem speciei eos putaremus. 12. Gustus utpote tactus affinis isti videtur, atqui non idem sunt. 13. Ne coarctemur praeter id quod nobis salutare sit, nosmetipsos opponamus viribus dolosis quae ubique contra nos exsurgunt. 14. Jumenta circulos metalli circum pedes habent, ut domini ea facile cognoscant. 15. Videbatur quod seipsum a fratribus suis removisset, ut magis independenter forsitan ageret. 16. Princeps apostolorum Roma sedem suam instituebat, ut civitas illa semper centrum ecclesiae universalis esset. 17. Se mutuo adjuvabant ne unusquisque solus atque abjectus moriretur. 18. Mundus tam incongruus est ad hominem sustinendum, ut plurimi rebus carere debeant quibus opus est, ut pauci satis habeant. 19. Ideo oportet quod gentes Deum rogent, ut eis panem quotidianum det. 20. Qualitates phantasiae plenius investigabo, ut iterum affirmem quod semel dixi. 21. Pater tum puerum laudabat tum ei praemia dabat, ne strepitum cum serra faceret nec lapides contra ostium mitteret. 22. Quoties voluimus quantitas et qualitas adaequarentur! 23. Patet quod organum auditus esse debet, ut potentia auditus fiat actus. 24. Cum sacerdos vetus philosophiam diligat, semetipsum in libros immergit, ut omnia principia apta ad homines cognoscat. 25. Ut viri nigri operam dabant in terris calidis, viri albi opes magnas in montibus frigidis quaerebant.

READING

Veritas transcendentalis seu ontologica est ipsa rei entitas, prout ordinem habet ad intellectum. Notio veritatis transcendentalis duo importat, scil., a) ipsam rei entitatem, et sic sumitur fundamentaliter; b) ordinem conformitatis hujus entitatis ad intellectum; in quo ordine consistit veritas transcendentalis formaliter considerata. Intellectus vero, cui res, ut verae dicantur, conformari debent, est proprie et

primario intellectus divinus, et proinde veritas ontologica primario
reponenda est in ordine rerum ad divinas ideas. Attamen, quum
intellectus creatus sit quaedam imitatio intellectus divini, cui, ut vere
cognoscat, in cognoscendo debet esse conformis, dicendum est res
secundario veras esse relate ad ideas nostras, quae earum naturam exprimunt. Res dicuntur primario verae relate ad intellectum, cui
essentialiter sunt conformes; atqui res omnes essentialiter conforman-
tur ad intellectum divinum. Et quidem, omne ens est vel naturale,
vel artificiale, vel divinum. Jam, 1°. ens naturale est necessario conforme intellectui divino tamquam suae causae exemplari; Deus enim,
utpote sapientissimus, nihil creat vel creare potest nisi juxta ideam
exemplarem in suo intellectu existentem. 2°. Ens artificiale est necessario conforme intellectui divino, tum quia artifex elementa sui
exemplaris haurit ex rebus, quae intellectui divino perfecte adaequant,
tum quia Deus omnia opera hominis praenoscit. 3°. Denique ens
divinum (i.e., divina essentia) est summe et necessario conforme
intellectui divino, utpote cum illo identicum.

2. Videtur quod inconvenienter distinguantur quinque sensus ex-
teriores. Sensus enim est cognoscitivus accidentium. Sunt autem multa
genera accidentium. Cum ergo potentiae distinguantur per objecta,
videtur quod sensus multiplicentur secundum numerum qui est in
generibus accidentium. Praeterea, magnitudo et figura et alia, quae
dicuntur sensibilia communia, non sunt sensibilia per accidens. Cum
ergo plus differant magnitudo et figura a colore, quam sonus; videtur
quod multo magis debeat esse alia potentia sensitiva cognoscitiva
magnitudinis aut figurae, quam coloris et soni. Praeterea, unus sensus
est unius contrarietatis, sicut visus albi et nigri. Sed tactus est cognoscitivus plurium contrarietatum, scilicet calidi et frigidi, humidi et sicci,
et hujusmodi. Ergo non est sensus unus, sed plures; ergo plures sensus
sunt quam quinque. Praeterea, species non dividitur contra genus. Sed
gustus est tactus quidam. Ergo non debet poni alter sensus praeter
tactum. Sed contra est quod Philosophus dicit, quod non est alter sensus praeter quinque. Respondeo dicendum, quod rationem distinctionis et numeri sensuum exteriorum quidam accipere voluerunt ex

parte organorum, in quibus aliquod elementorum dominatur, vel aqua vel aer vel aliquid hujusmodi; quidam autem ex parte medii, quod est vel conjunctum vel extrinsecum, et hoc vel aer, vel aqua, vel aliquid hujusmodi; quidam autem ex diversa natura sensibilium qualitatum, secundum quod est qualitas simplicis corporis vel sequens complexionem. Sed nihil istorum conveniens est. Non enim potentiae sunt propter organa, sed organa propter potentias; unde non propter hoc sunt diversae potentiae, quia sunt diversa organa, et ideo natura instituit diversitatem in organis, ut congruerent diversitati potentiarum. Et similiter diversa media diversis sensibus attribuit, secundum quod erat conveniens ad actus potentiarum. Naturas autem sensibilium qualitatum cognoscere non est sensus, sed intellectus. Accipienda est ergo ratio numeri et distinctionis exteriorum sensuum, secundum illud quod proprie et per se ad sensum pertinet. Est autem sensus quaedam potentia passiva, quae nata est immutari ab exteriori sensibili. Exterius ergo immutativum est quod per se a sensu percipitur, et secundum cujus diversitatem sensitivae potentiae distinguuntur.

LESSON XX

Vocabulary

absque, *without, except*
amicus, m., *friend*
ars, f., *art, skill*
aurichalcum, n., *brass*
aurum, n., *gold*
coloratus, *colored*
commotio, f., *stirring, movement, agitation*
deficere, -feci, -fectus, *to fail, to forsake, to depart from*
deviare, *to deviate, to depart from*
diametro: e ——, *diametrically*
difformitas, f., *lack of conformity, disagreement*
discedere, -cessi, -cessus, *to depart from, to swerve from, to leave*
elucere (2), **-luxi,** *to shine forth, to be apparent*
extrinsece, *extrinsically, externally*
humectare (umectare), *to moisten*
humiditas, f., *moisture*
intrinsece, *intrinsically, inwardly*
maxime, *especially, in the highest degree*
mendacium, n., *lie*
motus, m., *motion, movement*
olfactus, m., *sense of smell*
pactum, n., *agreement*
percussio, f., *striking, percussion*
pertingere, to reach, to extend
post (adv.), *afterwards, later*
praescriptus, *prescribed, commanded*
rhetorica, f., *rhetoric*

87

sapor, m., *savor, flavor*
spirare, *to breathe, to exhale*
subdere, -didi, -ditus, *to place under, to subject*
tangere, tetigi, tactus, *to touch*
transmutatio, f., *change, alteration*
ut quum, *as when*
vendere, *to sell*
virtuosus, *virtuous, of virtue*

Word Study

1. **Transmutatio:** change from one nature, form, or substance into another; transformation; conversion of one thing into another.

2. **Intrinsece:** in its nature; within the thing itself; essential.

3. **Extrinsece:** not contained in or belonging to a body; externally; unessentially; pertaining to what is outside of the thing itself.

4. **Motus localis:** activity localized in the brain centers corresponding to the several senses of sight, hearing, touch, etc.

5. **Rhetorica:** the art of expressive speech or discourse, especially the art of literary composition.

Grammar

1. **Dum** and **quoad,** *until,* take the present or imperfect subjunctive in clauses implying intention or expectancy.

Expectamus, dum veniat. *We are waiting until he comes.*
Exercitus exercebatur, quoad fortis esset. *The army was trained until it was strong.*

2. **Donec** and **quoad,** *until,* require the perfect indicative to express an actual fact in the past. **Expectavit, donec respondi.** *He waited until I answered.*

3. **Dum, donec,** and **quoad,** *as long as,* take the indicative. **Legebant, quoad poterant.** *They read as long as they could.*

4. **Dum,** meaning *while,* frequently takes the present indicative to denote action in the past. **Dum eis gratias agit, alia praemia ad eum**

ducta sunt. *While he was thanking them, other rewards were brought to him.*

5. **Dum, modo, dummodo, tantum ut,** introducing a proviso clause, take the subjunctive. (The negative used with these conjunctions is **ne.**)

Panem habeat, dum ne nimis manducet. *Let him have the bread, provided that he does not eat too much.*

Munera consequentur, tantum ut ea mereantur. *They will win the rewards, provided that they deserve them.*

6. **Ut** (negative **ne**) is sometimes used to introduce a proviso clause, usually with **ita** in the main clause. **Media probata sunt, sed ita ut omnibus plana fierent.** *The means were approved, but only on condition that they should be made plain to all.*

7. **Ut** is sometimes used before another conjunction for more emphasis. **Ut quid vanitatem diligitis?** *Why do you love vanity?*

EXERCISES

1. Metalla spectabunt, quoad aurum ab aurichalco distinguere possint. 2. Volebat in domo remanere, dum amici ejus discederent. 3. De propositione disseruerunt, donec falsitatem ejus probaverunt. 4. Dum artifex amicos multos habebat, objecta argenti et auri vendere poterat, quae cum tanta arte faciebat. 5. Cum nox calida esset, ros cadebat, quoad totam terram humectavit. 6. Ut quid ab veritate devias, ut eloquentia tua magis eluceat? 7. Dum veteres poenas suas enarrant, matres specialiter eorum miserebantur et consolabantur eos. 8. Philosophi antiqui magnam operam dabant, dum aurichalcum in aurum transmutarent. 9. De principiis quibuscumque disserere possunt, dummodo ne a certis regulis specificis logicae deficiant. 10. Donec aliqua humiditas in terra existit, vita vegetabilis non omnino moritur. 11. Tantum ne absque auxilio sint diutius quam duos dies, non eis opus erit civitatem tradere. 12. Ut quid nobis malitiam intentionis vestrae negatis? 13. Quoad parvuli erant in centro magni strepitus et multae commotionis, laetabantur. 14. Princeps aurum accepit, sed

ita ut eo uteretur ad ecclesiam in nomine Sanctae Agathae aedificandam. 15. Vixit in felicitate, dum falsitatem amicorum suorum ignorat. 16. Dum in habitatione remanebamus, odores non ad olfactum nostrum pertingebant. 17. Dum res non palpamus, sensum tactus non exercere possumus. 18. Ut quid librum novum tetigisti, dum manus tuae non mundae sunt? 19. Jamvero, ei epistolas hujusmodi scribam, dum mihi plenius respondeat. 20. Dixit se pactum factum cum amico suo tenturum esse, dum iste moriretur. 21. Modo ne odorem illum in recto spires, non sufficit causare capitis dolorem. 22. Ut quid christiani psalmos non canent, ut solem orientem salutent? 23. Homo rationi suae sensus suos subdere potest, dummodo voluntate utatur quae ei a Deo data est. 24. Principe virtuoso et praeclaro electo, gentes expectabant, dum leges bonae constituerentur. 25. Donec nobis se opponunt mendaciis dolosis, intentionem eorum vere non sciemus.

READING

1. Falsitas e diametro opponitur veritati. Sicut igitur veritas ontologica est conformitas rei cum intellectu, ita falsitas ontologica est difformitas, et quidem positiva, rei ab intellectu. Res esse aliquo modo falsas elucet ex communi modo loquendi; dicimus enim falsos amicos, falsos deos, etc. Sed quum omne ens sit verum, in quantum est ens, nulla res dici potest falsa, nisi in quantum est non-ens; et ideo dum veritas competit rebus per se et intrinsece, falsitas eis attribuitur solum per accidens et extrinsece. Hoc magis elucebit ex triplici modo, quo falsitas de rebus dici solet. 1°. Falsum dicitur aliquid, quatenus aptum est nobis apparere id, quod non est; quo pacto aurichalcum dicitur falsum aurum. 2°. Falsum dicitur aliquid, quatenus est objectum falsi judicii, ut quum Jupiter dicitur falsus deus, quia judicium, Jupiter est Deus, est falsum. 3°. Falsum dicitur aliquid, quatenus deficit a regulis artis vel moralitatis, sicut falsa dicitur eloquentia, si discedit a rhetoricae praeceptis, et in ordine morali, falsus dicitur actus, qui deviat a regulis a Deo praescriptis. Hinc peccata falsitates et mendacium dicuntur in Scripturis secundum illud psalmi: Ut quid diligitis vanitatem et quaeritis mendacium? sicut per oppositum,

operatio virtuosa veritas vitae nominatur, in quantum subditur ordini divini intellectus; sicut dicitur: Qui facit veritatem venit ad lucem.

2. Duplex est immutatio: Una naturalis et alia spiritualis. Naturalis quidem, secundum quod forma immutantis recipitur in immutato secundum esse naturale, sicut calor in calefacto; spiritualis autem, secundum quod forma immutantis recipitur in immutato secundum esse spirituale, ut forma coloris in pupilla, quae non fit per hoc colorata. Ad operationem autem sensus requiritur immutatio spiritualis, per quam intentio formae sensibilis fiat in organo sensus, alioquin, si sola immutatio naturalis sufficeret ad sentiendum, omnia corpora naturalia sentirent, dum alterantur. Sed in quibusdam sensibus invenitur immutatio spiritualis tantum, sicut in visu; in quibusdam autem cum immutatione spirituali etiam naturalis, vel ex parte objecti tantum, vel etiam ex parte organi. Ex parte autem objecti invenitur transmutatio naturalis secundum locum quidem in sono, qui est objectum auditus; nam sonus ex percussione causatur, et aeris commotione: secundum alterationem vero in odore, qui est objectum olfactus; oportet enim per calidum alterari aliquo modo corpus, ad hoc quod spiret odorem. Ex parte autem organi est immutatio naturalis in tactu et gustu; nam et manus tangens calida calefit, et lingua humectatur per humiditatem saporum. Organum vero olfactus aut auditus nulla naturali immutatione immutatur in sentiendo, nisi per accidens. Visus autem, qui est absque immutatione naturali organi et objecti, est maxime spiritualis et perfectior inter omnes sensus et communior, et post hunc auditus, et deinde olfactus, qui habent immutationem naturalem ex parte objecti. Motus autem localis est perfectior et naturaliter prior quam motus alterationis. Tactus autem et gustus sunt maxime naturales, de quorum distinctione post dicetur. Et inde est quod alii tres sensus non fiunt per medium conjunctum, ne aliqua naturalis transmutatio pertingat ad organum, ut accidit in his duobus sensibus.

LESSON XXI

Vocabulary

addere, -didi, -ditus, *to add*
adhibere (2), *to apply, to employ, to use*
adnexus (annexus), *connected*
augere (2), **auxi, auctus,** *to increase*
beneficium, n., *benefice*
canon, f., *canon; ecclesiastical rule or edict*
capax, *capable*
comedere, -edi, -esus, *to eat*
comestio, f., *eating*
condonare, *to condone, to pardon*
construere, -uxi, -uctus, *to construct*
consuetudo, f., *custom*
conventio, f., *agreement*
declarare, *to make clear, to show, to demonstrate*
dubius, *doubtful*
eleemosyna, f., *alms*
emere (3), **emi, emptus,** *to buy*
emptio, f., *buying*
etsi, *although*
ex. gr. (e.g.), abbr. for **exempli gratia,** *for example*
exponere, -posui, -positus, *to expound, to set forth, to explain*
ex parte, *in part, from the viewpoint of*
ex toto, *wholly*
fraus, f., *fraud, deceit*
fructus, m., *fruit, profit, benefit*
fundamentum, n., *foundation*
fuse, *at length, in much detail*

horologium, n., *clock*
imprimis, *first of all, chiefly*
indicare, *to indicate*
inscius, *not knowing, unaware* ..
inservire (4), -servivi, -servitus, *to serve*
iterare, *to repeat*
jus, n., *law, right*
lucrum, n., *profit, money*
ministrare, *to administer, to wait upon, to serve*
mixtus, *mixed*
nec ... nec, *neither ... nor*
niti (dep. 3), nisus (nixus), *to endeavor*
obstare, -stiti, -status, *to hinder, to prevent, to be in the way*
operans, m., *worker, agent*
opportune, *fittingly*
paucis, *in a few words*
periculum, n., *danger*
permutatio, f., *exchange*
praecipuus, *special, extraordinary*
pretium, n., *price*
prohibere (2), *to prohibit, to forbid*
provisus, m., *provision, precaution*
recognoscere, -cognovi, -cognitus, *to recognize*
recolere, -colui, -cultus, *to survey, to sum up*
rejicere, -jeci, -jectus, *to reject, to abandon*
satisfacere (io), -feci, -factus, *to satisfy*
simoniacus, *simoniacal*
statuere, statui, statutus, *to decide, to ordain, to appoint*
studiosus, *zealous, eager, assiduous*
sublevare, *to support, to assist*
tacitus, *tacit, assumed*
tendere, tetendi, tentus (tensus), *to tend, to strive, to bend one's course*
titulus, m., *title*
totidem, *just so many*

venditio, f., *selling*
vetare, vetui, vetitus, *to forbid*
victus, m., *a living, nourishment*
voluptas, f., *pleasure*

WORD STUDY

1. **Causa motiva:** a cause which includes an incentive or an inducement to action; an efficient or moving cause; the actual effort involved in achieving an end.

2. **Principium:** beginning; hence the foundation of a thing; from this comes the idea of elements or basic principle.

3. **Rationalis:** having reason or understanding; of or pertaining to the reason or reasoning processes; based upon, derived from, concerned with, or characterized by reason, as rational insight, rational nature, rational faculty, rational conduct.

GRAMMAR

Concessive clauses.

1. **Cum,** *although,* requires the subjunctive. **Cum propositionem iteraret, non audiebamus eam.** *Although he repeated the proposition, we did not hear it.*

2. **Quamvis, ut,** *although, even if,* take the subjunctive.
Quamvis horologium spectaret, horae non meminerat. *Although he looked at the clock, he did not remember the time.*

Ut neminem alium rogasset, non satisfacti fuissent. *Even if he had besought no one else, they would not have been satisfied.*

3. **Licet,** *although,* takes the present or perfect subjunctive. **Licet conventio prudens sit, non nobis omnino satisfacit.** *Although the agreement is a wise one, it does not altogether satisfy us.*

4. **Etsi, etiam si,** *even if,* follow the general construction of si clauses. **Etsi pretium magnum est, non id vetabimus.** *Although the price is great, we shall not forbid it.*

Etiam si eum sublevarent, semetipsum salvare non niteretur· *Even if they should aid him, he would make no effort to save himself.*

5. **Quamquam,** *although,* requires the indicative. **Quamquam periculum partiale tantum erat, statim judicem alium statuit.** *Though the danger was only partial, he immediately appointed another judge.*

6. **Tametsi,** *even if,* usually takes the indicative. **Tametsi obstant, scopos suos attingent.** *Even if many things stand in the way, they will achieve their aims.*

1. Cum pretia serrarum augeat, jus non prohibebit quin vendat eas.
2. Quamvis circumstantiae magis propitiabiles fuissent, pater meus lucrum non adhibuisset ad domum novam construendam. 3. Ut causas scire numquam possimus, quae miseriis pauperum subsint, spem perdere non debemus, sed sperare ut paucum, quod uni damus, in aliquo modo, multiplicetur ad plurium beneficium. 4. Licet comedamus ad vitae conservationem, Deus non nobis voluptatem in comestione vetat. 5. Etsi periculum praecipuum sit, non nitatur ut id evadat. 6. Etiam si princeps jus diligenter administraret, aliqui essent qui obstarent quin ageretur. 7. Quamquam nos operibus nostris non sublevavit tam studiose quam speraveramus, attamen omnes actus ejus subsequentes firmi ac propitiabiles fuerunt. 8. Cum et prudentiam et provisum in permutatione sua observavissent, fraus ex parte sociorum tandem declarabatur. 9. Quamvis provisiones emptionis atque venditionis fuse exposuerit, non dubium est quin multi non eum intellexerint. 10. Ut dominis suis restitutionem lucri facerent, opera alia poenitentiae ex eis requirebantur. 11. Licet prudentia et bonitas virtutes praeclarae virgini sint, ista debet etiam actibus positivis amoris caritatisque fungi. 12. Etsi error magnus ac haereticus erit, non rejicient eum. 13. Etiam si nec eleemosynas nec munera episcopo suo praestent, non deficiantur in curis et poenis suis. 14. Quamquam omnia media rationalia recoluit ut motivum lucri maximi ex toto deleret, a certis principiis fundamentalibus non deviabit. 15. Cum Deo suo profunda

reverentia interna inserviat, mundus hujus devotionis forsitan inscius
est. 16. Tametsi opus carpentarii non est ad horologia facienda, atqui
saepe volui ut omnes viri docerentur ad res plures bene agendas.
17. Quamvis filii consuetudines patrum rejecissent, futuri erant crea-
tores capaces legum novarum quae conditiones societatis meliores
facerent, in qua vivebant. 18. Ut pro victu suo dependeat de illo con-
tractu, fraudem adnexam ad eum administrandum non condonavit.
19. Cum nimis comedere poena propria sit, quanto magis comedimus,
tanto major poena est nostra. 20. Etiam si lucra annua pauca sint,
nobis domos construere velint.

READING

1. Cum theologia moralis hominem doceat viam, qua ad finem suum
pervenire possit, imprimis de fine hominis ultimo agit, tum ut cognoscat finem, in quem suis actibus tendere debet, tum ut fundamentum et supremum principium theologiae moralis pateat; a fine enim
omnia dependent atque reguntur. Attamen de fine ultimo ita agendum
est, ut ea quae in philosophia morali fuse exponuntur, hoc loco paucis
recolantur, deinde addantur ea, quae theologiae morali propria sunt.
Omne agens rationale propter finem agit. Finis est id, propter quod
aliquid fit, seu est id, in quod aliquis tendit. Finis multipliciter distinguitur; sufficiat hic finem operis et finem operantis declarasse.

Finis operis est illud bonum, in quod res vel actio natura sua tendit:
horologium ad indicandum tempus, eleemosyna ad sublevandum
pauperem. Finis operantis est illud bonum, quod agens per actionem
suam intendit seu obtinere nititur, eleemosyna ad satisfaciendum pro
peccatis. Finis operantis est causa, quae operantem ad agendum movet.
Finis operantis potest esse idem ac finis operis et potest a fine operis
esse diversus. Si artifex domum construit, finis operis seu domus est,
ut ad inhabitandum inserviat; finis operantis potest esse idem, ut
habitacula construat, sed potest etiam esse alius: ut lucrum faciat, ut
victum sibi comparet. Si haec ad Deum et res ab eo creatas referimus
et de fine creatoris (operantis) nec non de fine creationis (operis)

quaerimus, patet imprimis sermonem esse non posse de causa motiva creationis, cum Deus nullo bono, nec externo nec interno, ad agendum moveri possit, sed solum de ratione, ob quam Deus voluerit, ut exsistant creaturae. Deinde certum est, etiam Deum ad extra agentem aliquod bonum intendere, quod per opera sua seu per creaturas obtinere nititur. Differunt invicem finis et motivum actionis. Motivum enim est illud bonum, quod agentem ad actionem movet; finis dicitur tum illud bonum, ad quod obtinendum actio natura sua ordinata est, tum illud bonum, quod agens sua actione obtinere intendit. Hoc bonum agentem ad actionem ponendam movet. Ideo solum finis hoc altero sensu est motivum actionis, non item finis priore sensu acceptus, nisi agens illo bono ad actionem ponendam moveatur. Sic finis (internus) comestionis est conservatio vitae. In eo, qui comedit propter voluptatem, voluptas est motivum comestionis; in eo, qui comedit ad vitam conservandam, finis simul est motivum comestionis.

2. Can. 726

Res de quibus in hoc libro agitur quaeque totidem media sunt ad Ecclesiae finem consequendum, aliae sunt spirituales, aliae temporales, aliae mixtae.

Can. 727

Studiosa voluntas emendi vel vendendi pro pretio temporali rem intrinsece spiritualem, ex. gr., Sacramenta, ecclesiasticam iurisdictionem, consecrationem, indulgentias, etc., vel rem temporalem rei spirituali adnexam ita ut res temporalis sine spirituali nullo modo esse possit, ex. gr., beneficium ecclesiasticum, etc., aut res spiritualis sit obiectum, etsi partiale, contractus, ex. gr., consecratio in calicis consecrati venditione, est simonia iuris divini.

Dare vero res temporales spirituali adnexas pro temporalibus spirituali adnexis, vel res spirituales pro spiritualibus, vel etiam temporales pro temporalibus, si id ob periculum irreverentiae erga res spirituales ab Ecclesia prohibeatur, est simonia iuris ecclesiastici.

Can. 728

Cum de simonia agitur, emptio-venditio, permutatio, etc., late accipiendae sunt pro qualibet conventione, licet ad effectum non deducta, etiam tacita, in qua scilicet animus simoniacus expresse non manifestetur, sed ex circumstantiis colligatur.

Can. 729

Firmis poenis in simoniacos iure statutis, contractus ipse simoniacus et, si simonia committatur circa beneficia, officia, dignitates, subsequens provisio omni vi caret, licet simonia a tertia persona commissa fuerit, etiam inscio proviso, dummodo hoc non fiat in fraudem eiusdem provisi aut eo contradicente. Quare:

1°. Ante quamlibet iudicis sententiam res simoniace data et accepta, si restitutionis sit capax nec obstet reverentia rei spirituali debita, restitui debet, et beneficium, officium, dignitas dimitti.

2°. Simoniace provisus non facit fructus suos; quod si eos bona fide perceperit, prudentiae iudicis vel Ordinarii permittitur fructus perceptos ex toto vel ex parte eidem condonare.

Can. 730

Non habetur simonia, cum temporale datur non pro re spirituali, sed eius occasione ex iusto titulo a sacris canonibus vel a legitima consuetudine recognito; item cum datur res temporalis pro re temporali, quae tanquam subiectum habeat adnexum aliquid spirituale, ex. gr., calix consecratus, dummodo pretium non augeatur propter adnexam rem spiritualem.

Can. 731

Cum omnia Sacramenta Novae Legis, a Christo Domino Nostro instituta, sint praecipua sanctificationis et salutis media, summa in iis opportune riteque administrandis ac suscipiendis diligentia et reverentia adhibenda est.

Vetitum est Sacramenta Ecclesiae ministrare haereticis aut schis-

maticis, etiam bona fide errantibus eaque petentibus, nisi prius, erroribus reiectis, Ecclesiae reconciliati fuerint.

Can. 732

Sacramenta baptismi, confirmationis et ordinis, quae characterem
imprimunt, iterari nequeunt.

Si vero prudens dubium exsistat num revera vel num valide collata
fuerint, sub conditione iterum conferantur.

LESSON XXII

Vocabulary

ablutio, f., *ablution, washing*
accedere, -cessi, -cessus, *to accede, to approve*
adjicere, -jeci, -jectus, *to add*
appellare, *to call*
assequi (dep.), **assecutus,** *to obtain*
asservare, *to preserve, to guard, to protect*
casus, m., *case*
chirurgus, m., *surgeon*
clavis, f., *key*
clericus, m., *cleric, clerk*
coena, f., *supper*
collatio, f., *conferring*
comitari (dep.), *to attend, to accompany*
commode, *conveniently*
complures, *several*
concurrere, -curri, -cursus, *to concur, to agree*
conficere, -feci, -fectus, *to effect, to produce*
consentaneus, *suited, proper*
continere (2), -tinui, -tentus, *to contain*
copia, f., *quantity, amount, supply*
cras, *tomorrow*
debitus, *due*
decens, *suitable, proper*
deferre, -tuli, -latus, *to submit, to bring, to bear*
destinare, *to destine*
diaconus, m., *deacon*
ediscere, -didici, *to learn*

elicere, -licui, -licitus, *to elicit, to call forth*

et ejusmodi, *and the like*

exigere, -egi, -actus, *to demand, to require*

femina, f., *woman*

feria, f., *day of the week;* — quinta (V), *Thursday*

habitus, m., *habit*

incola, m. and f., *inhabitant, resident*

indigere (2), -igui, *to need*

inesse, -fui, *to be in* or *engaged in*

infusus, *instilled*

instruere, -struxi, -structus, *to instruct*

insuper, *besides, in addition*

isque, *and that, too; and that indeed*

janua, f., *entrance, door, gate*

laicus, m., *layman*

licentia, f., *permission*

medicus, m., *physician*

mora, f., *delay*

mox, *afterwards, at a later period*

nondum, *not yet*

noscere, novi, notus, *to know*

obstetrix, f., *midwife*

oleum, n., *oil*

oliva, f., *olive, olive tree*

ordinarius, m., *ordinary, bishop*

ornare, *to adorn*

parochus, m., *parish priest*

paroecia, f., *parish*

peculiaris, *special*

peregrinus, m., *stranger*

perficere, -feci, -fectus, *to perfect*

periculum, n., *danger*

potissimum, *chiefly, above all*

praeferre, -tuli, -latus, *to prefer*

praesertim, *particularly*
praesto, *present*
probe, *properly*
proles, f., *offspring, child*
proportionatus, *related*
pudor, m., *propriety, modesty*
quasi, *in a certain sense or degree,* **quasi**
retinere (2), -tinui, -tentus, *to keep*
ritus, m., *rite*
saltem, *at least*
secus, *otherwise*
servare, *to observe, to save*
statutum, n., *statute, law*
subdiaconus, m., *subdeacon*
suppeditare, *to furnish, to supply*
tutus, *safe*
urgere (2), ursi, *to impel, to be urgent*

Idioms

1. ab hac parte, *on this side*
2. ad tempus, *at the time, on time*
3. ad hunc modum, *in this way*
4. quem ad modum, *how, as*
5. ad hoc, *besides, for this purpose*
6. ad diem, *on the day*
7. salvo praescripto, *except as directed*

GRAMMAR

1. **Days of the week.** The days are designated as follows:

dominica, *Sunday*
feria secunda, *Monday*
feria tertia, *Tuesday*
feria quarta, *Wednesday*

feria quinta, *Thursday*
feria sexta, *Friday*
sabbatum, *Saturday*

2. Locative case.

a) This case was used to indicate the place where a thing was located, but has come to be replaced by the ablative, usually with **in**, except in the names of towns, small islands, and a few other words.

Romae, *at Rome*   **militiae,** *in military service*
Philippis, *at Philippi*   **humi,** *on the ground*
Athenis, *at Athens*   **domi,** *at home*
Rhodi, *at Rhodes*   **foris,** *out of doors*
Cypri, *at Cyprus*   **ruri,** *in the country*
Capreis, *at Capri*   **terra marique,** *by land and sea*
belli, *at war*

A few adverbs of time are locative.

heri, *yesterday*   **vesperi,** *in the evening*

b) In the singular of the first and second declensions the locative has the same form as the genitive. This includes **domi,** which has forms in both second and fourth declensions. In the plural and in the third declension the locative has the same form as the dative or ablative.

c) From the fifth declension have come a few adverbs and expressions of time ending in **e.**

hodie, *today*   **die quarto,** *the fourth day*
perendie, *day after tomorrow*   **pridie,** *the day before*
mane, *in the morning*

3. **Future perfect tense.** This tense is much commoner in Latin than in English.

a) The future perfect denotes action as completed in the future.
Ut statuta servaveritis, ita pace fruemini. *As you keep the laws, so will you enjoy peace.*

Perendie noverit quid fecerint. *By the day after tomorrow he will know what they have done.*

b) The future perfect is represented in the subjunctive by the perfect or pluperfect.

Probat si media consentanea adhibita sint, eos jura sua civilia saltem retenturos. *He proves that if proper means are employed, they will at least keep their civil rights.*

EXERCISES

1. Dominica proxima Romae duodecim dies commorati erimus. 2. Ad hunc modum Lucia viderit Athenis omnia templa vetera praeclaraque. 3. Constat, si necessitas urserit, ut tum medicus tum chirurgus ritos aptos ediscant. 4. Mox praetulerint prolem ad parochum paroeciae propriae adducere. Nondum noverit januas vesperi non apertas esse. 6. Dico, si multi peregrini terra marique venerint, ipsis humi dormire necesse futurum. 7. Velimus ruri habitare, si domum Capreis habeamus. 8. Probabant, si gentes dolosi non fuissent, non bella futura. 9. Heri feria quinta fuit, hodie feria sexta est, cras erit sabbatum. 10. Venimus ad tempus ut videremus quem ad modum subdiaconus baptismum administraret. 11. Complures ex clericis militiae Philippis fuerant. 12. Diaconus oleum in ecclesia retinuerit pro usu posteriore. 13. Sciunt, si copiam debitam assecutus sis, non te totam tibimetipsi reservaturum esse. 14. Pudor meritorius potissimum eas tutas servaverit de periculis territorii illius. 15. Viri et feminae operam dederint ad oleum ex olivis exprimendum. 16. Ab hac parte medici negaverint ut bellum mala indolis novae adduxerit. 17. Mane foris clavem quaeram, quoniam januam non aperire possum sine ea. 18. Etiam si feria secunda nobis suppeditaverit omnia quibus indigeamus, non omnino tuti erimus. 19. Non secus casum Ordinario ad diem praescriptum detulerit. 20. Si nulli adulti praesto erunt, labor noster ministrum appellando vero cassus fuerit.

READING

1. Ut homo finem, ad quem destinatus est, assequi possit, Deus illum aptis mediis atque potentiis instructum voluit, quae quidem duplicis generis sunt, media naturalia et supernaturalia, et tum natu-

ralia tum supernaturalia sunt alia externa, alia interna. Media naturalia externa sunt: a) res creatae praeter hominem exsistentes, quae ei vitae necessaria suppeditant; b) diversae societatum formae, familia et societas civilis. Media naturalia interna, quibus anima instruitur, sunt potissimum intellectus et voluntas, quibus summum bonum suum cognoscere et amare potest. Media supernaturalia externa, quae Christus Dominus in hunc finem instituit, sunt ecclesia, sacrificium, sacramenta et ejusmodi. Media supernaturalia interna, quibus anima instruitur, ut ad finem supernaturalem tendere possit, sunt: a) gratia sanctificans, quae animae substantiae inhaeret hominemque elevat ad naturam et vitam supernaturalem fini supernaturali, ad quem destinatus est, proportionatam; b) habitus infusi, qui animae potentiis, intellectui scilicet et appetitui, inhaerent hominemque instruunt viribus et potentiis, quibus opera fini supernaturali proportionata exercere possit; c) gratiae actuales, quibus Deus ad singulas hominis actiones supernaturales concurrit, eo quod eas auxilio suo praevenit, comitatur et perficit.

Ut homo actibus suis moralibus in finem ultimum tendere possit, potentiae, quibus actus morales eliciuntur, instructae esse debent dispositionibus et qualitatibus ex se stabilibus, quibus aptae reddantur ad actus fini consentaneos eliciendos; ideo Deus potentiis indidit habitus eosque supernaturales. Porro ut potentiae habitibus instructae supernaturaliter agere possint, insuper indigent gratia actuali, qua ad actus excitentur. Tandem ut earum actus meritorii sint vitae aeternae, anima ornata esse debet gratia sanctificante. His continentur omnia media interna, quae homini necessaria sunt, ut vitam moralem fini ultimo consentaneam agere possit.

2.   Can. 733

In Sacramentis conficiendis, administrandis ac suscipiendis accurate serventur ritus et caeremoniae quae in libris ritualibus ab Ecclesia probatis praecipiuntur.

Unusquisque autem ritum suum sequatur, salvo praescripto can. 851, § 2, 866.

Can. 734

Sacra olea quae quibusdam Sacramentis administrandis inserviunt, debent esse ab Episcopo benedicta feria V in Coena Domini proxime superiore; neque adhibeantur vetera, nisi necessitas urgeat.

Mox deficienti oleo benedicto aliud oleum de olivis non benedictum adjiciatur, etiam iterato, minore tamen copia.

Can. 735

Parochus olea sacra a suo Ordinario petere debet et in ecclesia in tuta ac decenti custodia sub clavi diligentur asservare; nec ea domi retineat, nisi propter necessitatem aliamve rationabilem causam, accedente Ordinarii licentia.

Can. 736

Pro administratione Sacramentorum minister nihil quavis de causa vel occasione sive directe sive indirecte exigat aut petat, praeter oblationes de quibus in can. 1507, § 1.

Can. 737

Baptismus, Sacramentorum janua ac fundamentum, omnibus in re vel saltem in voto necessarius ad salutem, valide non confertur, nisi per ablutionem aquae verae et naturalis cum praescripta verborum forma.

Cum ministratur servatis omnibus ritibus et caeremoniis quae in ritualibus libris praecipiuntur, appellatur sollemnis; secus, non sollemnis seu privatus.

Can. 738

Minister ordinarius baptismi sollemnis est sacerdos; sed ejus collatio reservatur parocho vel alii sacerdoti de ejusdem parochi vel Ordinarii loci licentia, quae in casu necessitatis legitime praesumitur.

Etiam peregrinus a parocho proprio in sua paroecia sollemniter baptizetur, si id facile et sine mora fieri potest; secus peregrinum quilibet parochus in suo territorio potest solemniter baptizare.

Can. 739

In alieno territorio nemini licet, sine debita licentia, baptismum sollemnem conferre ne sui quidem loci incolis.

Can. 740

Ubi paroeciae aut quasi-paroeciae nondum sunt constitutae, statutorum peculiarium et receptarum consuetudinum ratio habenda est, ut constet cuinam sacerdoti praeter Ordinarium, in universo territorio vel in ejus parte jus insit baptizandi.

Can. 741

Extraordinarius baptismi sollemnis minister est diaconus; qui tamen sua potestate ne utatur sine loci Ordinarii vel parochi licentia, justa de causa concedenda, quae, ubi necessitas urgeat, legitime praesumitur.

Can. 742

Baptismus non sollemnis, de quo in can. 759, § 1, potest a quovis ministrari, servata debita materia, forma et intentione; quatenus vero fieri potest, adhibeantur duo testes vel saltem unus, quibus baptismi collatio probari possit.

Si tamen adsit sacerdos, diacono praeferatur, diaconus subdiacono, clericus laico et vir feminae, nisi pudoris gratia deceat feminam potius quam virum baptizare, vel nisi femina noverit melius formam et modum baptizandi.

Patri aut matri suam prolem baptizare non licet, praeterquam in mortis periculo, quando alius praesto non est, qui baptizet.

Can. 743

Curet parochus ut fideles, praesertim obstetrices, medici et chirurgi, rectum baptizandi modum pro casu necessitatis probe ediscant.

Can. 744

Adultorum baptismus, ubi commode fieri possit, ad loci Ordinarium deferatur, ut, si voluerit, ab eo vel ab ejus delegato sollemnius conferatur.

LESSON XXIII

Vocabulary

abortivus, *abortive, prematurely born*
accensere (2), censui, -censitus, *to reckon, to number*
adeo, *even*
adipisci (dep. 3), **adeptus,** *to reach, to obtain, to achieve*
admonere (2), -monui, -monitus, *to warn, to admonish*
aetas, f., *age*
amens, *insane, idiot*
amittere, -misi, -missus, *to lose*
antea, *before*
antequam, before
assentire, *to assent*
augere (2), auxi, auctus, *to increase, to augment*
avia, f., *grandmother*
avus, m., *grandfather*
carcer, m., *jail*
cautum, n., *concern*
cedere, cessi, cessus, *to yield*
censere (2), censui, census, *to reckon, to count, to judge*
certo, *certainly*
claudere, clausi, clausus, *to close*
coactio, f., *compulsion*
consentire, *to consent, to be in agreement*
constringere, -strinxi, -strictus, *to constrain*
convalescere, -valui, *to regain health or strength*
deesse, -fui, *to be lacking*
delinquere, -liqui, -lictus, *to transgress*

109

denuo, *once more, again*

discrimen, n., *hazard, risk*

dolere (2), dolui, dolitus, *to suffer*

dubie, *doubtfully*

dummodo, *as long as, provided that*

edere, -didi, -ditus, *to bring forth, to deliver*

educatio, f., *training*

egressus, m., *departure*

electio, f., *election, choice*

evolvere, -volvi, -volutus, *to develop*

extrahere, -traxi, -tractus, *to release, to extract*

fetus, m., *fetus*

firmare, *to strengthen*

generatim, *generally, in general*

gradatim, *gradually*

illecebra, f., *allurement*

imminere (2), *to be imminent, to threaten*

impugnare, *to assail, to attack*

impugnatio, f., *attack*

imputare, *to impute*

includere, -clusi, -clusus, *to confine, to imprison*

infantes expositi et inventi, *foundlings*

infelix, *unhappy*

inferre, -tuli, illatus, *to infer, to bring, to carry, to wage*

infidelis, *faithless, infidel*

influxus, m., *stream, rush*

ingenitus, *inborn, innate*

invitus, *unwilling*

jugiter, *always*

membrum, n., *member, limb*

monstrum, n., *monstrosity*

negotium, n., *trouble, difficulty, business*

nempe, *namely, certainly, to be sure*

nequaquam, *by no means*

norma, f., *rule, precept*
ostentum, n., *prodigy*
parvulus, m., *child*
peragere, -egi, -actus, *to accomplish*
permanere (2), -mansi, -mansus, *to remain, to stand*
postulare, *to demand, to require*
praeditus, *possessed of, provided with*
praevidere (2), -vidi, -visus, *to foresee*
prolabi (dep. 3) -lapsus, *to lapse, to fall away*
quamvis, *although*
quire (eo), *to be able*
rursus, *again*
status, m., *state*
trahere, traxi, tractus, *to drag, to draw, to bring*
tutor, m., *guardian*
usurpare, *to use*
viator, m., *wayfarer*

Idioms

1. **in dies,** *daily*
2. **qua tale,** *of any sort*
3. **in genere,** *in general, generally speaking*
4. **sub conditione,** *conditionally*
5. **contra haec,** *in answer to this*
6. **haec contra,** *this in reply*
7. **contra autem,** *but on the other hand*
8. **nullo pacto,** *in no way*

GRAMMAR

1. **Antequam, priusquam,** *before.*

a) These conjunctions are followed by the perfect indicative to state a fact in past time.

Priusquam epistolam tuam legit, de tua salute quaesivit. *Before he read your letter, he inquired about your health.*

b) When the action denoted did not actually take place, the imperfect subjunctive is used.

Antequam in carcere clauderetur, libertatem consequebatur. *Before he could be confined in jail, he achieved his freedom.*

c) When referring to the future, the present or future perfect indicative is generally used, although the present subjunctive may be used, particularly if the statement is to be taken in a general sense.

Priusquam admonuerimus eos, prolabentur. *Before we warn them, they will fall away.*

Baptismus generatim administratur antequam infans usum rationis attingat. *Baptism is usually administered before the child reaches the age of reason.*

2. **In a contrary to fact condition** in past time, the pluperfect subjunctive is used in both clauses.

Si adulti parvulis cautum demonstravissent, isti non amissi essent. *If the adults had shown concern for the children, the latter would not have been lost.*

EXERCISES

1. Si avus non amens fuisset, non in apostasiam tam horrendam prolapsus esset. 2. Priusquam philosophiae comprehensionem augerent, logicae elementa ediscere debebant. 3. Dicit nihil se postulare sibimetipsi, antequam alii suscipiant quae eis desint. 4. Antequam tutor ad carcerem rursus tractus erit, feminae filii intercedent pro eo. 5. Serio et prudenter scopos suos peregerunt, priusquam statum verum tutamentorum civitatis revelaverunt. 6. Si judices antea de valore legum inquisivissent, gentes in genere non qua tale fraudes postmodum commisissent. 7. Priusquam avia januam claudit, parvuli omnes ex domo egredientur. 8. Dixit, quamvis mater convaluisset satis ut infantes in dies curaret, eam nequaquam paratam esse ad negotia difficiliora suscipienda, antequam medicus licentiam daret.

9. Si libertate physica praeditus fuisset, non tam infelix sensisset.
10. Parochus infantes expositos baptizaverat, priusquam normas in
libris ritualibus inveniremus. 11. Si obligationem illam jugiter ha-
buisses, non negavisses eam. 12. Antequam quidam praevidere possit,
quae vel quoties sint necessaria, occasio amissa erit. 13. Si tam fideles
quam infideles rebus caeli fuissent, nunc sancti saltem essent. 14. Contra haec respondebo, priusquam adversarii mei occasionem ceperint
impugnandi motiva mea. 15. Si pauperibus pretium non auxisset,
tantum lucrum non adeptus esset. 16. Priusquam nobis adeo aetatem
suam diceret, in militiam accensitus erat. 17. Antequam ulla coactio
usurpari posset, reus evasit. 18. Avia sciet id quod parvulis optimum
sit, priusquam eis emerit omnia quae ipsi velint. 19. Modis multis
infideles fuerunt, contra autem antequam mortui sunt, omnia lucra
dederunt infantibus inventis. 20. Quod contra, consideremus quod
dixit heri episcopus in epistola sua.

READING

1. Cum in dies augeatur numerus eorum, qui libertatem voluntatis
non solum theoretice impugnent, sed ex ejus negatione etiam prac-
ticas consequentias inferant atque contendant delicta commissa de-
linquentibus imputari non posse eosque propterea poena nequaquam
dignos esse, necessitas postulat, ut exsistentia libertatis demonstretur
atque ab adversariorum impugnationibus vindicetur.

Libertas in genere significat immunitatem a vinculo, et cum varia
sint vincula, quae nos constringere possunt, vario etiam sensu terminus
libertatis usurpatur. a) Libertas a peccato, quae in hac vita est immunitas a peccato, qua possumus non peccare et vocatur libertas gratiae; in altera vita est immunitas a peccato, qua non possumus peccare
et vocatur libertas gloriae. In hac vita possibilitas et per gratiam
facilitas peragendi bonum morale nobis praesto est, quamvis obstent
diversae difficultates; in altera vita cessant difficultates et impedimenta,
quae hic electionem boni moralis etiam iis, qui in statu gratiae sunt,
quandoque difficilem reddunt. Haec libertas (gratiae), quae quandoque moralis vocatur, jugiter evolvi ac perfici potest et debet, adeo ut

homo jam in hac vita gradatim ad libertatem filiorum Dei perveniat, nec a difficultatibus in eligendo bono amplius impediatur. Quandoque enim jam hic in terris fit, ut voluntas per gratiam Dei firmata nullis tentationibus cedat, sed rejectis illecebris sensuum nullo negotio bonum virtutis eligat, in quod verba Domini promittunt: *veritas liberabit vos,* ab influxu nempe determinante passionum. b) Libertas ab obligatione (a lege), quae etiam libertas moralis vocatur, est immunitas ab obligatione (morali) faciendi id, quod a superiore potestate praecipitur. Patet hominem hac libertate praeditum non esse: physicam libertatem agendi contra legem habet, moralem non habet. Libertas moralis vocatur etiam libertas eligendi inter bonum et malum. c) Libertas a coactione seu a necessitate externa est immunitas a vi extrinseca illata contra inclinationem voluntatis. Patet coactionem inferri posse tum agere nolenti, ut cum quis ad carcerem invitus trahitur, tum agere volenti, ut cum in carcere incluso egressus prohibetur; libertatem a coactione potius esse libertatem agendi quam libertatem volendi; voluntatem a coactione immunem esse, cum actus voluntatis coactus impossibilis sit. d) Libertas a necessitate interna est immunitas a vi interna, quae voluntatem determinet ad agendum vel sic agendum. Haec libertas humanae voluntati propria est. Necessitas interna esset ergo determinatio ipsi voluntati ingenita ad volendum vel sic volendum. Ejusmodi determinatio inest voluntati humanae relate ad bonum in genere, quod velle debet, ita ut malum qua tale velle non possit, et relate ad felicitatem, quam unusquisque necessario vult, ita ut non possit velle infelicem esse.

2.   Can. 745

Subjectum capax baptismi est omnis et solus homo viator, nondum baptizatus.

Cum agitur de baptismo:

Parvulorum seu infantium nomine veniunt, ad normam can. 88, § 3, qui nondum rationis usum adepti sunt, eisdemque accensentur amentes ad infantia, in quavis aetate constituti.

Adulti autem censentur, qui rationis usu fruuntur; idque satis est ut suo quisque animi motu baptismum petat et ad illum admittatur.

Can. 746

Nemo in utero matris clausus baptizetur, donec probabilis spes sit ut rite editus baptizari possit.

Si infans caput emiserit et periculum mortis immineat, baptizetur in capite; nec postea, si vivus evaserit, est iterum sub conditione baptizandus.

Si aliud membrum emiserit, in illo, si periculum immineat, baptizetur sub conditione; at tunc, si natus vixerit, est rursus sub conditione baptizandus.

Si mater praegnans mortua fuerit, fetus ab iis ad quos spectat extractus, si certo vivat, baptizetur absolute; si dubie, sub conditione.

Fetus, in utero baptizatus, post ortum denuo sub conditione baptizari debet.

Can. 747

Curandum ut omnes fetus abortivi, quovis tempore editi, si certo vivant, baptizentur absolute; si dubie, sub conditione.

Can. 748

Monstra et ostenta semper baptizentur saltem sub conditione; in dubio autem unusne an plures sint homines, unus absolute baptizetur, ceteri sub conditione.

Can. 749

Infantes expositi et inventi nisi, re diligenter investigata, de eorum baptismo constet, sub conditione baptizentur.

Can. 750

Infans infidelium, etiam invitis parentibus, licite baptizatur, cum in eo versatur vitae discrimine, ut prudenter praevideatur moriturus, antequam usum rationis attingat.

Extra mortis periculum, dummodo catholicae ejus educationi cautum sit, licite baptizatur:

1°. Si parentes vel tutores, aut saltem unus eorum, consentiant.

2°. Si parentes, idest pater, mater, avus, avia, vel tutores desint, aut jus in eum amiserint, vel illud exercere nullo pacto queant.

Can. 751

Circa baptismum infantium duorum haereticorum aut schismaticorum, aut duorum catholicorum qui in apostasiam vel haeresim vel schisma prolapsi sint, generatim serventur normae in superiore canone constitutae.

Can. 752

Adultus, nisi sciens et volens probeque instructus, ne baptizetur; insuper admonendus ut de peccatis suis doleat.

In mortis autem periculo, si nequeat in praecipuis fidei mysteriis diligentius instrui, satis est, ad baptismum conferendum, ut aliquo modo ostendat se eisdem assentire serioque promittat se christianae religionis mandata servaturum.

Quod si baptismum ne petere quidem queat, sed vel antea vel in praesenti statu manifestaverit aliquo probabili modo intentionem illum suscipiendi, baptizandus est sub conditione; si deinde convaluerit et dubium de valore baptismi collati permaneat, sub conditione baptismus rursus conferatur.

LESSON XXIV

Vocabulary

adjunctum, n., *condition, limitation*

admiscere (2), **-miscui, -mixtus,** *to mix*

affectus, m., *affection*

aspersio, f., *sprinkling*

assistere, -stiti, *to attend*

assuetudo, f., *custom, habit*

compos mentis (or **compos animi**) *sane, sound*

debilitare, *to weaken*

deficere, -feci, -fectus, *to be wanting, to be lacking*

demeritum, n., *defect, demerit*

desiderium, n., *desire*

dilucidus, *lucid, sane*

diu, *long, for a long time*

efficere, -feci, -fectus, *to make, to bring about*

effluere, -fluxi, *to flow out*

exercitium, n., *exercise*

expedite, *readily, promptly*

expendere, -pendi, -pensus, *to weigh, to ponder*

furiosus, m., *mad man*

hinc, *hence*

imminuere, -minui, -minutus, *to lessen, to diminish*

impendere (2), *to threaten, to impend*

imputabilitas, f., *responsibility*

incommodum, n., *inconvenience, discomfort*

inculpabilis, *innocent, guiltless*

inde, *thence*

influxus, m., *influence*

infusio, f., *pouring*
insanire, *to be insane*
invalescere, -valui, *to become strong*
jejunus, *fasting*
languere (2), langui, *to faint, to be feeble*
lethargus, m., *lethargy, coma*
liber, *free*
mancus, *defective, imperfect, infirm, maimed*
minuere, minui, minutus, *to lessen, to diminish*
momentum, n., *element, essential point, motion*
nitidus, *clean*
nutrimentum, n., *food*
obnubilare, *to becloud, to dim*
perscribere, -scripsi, -scriptus, *to write down*
phrensis, f., *delirium*
plene, *fully*
praeter, *beyond, besides*
praetermittere, -misi, -missus, *to neglect, to omit*
progenies, f., *lineage, family*
proponere, -posui, -positus, *to propose, to expose, to display*
quamprimum, *as soon as possible*
quivis, *any whatever*
quominus (introduces clauses after verbs of hindering), *so as not, from*
repetere, -petivi, -petitus, *to repeat*
reprimere, -pressi, -pressus, *to check, to repress*
respuere, *to reject*
sanus, *in good health*
semita, f., *path*
sin, *but if, if however*
statim, *immediately*
subito, *suddenly*
sufficere, -feci, -fectus, *to suffice*
supplere (2), -plevi, -pletus, *to supply*
temperies, f., *temperature, climate*

tenuis, *slight*
transigere, -egi, -actus, *to pass, to spend*
uterque, *either one, either of two, both*
vehemens, *strong, violent*
vicissim, *on the contrary, on the other hand, in turn*
vigilare, *to watch*
vitiosus, *vicious*

Idioms

1. plus minusve, *more or less*
2. eo . . . quo, *the . . . the*
3. tam . . . quam, *both . . . and; as well as*
4. alter . . . alter, *one . . . the other*
5. multis de causis, *for many reasons*
6. qua de causa, *therefore*
7. de industria, *on purpose, by labor*

GRAMMAR

1. **Alius and alter.**

a) **Alius** means *other* or *another* of an indefinite number, whereas **alter** means *the other of two.*

Dixerunt se aliam rationem nullam habere. *They said they had no other reason.*

Ex his libris duobus retinebo unum; tibi dabo alterum. *Of these two books I shall keep one; I shall give the other to you.*

b) **Alter . . . alter** and **alius . . . alius** may be used in pairs to denote either division of a group or reciprocal action.

Alterae semitam quaerunt, alterae ingemiscentes juxta viam sedent. *One group seeks the path, the others sit moaning by the roadside.*

Alii activitatem diligunt, alii apparent energia carere. *Some love activity, others seem to lack energy.*

Pater alterum puerum alteri auxilio esse admonuerat. *The father had admonished the boys to help each other.*

Alius alium spectamus. *We look at each other.*

c) **Alius** and **alter** are often used to express one as well as another of the objects referred to.

Alter consulum mortuus est, alter adhuc Londinium habitat. *One of the consuls has died, the other still lives in London.*
Aliud est sententias exprimere, aliud probare eas. *It is one thing to express opinions, another to prove them.*

d) **Alius** repeated in a different case may express a double statement in a brief form.

Alius aliud respuit. *One man rejects one thing, another another.*
Alii in alia parte dies transigunt. *Some spend the days in one part, others in another.*

2. Conjunctions governing the indicative.

a) Such are:

quamquam, *although*	**ut semel,** *as soon as*
ut, *as, when*	**ut primum,** *as soon as*
quod, *because*	**simul,** *as soon as*
quia, *because*	**simul atque,** *as soon as*
quoniam, *because*	**simul ac,** *as soon as*
postquam, *after*	**ubi,** *when, where*
posteaquam, *after*	**quando,** *when*

b) It must be remembered, however, that all subordinate clauses in indirect discourse require the subjunctive.

1. Quamquam alii semper insaniunt, alii plus minusve dilucidi sunt. 2. Postquam impedimentum inventum et curatum erat, avi activitas magnopere augebat. 3. Ubi vidit quod energiae eorum debilitarentur, statuit ut multo plus exercitii eis imponeretur. 4. Ut semel alter fratrum desiderium exprimebat, alter casum expendebat quomodo illi serviret. 5. Ut sacerdos aquam et vinum admiscuit, id suscipit. 6. Alteri in baptisterium introierunt qui infantis baptismi testes essent, alteri prope januam stabant munera in manibus trahentes. 7. Quia

affectus ejus pro illecebris hujus mundi tam vehementes erant, multis
de causis dubium erat an semitam virtutis diu quaereret. 8. Medicus
plene convaluit a phrenesi qua laborabat, quia amicus fidelis multos
dies transigebat seipsum tradendo ad ejus curam. 9. Alii aliis resistunt.
10. Posteaquam illi nationi suppleveramus omnia quae proposuerat,
vidimus nos res nostras tum sociales tum politicas praetermisisse.
11. Urget ut alter alterum constringat. 12. Quando cognovit periculum
mortis impendere, virum statim baptizavit. 13. Quoniam avus diu
jejunus fuit, nunc in statu lethargi est. 14. Ubi malae assuetudines
inveteratae fiunt, voluntas languet. 15. Simul atque avia manca facta
erat, domi permanebat libros liturgicos legens. 16. Alius aliud elegit.
17. De peccatis nosmetipsos retinemus, quod noscimus ea sensum moralem obnubilare. 18. Ut primum habitus imprudentes et irrationales
rejiciunt, vita moralis invalescit, qua de causa e multis incommodis, difficultatibus, impedimentis erroribusque prioribus vindicantur.
19. Scio alios aliis nutrimentum supplevisse ubi deficeret. 20. Nobis
dixerunt, simul multam aquam veram et naturalem biberent, intervalla poenae nimis minuere.

READING

1. Liberam activitatem moralem hic consideramus, qua voluntas
eligit inter bonum et malum. Exercitium libertatis perfectum est, si
voluntas plene ex se sine alio influxu praeter eum, quem natura voluntatis exigit, ad actum se determinat; quod tum accidit, cum intellectus
objectum adaequate cognoscit, et voluntas secundum normam rationis expedite ad illud volendum vel respuendum se movet. Iam vero
multa sunt sive in ipso homine sive extra hominem, quae in ejus
liberam activitatem seu in ejus electionem influxum exercent eamque
plus minusve determinant. Et haec quidem voluntatis libertatem
actionisque imputabilitatem minuunt, eam tamen non auferunt.

Intellectus rem appetendam ita exhibere debet, ut tum ejus merita
(perfectionem, bonitatem, utilitatem) tum ejus demerita, (imperfectionem, detrimentum, incommodum), quae pro nobis habet, cog-
noscamus. Haec cognitio eo perfectior est, quo accuratius utriusque

partis momenta apprehenduntur. His suppeditantur rationes et motiva, quae in electione facienda nos dirigant. Hinc quo magis adaequate rei merita atque demerita exhibentur, eo facilius electio institui potest, quae sit secundum rationem. Quodsi rei propositae magis merita quam demerita aut vicissim magis demerita quam merita cognoscuntur, electio quidem libera erit, at minus secundum rationem. Impossibilis fit electio, si unum tantum motivum cognoscitur. Ex his intelligitur in liberas hominis electiones omnia ea determinantem influxum exercere, quae impediunt, quominus rerum appetendarum, praesertim moralium, merita atque demerita adaequate cognoscantur. Quamvis libertatem(physicam) electionis ipsa non auferant, attamen efficiunt, ut electiones imprudentes, irrationales, moraliter malae sint. Ejusmodi momenta sunt praesertim educatio et adjuncta socialia et politica temporum, quae vivimus. Cum in multis hominibus manca atque inadaequata cognitio rerum et actionum propter haec adjuncta plus minusve sit involuntaria et inculpabilis, etiam actiones moraliter malae, quae ex ea procedunt, non poterunt eis secundum totam earum malitiam imputari.

Objecto sufficienter proposito in voluntate necessario oritur propensio (aversio), quae quandoque tenuis, quandoque autem vehementior est. Propensiones istae, quamvis inveteratae et vehementes necessitatem non inducunt, sed voluntas potestatem retinet eis resistendi; id quod experientia omnium illorum docet, qui post vitam diu in peccatis transactam ad semitam virtutis redierunt. Attamen voluntatem trahunt, ut libera determinatione velit id, ad quod vehementer jam inclinatur, ideoque electionem moraliter bonam difficilem reddunt, eoque difficiliorem, quo intensior est propensio opposita. Affectus vitiosi liberam electionem tum solum impossibilem reddunt, si in casu particulari subito orti mentem adeo obnubilant vel impediunt, ut contraria motiva expendere amplius non possit. Ex his intelligitur in electiones morales omne id influxum exercere, quod efficit, ut hinc quidem propensiones malae et vitia in appetitu oriantur atque invalescant, inde vero energia voluntatis in reprimendis malis propensionibus langueat et debilitetur.

2.   Can. 753

Tam sacerdotem qui adultos baptizaturus est, quam ipsos adultos qui sani sint, decet esse jejunos.

Nisi graves urgentesque causae obsint, adultus baptizatus statim Missae sacrificio assistat et sacram communionem percipiat.

Can. 754

Amentes et furiosi ne baptizentur, nisi tales a nativitate vel ante adeptum rationis usum fuerint; et tunc baptizandi sunt ut infantes.

Si autem dilucida habeant intervalla, dum mentis compotes sunt, baptizentur, si velint.

Baptizentur quoque, imminente periculo mortis, si, antequam insanirent, suscipiendi baptismi desiderium ostenderint.

Qui lethargo aut phrenesi laborat, vigilans tantum et volens baptizetur; at si periculum mortis impendeat, servetur praescriptum § 3.

Can. 755

Baptismus sollemniter conferatur, salvo praescripto can. 759.

Loci Ordinarius potest gravi et rationabili de causa indulgere ut caeremoniae praescriptae pro baptismo infantium adhibeantur in baptismo adultorum.

Can. 756

Proles ritu parentum baptizari debet.

Si alter parentum pertineat ad ritum latinum, alter ad orientalem, proles ritu patris baptizetur, nisi aliud jure speciali cautum sit.

Si unus tantum sit catholicus, proles hujus ritu baptizanda est.

Can. 757

In baptismo sollemni adhibenda est aqua ad hoc benedicta.

Si aqua benedicta in baptisterio adeo sit imminuta, ut minus videatur sufficere, alia non benedicta admisceatur, etiam iterato, minore tamen copia.

Si vero corrupta fuerit, aut effluxerit, aut quovis modo defecerit, parochus in fontem, bene mundatum ac nitidum, recentem aquam infundat ac proprio ritu in suis liturgicis libris praescripto benedicat.

Can. 758

Licet baptismus conferri valide possit aut per infusionem, aut per immersionem, aut per aspersionem, primus tamen vel secundus modus, aut mixtus ex utroque, qui magis sit in usu, retineatur, secundum probatos diversarum Ecclesiarum rituales libros.

Can. 759

In mortis periculo baptismum privatim conferre licet; et, si conferatur a ministro qui nec sacerdos sit nec diaconus, ea tantum ponantur, quae sunt ad baptismi validitatem necessaria; si a sacerdote vel diacono, serventur quoque, si tempus adsit, caeremoniae quae baptismum sequuntur.

Extra mortis periculum baptismum privatum loci Ordinarius permittere nequit, nisi agatur de haereticis qui in adulta aetate sub conditione baptizentur.

Caeremoniae autem quae in baptismi collatione praetermissae quavis ratione fuerint, quamprimum in ecclesia suppleantur, nisi in casu de quo in § 2.

Can. 760

Cum baptismus sub conditione iteratur, caeremoniae, si quidem in priore baptismo omissae fuerunt, suppleantur, salvo praescripto can. 759, § 3; sin autem in priore baptismo adhibitae sunt, repeti in altero aut omitti possunt.

Can. 761

Curent parochi ut ei qui baptizatur, christianum imponatur nomen; quod si id consequi non poterunt, nomini a parentibus imposito addant nomen alicujus Sancti et in libro baptizatorum utrumque nomen perscribant.

LESSON XXV

Vocabulary

alias, *otherwise*
citare, *to quote, to cite*
clericus, m., *cleric, clergyman*
cognatio, f., *relationship*
conditionatus, *conditional*
conducere, -duxi, -ductus, *to lead*
conjux, m. and f., *husband, wife, spouse*
connaturaliter, *in a natural way*
consulere, -ui, -tus, *to consult*
contrahere, -traxi, -tractus, *to contract*
criminosus, *criminal*
degradatus, *deprived of office or dignity*
depositus, *divested*
dimanare, *to emanate, to flow from*
factum, n., *deed, fact*
forte, *perchance*
infamis, *infamous, disreputable*
inserere, -serui, -sertus, *to implant, to embody, to insert*
interdictus, *interdicted*
interesse, -fui, *to take part in, to be present*
juvare, *to aid*
levare, *to lift*
mos, m. *custom*
novitius, m. *novice*
patrinus, m., *sponsor*
perire (eo), -ii or **-ivi, -itus,** *to perish*
praebere (2), -bui, -bitus, *to show, to exhibit*

praevius, *previous*
procurator, m., *proxy*
promanare, *to emanate, to derive from*
quapropter, *wherefore, on which account*
recuperare, *to recover*
spondere (2), **spopondi, sponsus,** *to pledge, to sponsor*
suppetere, -petivi, -petitus, *to be sufficient*
susceptio, f., *reception*
tangere, tetigi, tactus, *to touch*
tridentinus, *of Trent*
vetustissimus, *very ancient*

Idioms

1. **ad summum,** *at the most*
2. **necne,** *or not*
3. **ex aequo,** *justly, on a par*
4. **ex improviso,** *unexpectedly*
5. **magna ex parte,** *in a great degree*
6. **ex usu,** *expedient*
7. **in perpetuum,** *forever*
8. **hunc in modum,** *in this way*
9. **est ei in animo,** *he has in mind, he intends*

GRAMMAR

1. Numerals. These may be grouped in four classes.

a) Cardinal numerals answering the question, "how many?" **unus,** *one;* **duo,** *two.*

b) Ordinal numerals answering the question, "Which in order?" **primus,** *first;* **secundus,** *second.*

c) Distributive numerals answering the question, "How many at a time?" **singuli,** *one at a time;* **bini,** *in twos.*

d) Numeral adverbs answering the question, "how often?" **semel,** *once;* **bis,** *twice.*

Cardinals	Ordinals	Distributives	Adverbs
unus, una, unum	primus	singuli	semel
duo, duae, duo	secundus	bini	bis
tres, tria	tertius	terni	ter
quattuor	quartus	quaterni	quater
quinque	quintus	quini	quinquies
sex	sextus	seni	sexies
septem	septimus	septeni	septies
octo	octavus	octoni	octies
novem	nonus	noveni	novies
decem (ten)	decimus	deni	decies
undecim	undecimus	undeni	undecies
duodecim	duodecimus	duodeni	duodecies
tredecim	decimus tertius	terni deni	terdecies
quattuordecim	decimus quartus	quaterni deni	quaterdecies
quindecim	decimus quintus	quini deni	quindecies
sedecim	decimus sextus	seni deni	sedecies
septendecim	decimus septi- mus	septeni deni	septiesdecies
duodeviginti	duodevigesimus	duodeviceni	duodevicies
undeviginti	undevigesimus	undeviceni	undevicies
viginti (twenty)	vigesimus	viceni	vicies
viginti unus	vigesimus primus	viceni singuli	semel vicies
triginta (thirty)	tricesimus	triceni	tricies
quadraginta	quadragesimus	quadrageni	quadragies
quinquaginta	quinquagesimus	quinquageni	quinquagies
sexaginta	sexagesimus	sexageni	sexagies
septuaginta	septuagesimus	septuageni	septuagies
octoginta	octogesimus	octogeni	octogies
nonaginta	nonagesimus	nonageni	nonagies
centum (hundred)	centesimus	centeni	centies
ducenti	ducentesimus	duceni	ducenties

Cardinals	*Ordinals*	*Distributives*	*Adverbs*
trecenti	trecentesimus	treceni	trecenties
quadringenti	quadringentesi-mus	quadringeni	quadringenties
quingenti	quingentesimus	quingeni	quingenties
sexcenti	sexcentesimus	sexceni	sexcenties
septingenti	septingentesi-mus	septingeni	septingenties
octingenti	octingentesimus	octingeni	octingenties
nongenti	nongentesimus	nongeni	nongenties
mille (thou-sand)	millesimus	milleni	millies

Note. **Duo** and **tres** have **duobus, duabus,** and **tribus** in the dative and ablative plurals; **mille** is an indeclinable adjective, whereas its plural, **millia, is** a noun and is followed by the genitive.

De mille libris, *concerning a thousand books.*
Quattuor millia hominum, *four thousand men.*

EXERCISES

1. Nos mille modis juvavit, et igitur media omnia adhibebimus ut ex infamia illius sententiae condemnatoriae magna ex parte vindicetur. 2. Sedecim conjuges parochum hodie consuluerunt, qui secum octoginta quinque proles conducebant, qui in paroechiae scholas accenserentur. 3. In diebus tribus judex de munere degradatus erit propter actus criminosos suos, et tunc forte facta sua notoria gentes e lethargo excitent, ut leges naturales recuperare nitantur. 4. Bini incesserant discipuli per viam difficilem et calidam, quoad ad montem altum olivis multis praeditum venerunt, sub quibus humi dormiebant. 5. Tantum mala competebant, ita ut perirent una die viginti tria millia. 6. Caput quadragesimum nondum legimus, sed cras sine mora id legemus. 7. Mater vetat ut filii egrediantur donec ediscant usque nongentos numerare. 8. Janua templi tam magna erat, ut diaconi quini intrare possent. 9. Jam vobis ter dixit se non plus quam quattuordecim

circulos aurichalci velle, sed fecistis duodeviginti. 10. Viri fortes viceni in murum ascendere coeperunt, et mox civitate potiti sunt. 11. Ordinarius septingentos triginta novem sacerdotes instituit ut exercitui in tempore necessitatis serviant. 12. Sermonem undecies de subjecto eodem praedicavit, attamen semper eum audimus aequale cum gaudio. 13. Ut puer facta simplicissima doceatur, necesse est repetere non solum semel vel bis, sed quidem sexties aut septies, antequam verba vestra in eum impressionem permanentem relinquant. 14. Novenam faciebat, id est, ibat ad ecclesiam novies ad certas orationes designatas recitandas. 15. Si mihi scribat in octo diebus, statim te admoneam. 16. Patres matresque dies quinquaginta duo in terra aliena transegerant in filiis suis quaerendis, sed denique invenerunt eos ex improviso in die quinquagesimo tertio. 17. Cum theologus jam relationem inter theologiam et philosophiam bis exposuerit, non postulabimus ut rursus de ea disserat. 18. Non dubium est quin ille clericus vetus octogesimum quintum suae aetatis annum attigerit. 19. Cum actiones ejus magna e desperatione ejus promanavissent, atqui, quia mentis compos erat, non omnino e scelere excusabatur. 20. Ex usu est quod sermonem servet, quem quater spopondit.

READING

1. Virtutes supernaturales sunt habitus a Deo infusi, quibus homo actus supernaturales connaturaliter exercere possit. Ejusmodi virtutes a Deo infundi ratione theologica demonstratur et ex concilio tridentino constat. Requiritur, ut natura ad statum supernaturalem elevata actus, quibus in finem supernaturalem tendit, connaturaliter efficere possit; atqui ad hoc requiritur, ut non solum principium externum et transiens(gratia actualis), sed etiam principium internum et permanens (potentia) sit supernaturale, id quod suppeditant habitus infusi. Ideo Deus ornavit hominem habitibus virtutum supernaturalium. Quod ergo in ordine naturae sunt animae potentiae, intellectus et voluntas, id in ordine supernaturali sunt habitus infusi, nempe principium proximum vitae supernaturalis, sicut gratia sanctificans, ex qua habitus infusi promanant, dicenda est vitae supernaturalis prin-

cipium remotum. Si solum in genere quaeritur, num sint virtutes infusae, responderi debet ex revelatione certum esse, animae infundi virtutes supernaturales; ex concilio enim tridentino novimus hominem in ipsa justificatione cum remissione peccatorum haec (dona) omnia simul infusa accipere per Jesum Christum, cui inseritur, fidem, spem et caritatem. Virtutes infusae aliae sunt virtutes theologicae, aliae virtutes morales.

Virtutes theologicae illae dicuntur, quarum motivum (objectum formale) est Deus seu aliqua perfectio divina. Tres sunt virtutes theologicae, nempe fides, spes et caritas, quae quidem requiruntur et sufficiunt, ut ad finem ultimum pervenire possimus. Virtutes theologicas a Deo nobis infundi complures de fide certum dicunt ex loco citato concilii tridentini. Infunduntur autem omnes simul una cum gratia sanctificante, at non omnes simul amittuntur. Quoties gratia sanctificans augetur, simul cum ea etiam virtutes theologicae cum reliquis virtutibus augentur: tanta enim est connexio inter gratiam et virtutes, ut cum illa infundantur, conserventur et augeantur; sed gratia sanctificans susceptione sacramentorum et bonis operibus augetur.

Quamvis virtutes theologicae cum gratia sanctificante omnes simul infundantur atque ex ea dimanent, non tamen omnes cum ea amittuntur, sed pereunt per actus ipsis oppositos. Caritas cum gratia sanctificante per quodvis peccatum mortale amittitur, fides autem et spes solum per peccatum mortale his virtutibus directe oppositum amittuntur; fides enim et spes natura praecedunt caritatem, ad eam disponunt atque conducunt, quapropter amissa caritate non amittuntur ejus praeviae dispositiones, sed remanent in peccatore, ut eum in recuperanda caritate juvent. Per peccatum mortale desperationis amittitur spes cum caritate et gratia sanctificante, non autem fides, quae est praevia dispositio ad spem et fundamentum omnium virtutum supernaturalium. Tandem per peccatum mortale haeresis amittitur fides cum gratia sanctificante et omnibus virtutibus infusis.

2. ## Can. 762

Ex vetustissimo Ecclesiae more nemo sollemniter baptizetur, nisi suum habeat, quatenus fieri possit, patrinum.

Etiam in baptismo privato patrinus, si facile haberi queat, adhibeatur; si non interfuerit, adhibeatur in supplendis baptismi caeremoniis, sed hoc in casu nullam contrahit spiritualem cognationem.

Can. 763

Cum baptismus iteratur sub conditione, idem patrinus, quatenus fieri possit, adhibeatur, qui in priore baptismo forte adfuit; extra hunc casum in baptismo conditionato patrinus non est necessarius.

Iterato baptismo sub conditione, neque patrinus qui priori baptismo adfuit, neque qui posteriori, cognationem spiritualem contrahit, nisi idem patrinus in utroque baptismo adhibitus fuerit.

Can. 764

Patrinus unus tantum, licet diversi sexus a baptizando, vel ad summum unus et una adhibeantur.

Can. 765

Ut quis sit patrinus, oportet:

1°. Sit baptizatus, rationis usum assecutus et intentionem habeat id munus gerendi.

2°. Ad nullam pertineat haereticam aut schismaticam sectam, nec sententia condemnatoria vel declaratoria sit excommunicatus aut infamis infamia juris aut exclusus ab actibus legitimis, nec sit clericus depositus vel degradatus.

3°. Nec sit pater vel mater vel conjux baptizandi.

4°. Ab ipso baptizando ejusve parentibus vel tutoribus aut, his deficientibus, a ministro sit designatus.

5°. Baptizandum in actu baptismi per se vel per procuratorem physice teneat aut tangat vel statim levet seu suscipiat de sacro fonte aut de manibus baptizantis.

Can. 766

Ut autem quis licite patrinus admittatur, oportet:

1°. Decimum quartum suae aetatis annum attigerit, nisi aliud justa de causa ministro videatur.

2°. Non sit propter notorium delictum excommunicatus vel exclusus ab actibus legitimis vel infamis infamia juris, quin tamen sententia intercesserit, nec sit interdictus aut alias publice criminosus vel infamis infamia facti.

3°. Fidei rudimenta noverit.

4°. In nulla religione sit novitius vel professus, nisi necessitas urgeat et expressa habeatur venia Superioris saltem localis.

5°. In sacris ordinibus non sit constitutus, nisi accedat expressa Ordinarii proprii licentia.

Can. 767

In dubio utrum quis valide vel licite admitti possit, necne, ad patrini munus, parochus, si tempus suppetat, consulat Ordinarium.

Can. 768

Ex baptismo spiritualem cognationem contrahunt tantum cum baptizato baptizans et patrinus.

Can. 769

Patrinorum est, ex suscepto munere, spiritualem filium perpetuo sibi commendatum habere, atque in iis quae ad christianae vitae institutionem spectant, curare diligenter ut ille talem in tota vita se praebeat, qualem futurum esse sollemni caeremonia spoponderunt.

LESSON XXVI

Vocabulary

acquisitus, *acquired*
arbitrium, n., *judgment, will*
cardinalis, *cardinal, principal, chief*
collatus, m., *conferring*
comitatus, m., *company*
commoditas, f., *convenience*
commonere (2), -monui, -monitus, *to warn, to admonish*
comprobare, *to prove, to establish*
concionator, m., *preacher*
conscientia, f., *conscience, consciousness, awareness*
cumulativus, *accruing*
destruere, -struxi, -structus, *to destroy*
divinitus, *divinely*
effective, *efficaciously*
evanescere, -vanui, *to vanish, to disappear*
excellere, -celui, -celsus, *to excel*
exceptio, f., *exception*
gaudere (semidep. 2), gavisus, *to rejoice, to enjoy*
ignotus, *unknown*
impudicus, *shameless*
inscribere, -scripsi, -scriptus, *to inscribe*
liberum arbitrium, *free will*
major, *greater*
memoratus, *mentioned*
meritorie, *meritoriously*
nepos, m. and f., *grandchild, nephew, descendant*
non-usus, m., *disuse*

oratorium, n., *oratory, chapel*
paroecialis, *parochial*
Pascha, n., *Easter*
paulatim, *gradually*
penitus, *wholly*
pervigilium, n., *vigil*
praecipue, *especially*
praejudicium, n., *objection*
pravus, *evil*
principatus, m., *public office*
pugna, f., *struggle*
pugnare, *to struggle, to fight*
punctum, n., *point, moment*
reprobare, *to reject*
revocare, *to call back, to revoke, to reduce*
sacellum, n., *chapel, sanctuary*
sane, *soundly*
scotista, m., *Scotist* (follower of the doctrine of Duns Scotus)
scriptum, n., *writing*
sedulo, *carefully, diligently*
subjectivus, *subordinate, subjective*
succedere, -cessi, -cessus, *to succeed*
supremus, *highest*
transferre, -tuli, -latus, *to convey, to transport*

Idioms

1. puncto temporis, *in an instant*
2. sponte sua, *of one's own free will*
3. nec . . . nec, *neither . . . nor*
4. certiorem reddere, *to inform*
5. per se, *in and of itself*
6. pro hac vice, *for this once*
7. supra morem, *more than usual*
8. supra quod, *besides*

GRAMMAR

1. **Enclitics.** -ce, -ne, -ci, -nam, -pte, -pse, -que, -ve, added to the end of a word, give the word special force or significance.

a) **-ce** is frequently attached to the demonstrative pronouns and to some adverbs for emphasis.

istace, *these;* **hisce**, *by these;* **hujusce**, *of this;* **illaece**, *those;* **nuncce**, *now, at this time;* **sicce**, *thus, so;* **hincce**, *hence;* **hucce**, *hither;* **illicce**, *there;* **hicce**, *here*

b) **-ne** may be added to any word, usually the first of a sentence, to indicate a question.

Dubitasne? *Do you doubt?* **Nonne sic est?** *Is it not thus?* **Utrumne?** *Whether?* **Anne?** *Or?* **Quantane?** *How much?* **Quone pacto?** *In what way?* **Necne,** *or not.*

c) **-ci** frequently precedes **-ne** for more emphasis: **hiccine, siccine, nunccine.**

Haeccine vera sunt? *Are these things true?*
Siccine semper erat? *Was it always thus?*
Nunccine loquitur? *Is he now speaking?*

d) **-nam** is frequently attached to pronouns for emphasis.

Quisnam? *Who, pray?*
Cujusnam modi? *Of what sort, indeed?*
Quanam? *Where, indeed?*
Quianam? *Why?*

e) **-pte** is sometimes appended to pronouns. It has the force of *self, own.*

suopte, *by himself;* **mepte,** *me myself*
nostrapte culpa, *by our own fault*
suumpte amicum, *his own friend*

f) **-pse** is similarly employed.

eapse, *even this;* **eopse,** *by this itself*
reapse, *in fact*

g) **-que** or **-cumque** added to a relative pronoun or pronominal adverb gives an indefinite or universal sense.

quisque, *each, every*	**quodcumque,** *whatever*
quandoque, *whenever, sometimes*	**undique,** *everywhere*
uterque, *each, both*	**denique,** *at length*
ubique, *wherever*	**qualiscumque,** *of whatever sort*

Note. **-que** enclitic may also mean *and.* **Aqua ignique,** *with fire and water.*

h) **-ve** enclitic means *or,* giving a choice between alternatives.
plus minusve, *more or less*
sive, *if either, whether*

2. Prefixes for emphasis. Such are:

a) **per: permagnus,** *very large;* **perpauci,** *very few;* **peramanter,** *very lovingly;* **percupidus,** *very desirous;* **permultus,** *very much.*

b) **prae: praelongus,** *very long;* **praeclarus,** *eminent, outstanding;* **praecalidus,** *very warm;* **praecelsus,** *very high;* **praecalvus,** *very bald;* **praecipue,** *chiefly;* **praedives,** *very rich;* **praegravis,** *very burdensome;* **praevalidus,** *very strong.*

c) **re: revera,** *in reality;* **reipse,** *the very*

d) **ec (ecce): ecce,** *behold;* **ecquando,** *ever, at any time;* **ecquis,** *whether any, if any person or thing;* **eccilla,** *that;* **eccos,** *them*

Ecquid disces? *Won't you learn a little?*
Ecquis venit? *Won't anyone come?*
Eccos spectatis? *Won't you look at them?*

EXERCISES

1. Nobis revelat nihil sponte sua nec verbo nec scripto. 2. Nepotes certiores reddere debemus, quia avus haec fecit tantum per se. 3. Quan-

doque puncto temporis cogitamus id quod in vitam nostram influxum perpetuum habeat. 4. Populus suapte culpa multa privilegia naturalia perdit, quoniam pro justitia pugnare nolit. 5. Theologus revera scotista praeclarus est, et ideo multas doctrinas haereticas rejicit, quae in dies augent inter nos. 6. Quanam invenitur quis actus pravos reprobet pro virtutibus praecelsis? 7. Siccine nepotes avi arbitrium complent, cum bona penitus destruunt quae ille diligenter per vitam praelongam acquisivit? 8. Quisnam mihi dicet sive ei in animo sit honestatem suam comprobare, necne? 9. Comitatus uterque ibi praesens est, ut cum concionatore vetustissimo gaudeat, quod electus est ad regis filium baptizandum. 10. Pueri educatio supra morem curata est, ut, cum vigesimum primum aetatis annum attigerit, penitus comparatus sit ad munera principatus supremi suscipienda. 11. Romani sane agebant, ubi leges pravas revocaverunt quae prohibebant quin christiani primitivi doctrinas fidei suae exercerent. 12. Si non aviae commoditati sit ex loco tam remoto venire, nepotes pro hac vice aeroplano eant ad eam videndam antequam moriretur. 13. Hicce habemus omnes commoditates atque libertates omnes, e contrario, illicce videmus dumtaxat incommoda, sacrificia praegravia, adeo scelera vitiosa; ergo diligamus et foveamus hanc terram nostram. 14. Supra quod, populi nixi sunt, ut sacellum transferrent ad locum quo juxta baptisterium staret, sed non satis fortes sunt. 15. Tandem in reipsum errorem cecidit ob quem diu amicos suos reprehenderat. 16. Me repugnat cogitatio in illam regionem intrandi, ubi aeris temperies praecalida est, et ubi mihi tam novum et inauditum videtur nutrimentum. 17. Eccistum sacellum! Stetit per duo millia annorum in istoce loco eodem. 18. Quianam haecce accipis, quando scis omnes socios tuos ea rejecisse? 19. Quomodo determinare possent ecquis immunitatem a tentatione attigisset, necne? 20. Haeccine omnia discipuli bene intellexerunt? Si non, semetipsos sedulo immergant in ea, quoad omne planum fiat.

READING

1. Virtutes morales illae dicuntur, quarum objectum formale est actionum honestas. Cum de fide certum non sit, etiam virtutes mo-

rales a Deo nobis infundi, sunt theologi (scotistae), qui id negant;
eorum tamen doctrina ab aliis ut erronea rejicitur. Et sane cum virtutes theologicas infundi constet, id de moralibus negari non potest:
si enim Deus infundit virtutes theologicas, ut earum actus per interna
principia connaturaliter exerceantur, ex eadem ratione etiam virtutes
morales infundere debet. Ideo catechismus romanus docet: "Huic
(gratiae) additur nobilissimus omnium virtutum comitatus, quae
in animam cum gratia divinitus infunduntur." Quot sint virtutes morales infusae, non constat. Dicendum videtur quatuor virtutes cardinales infundi, sed non plures: cum enim reliquae virtutes morales
ad virtutes cardinales revocentur tamquam earum partes integrales
aut subjectivae, illarum habitus etiam ad harum actus eliciendos sufficiunt.

Habitus infusi ex communiore et veriore theologorum sententia
dant ipsam potestatem, non etiam facilitatem supernaturales actus
eliciendi, quia inclinant quidem ad suos actus, eorum impedimenta
autem non removent. Ex his jam patet potissimum discrimen, quod
inter virtutes infusas et acquisitas intercedit: a) virtutes enim infusae
dant ipsam facultatem, at non etiam facilitatem supernaturaliter operandi: cum enim infunduntur, non auferunt impedimenta operandi,
quae proveniunt ex concupiscentia et ex malis habitibus. Facilitas
operandi per exercitium habitus infusi comparatur. Virtutes autem
acquisitae non tribuunt potestatem sed facilitatem operandi: potestas
enim operandi jam a natura adest; cum vero repetitis actibus nec sine
pugna comparentur, eo ipso minuunt vel etiam penitus auferunt
difficultates operandi, quae ex concupiscentia vel ex prava consuetudine proveniunt. b) Virtutes infusae cum gratia sanctificante puncto
temporis infunduntur, suis actibus non effective sed meritorie augentur et per peccatum mortale cum gratia sanctificante puncto temporis
destruuntur. Virtutes autem acquisitae non uno actu sed repetitis
actibus acquiruntur iisdemque effective augentur et non-usu vel actibus contrariis paulatim minuuntur ac tandem evanescunt. Hinc
quandoque homines peccatores e.g. impudicos in aliqua virtute e.g.
in justitia excellere videmus: nam per peccatum mortale non destruun-

tur omnes virtutes acquisitae: Econtrario homines justos videmus
contra diversas easque vehementes in malum propensiones pugnare
debere: virtutes enim infusae non auferunt naturales habitus pravos,
qui actibus contrariis paulatim debilitantur.

2. Can. 770

Infantes quamprimum baptizentur; et parochi ac concionatores
frequenter fideles de hac gravi eorum obligatione commoneant.

Can. 771

Baptismus privatus, urgente necessitate, quovis tempore et loco
administrandus est.

Can. 772

Etiam sollemnis baptismus qualibet die administrari potest; decet
tamen adultorum baptismum, secundum antiquissimum Ecclesiae ritum, conferri, si fieri commode queat, in pervigilio Paschatis et Pentecostes, praecipue in metropolitanis aut cathedralibus ecclesiis.

Can. 773

Proprius baptismi sollemnis administrandi locus est baptisterium in
ecclesia vel oratorio publico.

Can. 774

Quaelibet paroecialis ecclesia, revocato ac reprobato quovis contrario
statuto vel privilegio vel consuetudine, baptismalem habeat fontem,
salvo legitimo jure cumulativo aliis ecclesiis jam quaesito.

Loci Ordinarius potest pro fidelium commoditate permittere vel
jubere ut fons baptismalis ponatur etiam in alia ecclesia vel publico
oratorio intra paroeciae fines.

Can. 775

Si ad ecclesiam paroecialem, aut ad aliam quae jure fontis gaudeat,
baptizandus, propter locorum distantiam aliave adjuncta, sine gravi

incommodo aut periculo, accedere aut transferri nequeat, baptismus sollemnis a parocho conferri potest et debet in proxima ecclesia aut oratorio publico intra paroeciae fines, licet haec baptismali fonte careant.

Can. 776

In domibus autem privatis baptismus sollemnis administrari non debet, nisi hisce in adjunctis:

1. Si baptizandi sint filii aut nepotes eorum qui supremum actu tenent populorum principatum vel jus habent succedendi in thronum, quoties isti id rite poposcerint.

2. Si loci Ordinarius, pro suo prudenti arbitrio et conscientia, justa ac rationabili de causa, in casu aliquo extraordinario id concedendum censuerit.

In memoratis casibus baptismus conferendus est in sacello domus aut saltem in alio decenti loco, et aqua baptismali de more benedicta.

Can. 777

Parochi debent nomina baptizatorum, mentione facta de ministro, parentibus ac patrinis, de loco ac die collati baptismi, in baptismali libro sedulo et sine ulla mora referre.

Ubi vero de illegitimis filiis agatur, matris nomen est inserendum, si publice ejus maternitas constet, vel ipsa sponte sua scripto vel coram duobus testibus id petat; item nomen patris, dummodo ipse sponte sua a parocho vel scripto vel coram duobus testibus id requirat, vel ex publico authentico documento sit notus; in ceteris casibus inscribatur natus tanquam filius patris ignoti vel ignotorum parentum.

Can. 778

Si baptismus nec a proprio parocho nec eo praesente administratus fuerit, minister de ipso collato quamprimum proprium ratione domicilii parochum baptizati certiorem reddat.

Can. 779

Ad collatum baptismum comprobandum, si nemini fiat praejudicium, satis est unus testis omni exceptione major, vel ipsius baptizati jusjurandum, si ipse in adulta aetate baptismum receperit.

LESSON XXVII

Vocabulary

abbas, m., *abbot*
abluere, -lui, -lutus, *to wash*
administratio, f., *administering*
appropriatio, f., *appropriation*
auctor, m., *author*
baculus, m., *staff, crozier*
chrisma, n., *chrism, consecrated oil*
circiter, *about*
consilium, n., *advice*
durante, *during*
erga, *towards*
excipere, -cepi, -ceptus, *to receive*
expedire, *to expedite, to hasten*
explere (2), -plevi, -pletus, *to fulfill, to complete*
extraneus, m., *outsider*
frons, f., *forehead*
fructuose, *fruitfully, beneficially*
graviter, *seriously, gravely*
illustrare, *to illumine*
illustratio, f., *illumination*
imo (immo), *by all means*
impulsivus, *impelling*
indultum, n., *dispensation, indult*
inspiratio, f., *inspiration*
instinctus, m., *instinct*
mitra, f., *miter*
nefas, *unlawful*

negligere, -lexi, -lectus, *to neglect*
nihilominus, *nevertheless*
oboedire, *to obey*
pollere (2), -lui, *to be strong, to be efficacious*
praelatus, m., *prelate*
presbyter, m., *priest*
providere (2), -vidi, -visus, *to provide*
quanquam (quamquam), *although*
quinquennium, n., *period of five years*
rationabiliter, *reasonably*
septem, *seven*
septenarius, m., *septenary, seven*
septiformis, *sevenfold*
subditus, m., *subject*
unctio, f., *anointing*
vicarius, m., *vicar, assistant*

Idioms

1. aeque ac, *as well as*
2. haud minus ac, *just as*
3. quamprimum, *as soon as possible*
4. ultra fidem, *incredible*
5. ultra modum, *immoderate*
6. minime vero, *by no means*
7. ad id quod, *besides that*
8. ad verbum, *literally, word for word*

GRAMMAR

1. Some prepositions.

a) Adversus (-um), *against,* governs the accusative.

adversus legem, *against the laws*

It sometimes follows a pronoun.

hanc adversum, *against this*

b) **Ante,** *in front of, before,* takes the accusative.

ante sacellum, *in front of the chapel*
ante bellum, *before the war*

It may be used in the sense of *ago.*

ante quinquennium, *five years ago*

c) **Apud** governs the accusative and may signify *before, among, at the house of.*

apud gentes, *before the nations*
apud Romanos, *among the Romans*
apud Petrum, *at Peter's house*

d) **Circa,** *about, around,* governs the accusative and may indicate either time or place.

circa bapisterium, *near the baptistery*
circa horam nonam, *about the ninth hour*

It may also be used figuratively.

circa quae loquitur, *about which he speaks*

e) **Circum,** *about, around,* likewise governs the accusative, but refers only to place.

circum ecclesiam, *around the church*
circum subditos, *to his subjects round about*

f) **Circiter** means *about,* speaking of time or number.

circiter mediam noctem, *about midnight*
circiter trecentos homines, *about three hundred men*

2. The optative subjunctive.

a) This subjunctive is used to express a wish. The present indicates the wish as possible; the imperfect, as unaccomplished at the present moment; the pluperfect, as unaccomplished in the past. The negative is **ne.**

Mox veniant. *May they come soon.*

Ne luceret sol. *I wish that the sun were not shining.*

Emisset septem. *I wish he had bought seven.*

b) The particle **utinam** usually introduces the imperfect and pluperfect.

Utinam ne nefas esset! *Would that it were not unlawful!*

Utinam mihi promptius scripsisset! *Would that he had written to me sooner!*

c) The present and imperfect subjunctives of **velle, nolle,** and **malle** are often equivalent to an optative subjunctive.

Velim sicce id excipias. *I should like you to receive it thus.*

Nollem nobis consilium talem dedisset! *Would that he had not given us such advice!*

Mellem manus suas abluissent. *I had rather that they had washed their hands.*

EXERCISES

1. Utinam eis lucrum aeque ac consilium bonum daret! 2. Regis subditi ei semper oboediant et numquam officiorum apud Deum regnumque obliviscantur. 3. Utinam presbyter juvenis quinquennium apud Romanos transigere potuisset! 4. Velim hae res haud minus ac promissae fiant. 5. Nobis loquebatur quatuor horas circa experientias in terris remotis periculosisque, quae apparerent ultra fidem. 6. Utinam pollerent ut providerent quod indigeamus adversum calamitatum diem, qui certe adveniet. 7. Episcopi visitatio ante bellum acciderat, et in occasione illa ante ecclesiam cathedralem stiterat ad populum benedicendum. 8. Utinam adolescentes temporum nostrorum ne sermone, actibus, moribus vestibusque tam ultra modum essent. 9. Strepitus horrendus circum habitaculum fuit, velut si multi lapides praemagni de caelis caderent. 10. Vellem erga te egisset, ut ita nuncce inclinares ad ei indulgendum. 11. Circiter duodecim epistolas habebant, quas expedire negligebant, nihilominus, simul atque eas recepimus, quamprimum aperuimus et eas legimus. 12. Utinam praescripta

ad verbum citavisset, ut ego te certiorem redderem, quod theologus circa confirmationem dixit. 13. Malim avus tuus testis filii mei unctionis sit. 14. Nollem ei facultates attribuissent, quas nunquam possederit. 15. Utinam gentes mundi ratiocinium formale adhiberent loco virium brutarum in controversiis componendis. 16. Ullamne falsitatem in exemplis detegere solitus es, quae hominis illius a testibus suppeditata sunt? Minime vero. 17. Cum ante civitatis interitum venirent, nihil pro incolis facere poterant. 18. Putabamus hunc librum facies philosophiae omnes complecti. Minime vero. 19. Mens ejus tam dilucida est, ut in utramque partem effectivissime disserere possit. 20. Velim hinc ne talibus erroribus obnubilentur.

READING

1. Praeter virtutes theologicas et morales a Deo infusas homini justo conferuntur septem dona Spiritus Sancti. Ex mente s. Thomae dona definiuntur: Qualitates habituales animae potentiis inhaerentes, quibus hae supernaturaliter disponuntur ad prompte et perfecte oboediendum motionibus seu inspirationibus Spiritus Sancti. Pertinent dona aeque ac virtutes ad dispositiones supernaturales, quibus Deus hominem justum instructum esse voluit, ut per eas finem suum supernaturalem attingeret. Simul cum gratia sanctificante et virtutibus animae infunduntur et cum gratia et virtutibus per peccatum mortale amittuntur. Potentiae, quibus inhaerent, sunt intellecus et voluntas, in quibus sunt etiam virtutes, quae per dona complentur et perficiuntur. Siquidem hominis potentiae a duplici principio moventur ad opera bona, scilicet a naturali ratione per fidem elevata atque illustrata et immediate a Spiritu S. Jam vero ut prompte et perfecte has motiones sequantur, certis qualitatibus et dispositionibus a Deo instructae sunt; et quidem ad oboediendum motionibus naturalibus rationis aptae fiunt per virtutes infusas, ad oboediendum motionibus supernaturalibus Spiritus S. aptae fiunt per dona.

Esse dona sancti patres et theologi compluribus argumentis confirmant. Natura et finis donorum in hunc modum explicari potest.

Homo justus instructus est virtutibus infusis, ut per eas opera supernaturalia peragat et finem supernaturalem vitae aeternae mereatur.
Jam vero ut opus virtutis supernaturalis exercere possit, indiget mo-
tione seu inspiratione Spiritus S., qua ad virtutem exercendam supernaturaliter excitetur et aptus evadat. Hinc Spiritus S. hominem justum
illustrationibus intellectus et motionibus voluntatis tum ad ordinarias
vitae christianae virtutes tum quandoque etiam ad opera perfectiora
et sublimiora divino instinctu inspirare atque excitare solet. Sed ut
homo aptus reddatur, qui motiones Spiritus S. sive ad ordinaria sive
ad sublimiora exercitia virtutum excipiat eisque prompte et perfecte
oboediat, ei conceduntur dona Spiritus Sancti. Septem numerantur
dona Spiritus Sancti: donum intellectus, sapientiae, scientiae, consilii,
pietatis, fortitudinis, et timoris Domini: cum enim haec dona conferantur ad virtutes perficiendas, et septem sint praecipuae virtutes,
oportuit, ut etiam septem dona infunderentur. Unde Spiritus Sanctus,
cui haec dona tamquam auctori per appropriationem tribuuntur, ab
ecclesia septiformis munere appellatur, idemque rogatur, ut suis fidelibus det sacrum septenarium.

Quamvis dona cum virtutibus in ratione habitus conveniant, dupliciter tamen a virtutibus differunt. a) Ratione causae impulsivae:
nam ad bene agendum homo excitatur propria ratione sive naturali
sive supernaturali, et habitibus virtutum disponitur ad prompte his
motibus oboediendum; ad bene agendum etiam a Spiritu Sancto movetur, et habitibus donorum disponitur ad prompte oboediendum
huic inspirationi. b) Ratione objecti seu actuum, ad quos disponunt:
virtutes enim disponunt hominem ad opera, quae secundum ordinem
communem vitae christianae fiunt; dona autem disponunt hominem
etiam ad opera, quae ordinem communem virtutis excedunt.

2.   Can. 780

Sacramentum confirmationis conferri debet per manus imposi-
tionem cum unctione chrismatis in fronte et per verba in pontificalibus
libris ab Ecclesia probatis praescripta.

Can. 781

Chrisma, in sacramento confirmationis adhibendum, debet esse ab Episcopo consecratum, etiamsi sacramentum a presbytero, ex jure vel ex apostolico indulto, ministretur.

Unctio autem ne fiat aliquo instrumento, sed ipsa ministri manu capiti confirmandi rite imposita.

Can. 782

Ordinarius confirmationis minister est solus Episcopus.

Extraordinarius minister est presbyter, cui vel jure communi vel peculiari Sedis Apostolicae indulto ea facultas concessa sit.

Hac facultate ipso jure gaudent, Abbas vel Praelatus nullius, Vicarius et Praefectus Apostolicus, qui tamen ea valide uti nequeunt, nisi intra fines sui territorii et durante munere tantum.

Presbyter latini ritus cui, vi induli, haec facultas competat, confirmationem valide confert solis fidelibus sui ritus, nisi in indulto aliud expresse cautum fuerit.

Nefas est presbyteris ritus orientalis, qui facultate vel privilegio gaudent confirmationem una cum baptismo infantibus sui ritus conferendi, eandem ministrare infantibus latini ritus.

Can. 783

Episcopus in sua dioecesi hoc sacramentum etiam extraneis legitime ministrat, nisi obstet expressa proprii eorum Ordinarii prohibitio.

In aliena dioecesi indiget licentia Ordinarii loci saltem rationabiliter praesumpta, nisi agatur de propriis subditis quibus confirmationem conferat privatim ac sine baculo et mitra.

Can. 784

Presbytero quoque licet, si apostolico locali privilegio sit munitus, in designato sibi territorio confirmare etiam extraneos, nisi id ipsorum Ordinarii expresse vetuerint.

Can. 785

Episcopus obligatione tenetur sacramentum hoc subditis rite et rationabiliter petentibus conferendi, praesertim tempore visitationis dioecesis.

Eadem obligatione tenetur presbyter, privilegio apostolico donatus, erga illos quorum in favorem est concessa facultas.

Ordinarius, legitima causa impeditus aut potestate confirmandi carens, debet, quoad fieri possit, saltem intra quodlibet quinquennium providere ut suis subditis hoc sacramentum administretur.

Si graviter neglexerit sacramentum confirmationis suis subditis per se vel per alium ministrare, servetur praescriptum can. 274, n. 4.

Can. 786

Aquis baptismi non ablutus valide confirmari nequit; praeterea, ut quis licite et fructuose confirmetur, debet esse in statu gratiae constitutus et, si usu rationis polleat, sufficienter instructus.

Can. 787

Quamquam hoc sacramentum non est de necessitate medii ad salutem, nemini tamen licet, oblata occasione, illud negligere; imo parochi curent ut fideles ad illud opportuno tempore accedant.

Can. 788

Licet sacramenti confirmationis administratio convenienter in Ecclesia Latina differatur ad septimum circiter aetatis annum, nihilominus etiam antea conferri potest, si infans in mortis periculo sit constitutus, vel ministro id expedire ob justas et graves causas videatur.

Can. 789

Confirmandi, si plures sint, adsint primae manuum impositioni seu extensioni, nec nisi expleto ritu discedant.

LESSON XXVIII

Vocabulary

adnotatio, f., *comment, annotation*
adscribere, -scripsi, -scriptus, *to enroll*
applicare, -avi or -ui, -atus, *to apply*
assistentia, f., *assistance*
cernere, crevi, cretus, *to discern*
colere, colui, cultus, *to worship*
conjunctus, m., *kinsman, relative*
delectatio, f., *delight*
etsi, *although*
excedere, -cessi, -cessus, *to exceed*
fiducia, f., *confidence, trust*
hebdomada, f., *week*
impellere, -puli, -pulsus, *to impel, to urge*
inchoare, *to begin*
licet, *although*
mensura, f., *measure*
modo, *provided that*
mundanus, *mundane, of the world*
nexus, m., *relationship, connection*
obsecundare, *to obey*
omnimodus, *of every sort, complete*
perspicere, -spexi, -spectus, *to perceive*
praesentare, *to present*
procidere, -cidi, *to fall prostrate*
progredi (dep. 3, **io**), -gressus, *to progress, to advance*
propterea, *on that account*
pulchritudo, f., *beauty, excellence*

refugere, -fugi, -fugitus, *to flee from, to escape*
renuere, -nui, *to refuse, to decline*
reverentialis, *reverent*
stultus, *foolish*
suadere (2), suasi, suasus, *to recommend, to persuade*
superare, *to overcome, to surmount*
temerarius, *rash*

Idioms

1. eo quod, *to the extent that*
2. ad summum, *on the whole, in general*
3. ad extremum, *finally*
4. ad postremum, *lastly*
5. ad ultimum, *to the last degree, utterly*
6. usque ad, *up to, as far as*
7. multis post annis, *after many years*

Grammar

1. **Some prepositions.**

a) **Cis, citra,** *this side of, within,* governs the accusative and may refer to time or place.

cis annos paucos, *within a few years*
citra Rhenum, *on this side of the Rhine*

b) **Erga,** *towards,* governs the accusative and may be used literally or figuratively.

erga Italiam, *towards Italy*
erga nos amici, *friendly towards us*

c) **Extra,** *outside of, besides,* governs the accusative and may be used literally or figuratively.

extra muros, *outside the walls*
extra consuetudinem, *besides the usual custom*

d) **Infra** governs the accusative and means *below, beneath; farther down*, literally; and *later than, less than*, figuratively.

infra caelum, *beneath the sky*
infra Pontium Pilatum, *later than Pontius Pilate*
infra tres pedes, *less than three feet*

e) **Inter,** *between, among*, governs the accusative. With reflexive pronouns it has reciprocal force.

inter nos, *between you and me*
inter multos, *among many*
inter se loquebantur, *they were talking to each other*

f) **Intra,** *inside of, within*, governs the accusative and may refer to place or time. It may also be used figuratively.

intra fines, *inside the boundaries*
intra decem dies, *within ten days*
intra legem, *within the law*

2. The deliberative subjunctive.

This subjunctive is used in questions implying doubt, indignation, or an impossibility of the thing's being done.

Quid agant? *What are they to do?*
An non iret? *What, should he not have gone?*
Quis autem inimicum tam fortem superaverit? *Who could overcome so strong an enemy?*

EXERCISES

1. Quo nos vertamus circumdati undique tamquam sumus viribus furiosis? 2. Etiamne eis indulgeam, etsi occasionem quamque rapuerunt ad tradendum me? 3. Quid illo latrone facerent? Nonne venia indignus sit? 4. Quid dicerem? quia donum negligenter perdideram, quod mihi emerant? 5. An ego non eis suadere niterer? 6. Quis enim tantum cis annos paucos fecerit? 7. Mihi umquam tantas difficultates infra caelum obstaturas crederem? 8. Quid vero nobismetipsis dica-

mus? Nonne erga nos ut extranei agant? 9. An avus non sic loquere-
tur? Immo. 10. Quis enim impediverit quin haec acciderent? 11. Quis
vero ad extremum dubitaverit an stultus fuisset? 12. Possimusne
determinare utrum isti extra muros vel illi intra muros feliciores
sint? 13. An is non revelaret quod exercitus erga se progrediebantur?
14. Quomodo hoc oleum per distantiam praelongam transferam, quae
inter civitatem et lacum jacet? 15. Quid faciant pauperes, quos
omnes ad interitum eorum defecerint? 16. Quis enim temerarius
fuerit eo quod cautum nullum nec pro se nec pro familia sua haberet?
17. Quid faciamus, ubi nos certiores reddiderint inimicos citra Rhenum esse? 18. Quomodo eis suadeamus ut reverentialiores sint erga
pulchritudinem virtutum theologicarum? 19. Quo refugiant? Nonne
omnes viri justi renuerunt eos recipere in domus suas? 20. Multis
post diebus militia usque ad centrum montis progressa est, ubi principem parvulum occultum inter olivas aliquas invenit.

READING

1. De natura singulorum donorum theologi non consentiunt; haec
tamen ex doctrina eorum, qui s. Thomam sequuntur, dicenda videntur. Dona, quae intellectum perficiunt, eo tendunt, ut intellectus illustrationes Spiritus Sancti ad res fidei pertinentes prompte suscipiat,
earum ope de Deo et de rebus mundanis recte judicet atque haec
judicia ad operationes vitae humanae rite applicet. Dona vero, quae
voluntatem perficiunt, eo referuntur, ut voluntas inspirationibus et
motionibus Spiritus Sancti prompte obsecundet. a) Donum intellectus
mentem supernaturaliter disponit ad prompte suscipiendas illustrationes, quibus veritates fidei tum quoad sensum tum quoad earum
nexum clarius et profundius percipiantur et penetrentur atque operationes juxta easdem ordinentur. b) Donum sapientiae, supposita
fide veritatum revelatarum, mentem supernaturaliter disponit ad
prompte suscipiendas inspirationes, quibus de rebus divinis recte judicet earumque pulchritudinem perspiciat. c) Donum scientiae, supposita fide, mentem supernaturaliter disponit ad prompte suscipiendas
inspirationes, quibus de rebus humanis et creatis juxta revelationem

divinam rite judicet. d) Donum consilii mentem supernaturaliter disponit, ut prompte sequatur illustrationes Spiritus Sancti ad eligenda ea, quae in singulis vitae adjunctis juxta veritates fidei facienda vel omittenda sunt ad progrediendum in via salutis et perfectionis. Quoniam vero Spiritus Sanctus altiora eligit quam prudentia humana, accidit, ut justum quandoque ad ea impellat, quae hominibus stulta apparent, et magis admiranda quam indiscriminatim imitanda sunt. e) Donum pietatis voluntatem supernaturaliter disponit, ut prompte sequatur Spiritum Sanctum moventem ad colendum Deum ut patrem nostrum omnesque alios, qui ad Deum ut patrem referuntur, ut sunt parentes, conjuncti, pauperes, immo etiam ecclesia, sancti et scriptura sacra. f) Donum fortitudinis voluntatem supernaturaliter disponit et perficit, ut sequatur Spiritum Sanctum moventem ad complendum quodvis opus bonum inchoatum, etsi propterea superandae sint difficultates et ferenda mala. A virtute fortitudinis donum dupliciter differt. 1. Virtutis motivum est naturalis honestas, quae in superandis difficultatibus cernitur; motivum doni est fiducia in motionem et assistentiam Spiritus Sancti. 2. Virtus respicit mensuram virium naturae; donum vires naturae excedit et audet ea, quae rationi naturali temeraria apparent. g) Donum timoris voluntatem supernaturaliter disponit, ut sequatur motiones Spiritus Sancti ad filialem reverentiam atque omnimodam subjectionem Deo exhibendam, eo quod refugit quamcunque delectationem, quae separat a Deo. Timor enim intelligitur reverentialis erga divinam majestatem, cui etiam Christus Dominus reverentiam exhibuit et coram quo teste s. scriptura procidunt angeli in facies suas.

2.   Can. 790

Hoc sacramentum quovis tempore conferri potest; maxime autem decet illud administrari in hebdomada Pentecostes.

Can. 791

Licet proprius confirmationis administrandae locus ecclesia sit, ex causa tamen quam minister justam ac rationabilem judicaverit, potest hoc sacramentum in quolibet alio decenti loco conferri.

Can. 792

Episcopo jus est intra fines suae dioecesis confirmationem administrandi in locis quoque exemptis.

Can. 793

Ex vetustissimo Ecclesiae more, ut in baptismo, ita etiam in confirmatione adhibendus est patrinus, si haberi possit.

Can. 794

Patrinus unum tantum confirmandum aut duos praesentet, nisi
aliud justa de causa ministro videatur.

Unus quoque pro singulis confirmandis sit patrinus.

Can. 795

Ut quis sit patrinus, oportet:

1°. Sit ipse quoque confirmatus, rationis usum assecutus et intentionem habeat id munus gerendi.

2°. Nulli haereticae aut schismaticae sectae sit adscriptus, nec ulla
ex poenis de quibus in can. 765, n. 2 per sententiam declaratoriam aut
condemnatoriam notatus.

3°. Non sit pater, mater, conjux confirmandi.

4°. A confirmando ejusve parentibus vel tutoribus vel, hi si desint
aut renuant, a ministro vel a parocho sit designatus.

5°. Confirmandum in ipso confirmationis actu per se vel per procuratorem physice tangat.

Can. 796

Ut quis licite ad patrini munus admittatur, oportet:

1°. Sit alius a patrino baptismi, nisi rationabilis causa, judicio ministri, aliud suadeat, aut statim post baptismum legitime confirmatio
conferatur.

2°. Sit ejusdem sexus ac confirmandus, nisi aliud ministro in casibus
particularibus ex rationabili causa videatur.

3°. Serventur praeterea praescripta can. 766.

Can. 797

Etiam ex valida confirmatione oritur inter confirmatum et patrinum cognatio spiritualis, ex qua patrinus obligatione tenetur confirmatum perpetuo sibi commendatum habendi ejusque christianam educationem curandi.

Can. 798

Nomina ministri, confirmatorum, parentum et patrinorum, diem ac locum confirmationis parochus inscribat in peculiari libro, praeter adnotationem in libro baptizatorum de qua in can. 470, § 2.

Can. 799

Si proprius confirmati parochus praesens non fuerit, de collata confirmatione minister vel per se ipse vel per alium quamprimum eundem certiorem faciat.

Can. 800

Ad collatam confirmationem probandam, modo nemini fiat praejudicium, satis est unus testis omni exceptione major, vel ipsius confirmati jusjurandum, nisi confirmatus fuerit in infantili aetate.

LESSON XXIX

Vocabulary

abstinere (2), -tinui, -tentus, *to abstain, to refrain*
adstare, *to be present, to attend*
agnoscere, -novi, -notus, *to acknowledge*
annulus, m., *ring*
apprime, *especially*
commendatitius, *of recommendation* or *introduction*
confessarius, m., *confessor*
conscius, *conscious, aware*
conservus, m., *fellow servant*
cur, *why*
domina, f., *mistress*
econtra, *on the other hand*
elicere, -licui, -licitus, *to elicit, to call forth*
excipere, -cepi, -ceptus, *to except*
existimare, *to think, to deem*
expiare, *to expiate, to do penance for*
festus, *festal;* **dies ——**, *holy day*
impertire, **impertiri**, *to grant, to bestow*
indutus, *clothed*
integer, *virtuous, wholly right*
interim, *in the meantime*
jejunium, n., *fasting*
litare, *to offer a sacrifice;* **Sacrum ——**, *to offer the Holy Sacrifice of the Mass*
littera, f., *letter* (of alphabet); plur., *epistle*
mediate, *indirectly*
mulier, f., *woman*

157

notabilis, *important, noteworthy*
penuria, f., *want, lack*
perducere, -duxi, -ductus, *to bring, to conduct*
pileolus, m., *skull cap*
pluries, *frequently*
pontificale, n., *pontifical* (book of rites performed by a bishop)
probitas, f., *honesty, integrity*
quantumvis, *however* (*much*)
revereri (dep. 2), **-veritus,** *to respect, to revere*
rubrica, f., *rubric*
signare, *to sign*
talus, m., *ankle*
ter, *three times*
vestis, f., *vestment, attire*

Idioms

1. **se habere,** *to be, to be in respect to*
2. **ex longinquo,** *from a distance*
3. **et cetera,** *and so forth*
4. **de cetero,** *as for the rest*
5. **gratias agere,** *to give thanks*
6. **agitur,** *to be in question, to be at stake*
7. **dies festos agere,** *to spend holy days*
8. **quartum annum agit,** *he is four years old*
9. **se agere,** *to behave*

Grammar

1. **Some prepositions.**

a) **Ob,** *towards, on account of,* takes the accusative, and may be either literal or figurative in usage.

ob Romam, *towards Rome*
ob rem, *for gain*
ob eam causam, *for that reason*
quam ob rem, *wherefore*

b) **Penes,** *in the power of,* governs the accusative.

penes inimicos suos, *in the power of his enemies*
penes aliquem esse, *to be in the possession of one's faculties*

c) **Pone,** *behind,* governs the accusative.

Pone altare, *behind the altar*

d) **Post,** *after, behind,* governs the accusative and may indicate place or time.

post agnos, *after the lambs*
post carcerem, *behind the jail*
post meridiem, *after noon*

e) **Prope,** *near,* takes the accusative and refers to time or place. It may be literal or figurative.

prope lucem, *towards daybreak*
prope ecclesiam, *near the church*
prope peccatum mortale, *close to a mortal sin*

f) **Supra,** *above, over, beyond, before,* governs the accusative, refers to time, place, or number, and is used in a literal or a figurative sense.

supra memoriam meam, *beyond my recollection*
supra caelos, *beyond the heavens*
supra millia hominum, *above a thousand men*
supra intelligentiam, *beyond understanding*

2. **The potential subjunctive.**

This subjunctive indicates an act as possible or conceivable.

a) It is used in the first person singular of the present or perfect subjunctive in a cautious or modest assertion with verbs of wishing, thinking, or saying.

Velim sic existiment. *I should like them to think so.*
Putaverim eum veterem esse. *I should imagine him to be old.*
Licentia vestra dicam. *I would say with your permission.*

b) It may also be used in the indefinite second singular of the present or imperfect subjunctive of similar verbs.

Credas vitam ejus agi. *You would think that his life is at stake.*
Audires voces. *You might have heard voices.*

c) When some word in a sentence implies that the action is merely possible, all persons of any verb may be used. **Quisquam exigat.** *Anyone may demand.*

d) **Forsitan, forte,** *perhaps,* regularly take the potential subjunctive.

Forsitan sapientiam actionum ejus dubites. *You may perhaps doubt the wisdom of his acts.*

EXERCISES

1. Dixerim eum se bene egisse, etiam si solum quintum annum agat. 2. De cetero existimem nos in dies gratias agere debere. 3. Vos velim ei interim munera impertiamini quae valde meretur. 4. Non audeam eas certiores reddere quam ob rem annuli venditi sint. 5. Putaverim eos homines esse qui leges integras effectivasque instituere possint. 6. Credas quod hunc diem festum numquam cognoverit. 7. Existimares quia ex jejunio ob excellentiam habituum suorum excepti essent. 8. Videres episcopos presbyteri vestibus indutos, econtra numquam videbis presbyteros episcopi vestibus indutos. 9. Posses existimare eos jejunio et oratione dies festos acturos esse. 10. Religiosus ob Romam incedebat, cum post meridiem prope templum vetustissimum ornamentum sacrum invenerit. 11. Aliquis dicat doctrinam purgatorii non sufficienter in scripturis exponi. 12. Quis contendat quoniam litterae non authenticae sint, et ob eam causam non admitti possit, dum nomen et officium in libro signet. 13. Probabilius penes latrones sit, quam apud amicos. 14. Quidam credat puerum post tantas poenas se bene acturum. 15. Quivis existimaret ob vestem peregrinam quod ex longinquo venisset. 16. Forsitan religiosa librum sacelli pone januam posuerit, dum altare mundaret. 17. Forsitan rector tam vetus sit, ut res illae supra memoriam suam sint. 18. Forsitan vellet rex te abstineres a mendaciis ac actibus impudicis ut nepotibus exemplum

bonum exhiberes. 19. Forte domina non postulet cur litteras ejus non agnoveritis ante hanc hebdomadam. 20. Forsitan vestes non induere soliti essent quae ad talos pertingerent.

1. Ordo moralis consistit in relationibus essentialibus, quibus homo refertur ad Deum, ad semetipsum et ad alias creaturas. Hae relationes ab homine exigunt complures, easque diversas operationes, quibus ex voluntate Dei contendere debet ad finem suum; quam ob rem ordo moralis consistit etiam in operationibus, quibus homo tendit in finem suum. Tandem accedit ordo mediorum ad finem, quibus Deus hominem juvat, ut ad finem suum perveniat. Ordo igitur moralis complete spectatus comprehendit finem ultimum, Deum, in cujus possessione homo perfectam felicitatem consequitur, relationes, quibus homo refertur ad Deum, ad semetipsum, ad alios; operationes, quae relationibus hominis essentialibus consentaneae sunt, ac tandem media, quae ex institutione divina ad obtinendum finem inserviunt. Ordo igitur moralis a Deo institutus via est, qua ad finem tendimus, et medium, cujus observatione finem nostrum adipiscimur; unde s. Augustinus docet: Ordo est, quem si tenueris in vita, perducet ad Deum.

Cum ordo in genere sit relatio unius ad alterum, ad constituendum ordinem moralem imprimis considerandae sunt relationes, quibus homo refertur ad alterum; porro tres sunt ejusmodi relationes in ipsa natura humana fundatae, relatio religiosa, relatio individualis et relatio socialis. Homo enim refertur ad Deum, primum suum principium et ultimum finem; refertur ad semetipsum: compluribus enim iisque diversis instructus est inclinationibus et potentiis, quae natura sua ita comparatae sunt, ut inferiores referantur ad superiores et vicissim superiores ad inferiores; homo tandem refertur ad alias creaturas sive rationales sive irrationales: homo enim ut pars universi hinc quidem ad societatem cum aliis hominibus constituendam natura sua ordinatur, inde vero jure instructus est utendi rebus materialibus, in quantum ad consequendum finem suum id requiritur. Patet ordinem moralem natura sua esse ordinem finalem, cum tota hominis

natura cum omnibus suis relationibus ad Deum, finem ultimum, ordinata sit; relatio quidem religiosa immediate, relatio autem individualis et socialis mediate. Ex hoc nempe intelligitur dignitas atque
excellentia naturae rationalis, quae sola immediatam relationem ad
Deum habet; econtra creaturae irrationales immediate ad hominem
et mediate per hominem ad Deum referuntur.

Cum homo natura referatur ad Deum ut creatura ad creatorem,
ordo exigit, ut homo creatorem ac dominum suum agnoscat, eum
revereatur, ei serviat eumque diligat. Cum corpus se habeat ad animam ut instrumentum ad agens principale, ordo exigit, ut vires
inferiores subjiciantur ac serviant superioribus, superiores vero dirigant inferiores. Ideo s. Gregorius M. rationem vocat dominam familiae
multae. Denique cum homo referatur ad alios homines ut ad socios
et conservos ejusdem naturae participes atque ad eundem finem des-
tinatos, ordo exigit, ut alios sicut semetipsum diligat atque in vita
sociali justitiam servet.

2. Can. 801

In sanctissima Eucharistia sub speciebus panis et vini ipsemet Christus Dominus continetur, offertur, sumitur.

Can. 802

Potestatem offerendi Missae sacrificium habent soli sacerdotes.

Can. 803

Non licet pluribus sacerdotibus concelebrare, praeterquam in Missa
ordinationis presbyterorum et in Missa consecrationis Episcoporum
secundum Pontificale Romanum.

Can. 804

Sacerdos extraneus ecclesiae in qua celebrare postulat, exhibens
authenticas et adhuc validas litteras commendatitias sui Ordinarii, si
sit saecularis, vel sui Superioris, si religiosus, vel Sacrae Congregationis
pro Ecclesia Orientali, si sit ritus orientalis, ad Missae celebrationem

admittatur, nisi interim aliquid eum commisisse constet, cur a Missae celebratione repelli debeat.

Si iis litteris careat, sed rectori ecclesiae de ejus probitate apprime constet, poterit admitti; si vero rectori sit ignotus, admitti adhuc potest semel vel bis, dummodo, ecclesiastica veste indutus, nihil ex celebratione ab ecclesia in qua litat, quovis titulo, percipiat, et nomen, officium suamque dioecesim in peculiari libro signet.

Peculiares hac de re normae, salvis hujus canonis praescriptis, ab Ordinario loci datae, servandae sunt ab omnibus, etiam religiosis exemptis, nisi agatur de admittendis ad celebrandum religiosis in ecclesia suae religionis.

Can. 805

Sacerdotes omnes obligatione tenentur Sacrum litandi pluries per annum; curet autem Episcopus vel Superior religiosus ut iidem saltem singulis diebus dominicis aliisque festis de praecepto divinis operentur.

Can. 806

Excepto die Nativitatis Domini et die Commemorationis omnium fidelium defunctorum, quibus facultas est ter offerendi Eucharisticum Sacrificium, non licet sacerdoti plures in die celebrare Missas, nisi ex apostolico indulto aut potestate facta a loci Ordinario.

Hanc tamen facultatem impertiri nequit Ordinarius, nisi cum, prudenti ipsius judicio, propter penuriam sacerdotum die festo de praecepto notabilis fidelium pars Missae adstare non possit; non est autem in ejus potestate plures quam duas Missas eidem sacerdoti permittere.

Can. 807

Sacerdos sibi conscius peccati mortalis, quantumvis se contritum existimet, sine praemissa sacramentali confessione Missam celebrare ne audeat; quod si, deficiente copia confessarii et urgente necessitate, elicito tamen perfectae contritionis actu, celebraverit, quamprimum confiteatur.

Can. 808

Sacerdoti celebrare ne liceat, nisi jejunio naturali a media nocte servato.

Can. 809

Integrum est Missam applicare pro quibusvis tum vivis, tum etiam defunctis purgatorio igne admissa expiantibus, salvo praescripto can. 2262, § 2, n. 2.

Can. 810

Sacerdos ne omittat ad Eucharistici Sacrificii oblationem sese piis precibus disponere, eoque expleto, gratias Deo pro tanto beneficio agere.

Can. 811

Sacerdos, Missam celebraturus, deferat vestem convenientem quae ad talos pertingat et sacra ornamenta a rubricis sui ritus praescripta.

Abstineat autem a pileolo et annulo, nisi sit S.R.E. Cardinalis, Episcopus vel Abbas benedictus, aut nisi apostolicum indultum eorumdem usum in Missa celebranda eidem permittat.

Can. 812

Nulli sacerdoti celebranti, praeter Episcopos aliosque praelatos usu pontificalium fruentes, licet, sola honoris aut sollemnitatis causa, habere presbyterum assistentem.

Can. 813

Sacerdos Missam ne celebret sine ministro qui eidem inserviat et respondeat.

Minister Missae inserviens ne sit mulier, nisi, deficiente viro, justa de causa, eaque lege ut mulier ex longinquo respondeat nec ullo pacto ad altare accedat.

LESSON XXX

Vocabulary

advertentia, f., *knowledge, warning*

ambulare, *to walk*

antimensium, n. (in the Eastern Church, a consecrated cloth used in place of an altar, or, sometimes, in the Syrian Church a slab of wood so used)

attentus, *attentive*

aurora, f., *dawn*

azymus, *unleavened*

cavere, cavi, cautus, *to beware*

citius, *sooner, earlier, before*

conficere, -feci, -fectus, *to make, to effect*

consensus, m., consent

conventualis, *conventual, of a convent*

cubiculum, n., *bedroom*

fas, *lawful*

fermentatus, *fermented*

genimen, n., *fruit*

Graecus, *Greek*

honestus, *decent, proper*

imperare, *to command, to govern*

imperium, n., *command, rule*

indeliberate, *involuntarily, without deliberation*

irrescindibilis, *irrevocable*

latissimus, *widest*

licitus, *licit, lawful*

mare, n., *sea*

merces, f., *wages*

meridies, m., *noon*
miscere (2), -cui, mixtus, *to mix*
modicissimus, *a very little*
modicus, *a little*
nuncupare, *to name, to call*
odium, n., *hate*
pendere (2), pependi, *to hang, to depend*
petra, f., *stone, rock*
portatilis, *portable*
privare, *to deprive*
proinde, *therefore, accordingly*
promerere (2), -merui, -meritus, *to obtain, to deserve*
rependere, -pendi, -pensus, *to pay, to reward*
requisitum, n., *requisite*
rescindere, -scidi, -scissus, *to cut off, to rescind, to revoke*
rescindibilis, *revocable*
retributio, f., *reward*
secumferre, -tuli, -latus, *to bear with oneself, to take along*
serius, *later, after*
sero, *late*
triticeus, *wheaten*
ubicunque (ubicumque) *wherever, whenever*
ulterior, *further*
vitis, f., *vine*
votum, n., *vow, prayer*

Idioms

1. quam plurimi, *as many as possible*
2. quam maxime, *as much as possible*
3. sera nocte, multa nocte, *late at night*
4. summus mons, *the top of the hill*
5. id ipsum, *that very thing*
6. quod ipsum, *which of itself alone*
7. per modum actus, *by way of specific instances, not habitually*

Grammar

1. Some prepositions.

a) **Trans** governs the accusative and means *across, through, throughout.*

trans lacum, *across the lake*
trans media varia, *through various means*
trans vitam longam, *throughout a long life*

b) **Ultra** governs the accusative, means *beyond, further, on the other side,* and may express time, place, or measure.

ultra annos infantiles, *beyond the years of childhood*
ultra Tiberim, *on the other side of the Tiber*
ultra mensuram, *beyond measure*

c) **Versus,** *towards,* takes the accusative and may be used literally or figuratively to denote place.

versus Galliam, *toward France*
versus vitam meliorem, *toward a better life*

d) **Absque,** *without, but for, except for,* governs the ablative.
Absque me (te, etc.) is sometimes used with the imperfect subjunctive to introduce a contrary to fact condition.

absque normis, *without rules*
absque paucis casibus, *except for a few cases*
absque nobis esset, *if it were not for us*

e) **Coram,** *in the presence of, before the eyes of,* takes the ablative.

coram rege, *in the presence of the king*

f) **Cum** governs the ablative and may mean *with, together with, at.*
It is always attached to personal object pronouns and often to relatives.

cum sacerdote, *with the priest*
prima cum luce, *at daybreak*
mecum, *with me;* **tecum,** *with you;* **quibuscum,** *with which*

2. The gerundive in an ablative absolute. A clause may be compactly expressed by using an ablative absolute made up of the gerundive and the past participle of the same verb

servatis servandis, *after having observed the things that are to be observed* (literally, the-to-be-observed having-been-observed)

1. Scriptis scribendis, litteras ad regem tulit, qui nigro indutus in throno ex auro sedebat. 2. Fas est, factis faciendis, rescindere quaepiam jura, quae prius concessa sint. 3. Nobis recenter ostendit quod rependi promeret, proinde retributionem donabimus ei. 4. Secum tuleruntne altare portabile, ut Missam trans mare celebrare possent? 5. Per tempora difficilia et trans terras frigidas ac siccas apostoli Evangelium versus gentes haereticas adducebant. 6. Id ipsum faciemus, ut vites quam plurimas in locum istum latissimum ponamus. 7. Sera nocte ad summum montem accesserunt, sed vero ob tenebras profundas nihil viderunt. 8. Multae gentes infideles ultra mare habitabant, quod ipsum satis erat, ut impedirentur ne ad fidem christianam converterentur. 9. Productis quam maxime producendis, requirebatur quod omnes panem triticeum comedere desinerent. 10. Mixtis miscendis, serva atque domina octo panes albos conficient, quos serius pauperibus impertient. 11. Absque iis esset, tu nuncce coram judice stares. 12. Absque normis talibus, mundus in statu perpetuo confusionis esset, etiam si media infinita progressus materialis haberet. 13. Nefas est, rejectis rejiciendis, conditiones ulteriores condonare, quae ad curas ultra mensuram adducent. 14. Ubicunque mecum eat, semper se agit cum energia et cum eloquentia loquitur. 15. Absque Petro Dominus non super petram ecclesiam suam constituere potuisset. 16. Mulier, quacum nos ambulantes versus oratorium videbatis, abbatis mater erat. 17. Sacerdos Graecus cum praelato ex Gallia loqui poterat, quoniam uterque linguam latinam cognoscebat. 18. Absque vobis esset, parvulus sub pedes bruti cecidisset. 19. Provisis providendis, non jam ullum timorem sentiebant, eorum quae eis serius acciderent. 20. Scisne quod mare nuncupatum sit ab antiquis *mare nostrum?*

READING

1. In finem ultimum supernaturalem homo suis actibus tendere debet: beatitudo enim aeterna tamquam merces et praemium laboris nobis rependitur. Jam vero ut actus nostri ad finem supernaturalem ultimum promerendum apti sint, humani, moraliter boni, supernaturales et meritorii esse debent: finis enim obtineri nequit nisi actibus, qui fini sunt proportionati; sed hi soli actus fini ultimo supernaturali sunt proportionati; quare ordine agendum est de actibus humanis, de actibus moralibus, supernaturalibus et meritoriis.

Actus humani latissimo sensu dicuntur, qui ab homine fiunt; dividuntur in actus hominis et in actus stricte et proprie humanos. Actus hominis illi dicuntur, qui homini et brutis communes sunt, quia non pendent a libera voluntate, quales sunt actus sentiendi, actus cogitandi, actus volendi, qui indeliberate fiunt. Actus humani dicuntur, qui hominis proprii sunt, quia a libera voluntate dependent, quorum proinde homo est dominus, et definiri solent: actus, qui a deliberata voluntate procedunt, i.e. qui fiunt cum advertentia mentis et cum libero consensu voluntatis, ut sunt actus liberi tum intelligendi et volendi tum etiam sentiendi.

Actus eliciti, qui a voluntate procedunt et in ipsa perficiuntur ut actus amoris, odii, desiderii, imperati dicuntur, qui ex imperio voluntatis ab alia potentia, sive interna ut actus cogitandi sive externa ut actus ambulandi, exercentur. Alii sunt interni, alii externi, alii mixti: interni vocantur, qui ab animae potentiis mere internis perficiuntur ut actus cogitandi; externi vocantur, qui (a voluntate) per organa corporis externa perficiuntur ut actus ambulandi, videndi; mixti dicuntur, qui a potentiis externis et internis simul exercentur ut attenta oratio vocalis, devota adoratio per genuflexionem.

Actus boni, mali, indifferentes: boni, qui rectae rationi sunt conformes; mali, qui rectae rationi repugnant; indifferentes, qui rectae rationi nec conformes sunt nec repugnant; hi boni vel mali evadunt potissimum ex fine, propter quem fiunt. Actus bonus aut indifferens vocatur etiam licitus, quia nulla lege prohibetur; malus vero nuncupatur illicitus, quia legi vel divinae vel humanae opponitur. Alii actus sunt naturales, alii supernaturales: naturales illi vocantur, qui solis naturae viribus producuntur; supernaturales illi, qui auxilio divinae gratiae perficiuntur. Actus tum naturales tum supernaturales dicuntur meritorii, prout digni sunt, quibus aliqua retributio rependatur. In quibusdam actibus (qui ponuntur ad specialem effectum producendum) ulterior distinctio est in validos et invalidos: validi dicuntur qui gaudent omnibus requisitis ad proprium suum effectum producendum: invalidi autem, quibus deest aliqua condicio ad id necessaria; sic votum dicitur validum, quod necessarias condiciones habet ad inducendam obligationem. Validi sunt aut rescindibiles aut irrescindibiles prout humana voluntate rescindi seu vi sua privari possunt ut vota, contractus, aut non possunt ut sacramenta.

2.   **Can. 814**

Sacrosanctum Missae sacrificium offerri debet ex pane et vino, cui modicissima aqua miscenda est.

Can. 815

Panis debet esse mere triticeus et recenter confectus, ita ut nullum sit periculum corruptionis.

Vinum debet esse naturale de genimine vitis et non corruptum.

Can. 816

Missae celebratione sacerdos, secundum proprium ritum, debet panem azymum vel fermentatum adhibere ubicunque Sacrum litet.

Can. 817

Nefas est, urgente etiam extrema necessitate, alteram materiam sine altera, aut etiam utramque, extra Missae celebrationem, consecrare.

Can. 818

Reprobata quavis contraria consuetudine, sacerdos celebrans accurate ac devote servet rubricas suorum ritualium librorum, caveatque ne alias caeremonias aut preces proprio arbitrio adjungat.

Can. 819

Missae sacrificium celebrandum est lingua liturgica sui cuiusque ritus ab Ecclesia probati.

Can. 820

Missae sacrificium omnibus diebus celebrari potest, exceptis iis qui proprio sacerdotis ritu excluduntur.

Can. 821

Missae celebrandae initium ne fiat citius quam una hora ante auroram vel serius quam una hora post meridiem.

In nocte Nativitatis Domini inchoari media nocte potest sola Missa conventualis vel paroecialis, non autem alia sine apostolico indulto.

In omnibus tamen religiosis seu piis domibus oratorium habentibus cum facultate sanctissimam Eucharistiam habitualiter asservandi, nocte Nativitatis Domini, unus sacerdos tres rituales Missas vel, servatis servandis, unam tantum quae adstantibus omnibus ad praecepti quoque satisfactionem valeat, celebrare potest et sacram communionem petentibus ministrare.

Can. 822

Missa celebranda est super altare consecratum et in ecclesia vel oratorio consecrato aut benedicto ad normam juris, salvo praescripto can. 1196.

Privilegium altaris portatilis vel jure vel indulto Sedis tantum Apostolicae conceditur.

Hoc privilegium ita intelligendum est, ut secumferat facultatem ubique celebrandi, honesto tamen ac decenti loco et super petram sacram, non autem in mari.

Loci Ordinarius aut, si agatur de domo religionis exemptae, Superior major, licentiam celebrandi extra ecclesiam et oratorium super petram sacram et decenti loco, nunquam autem in cubiculo, concedere potest justa tantum ac rationabili de causa, in aliquo extraordinario casu et per modum actus.

Can. 823

Non licet Missam celebrare in templo haereticorum vel schismaticorum, etsi olim rite consecrato aut benedicto.

Deficiente altari proprii ritus, sacerdoti fas est ritu proprio celebrare in altari consecrato alius ritus catholici, non autem super Graecorum antimensiis.

In altaribus papalibus nemo celebret sine apostolico indulto.

LESSON XXXI

Vocabulary

accessus, m., *access*
adversari (dep.), *to be opposed*
aliunde, *hence*
alloqui (dep. 3), -locutus, *to address*
antiquatus, *archaic, out-dated*
arcanus, *secret, sacred*
aspicere, -spexi, -spectus, *to look toward*
blandiri (dep.), *to flatter*
bravium, n., *prize*
castigare, *to chastise, to punish*
cohortari (dep. 1), *to encourage, to exhort*
compati (dep. 3, io), -passus, *to suffer with*
deserere, -serui, -sertus, *to desert, to forsake*
discere, didici, *to learn*
haeres, m., *heir*
insinuare, *to hint at, to suggest*
interpres, m., *expounder, translator*
intueri (dep. 2), -tuitus, *to behold, to have in view*
jugum, n., *yoke*
levis, *light, slight*
obtemperare, *to obey*
onus, n., *burden*
peritus, *skilled, expert*
plerique, *most, very many*
praedicare, *to preach*
praefatus, *aforesaid*
pronus, *prone, inclined*
protoparens, m., *first parent*

173

quamdiu, *as long as*
redigere, -egi, -actus, *to bring back, to reduce*
reprobus, *cast off, rejected*
resipiscentia, f., *repentance*
siquidem, *inasmuch as*
sobrie, *soberly*
stadium, n., *racecourse, race*
testari (dep.), *to testify*
theophania, f., *manifestation of God in human form*
verax, *true*
verberare, *to beat*
versiculus, m., *verse*
V. Test. (abbr.), *Old Testament*
vocabulum, n., *name*

Idioms

1. de hac re hactenus, *so much for that*
2. ire obviam, *to go to meet*
3. jam non, *no longer*
4. jam diu, *for a long time*
5. jam dudum, *long, a long time*
6. jam jamque, *now at this very moment*

Grammar

1. Some prepositions.

a) **Prae,** *before, in comparison with,* takes the ablative.

Crucem prae se fert. *He bears the cross before him.*
Prae templo id parvum est. *This is small in comparison with the temple.*

b) **Pro,** *in front of, for the sake of, in behalf of, instead of,* takes the ablative.

pro sacello, *in front of the chapel*

pro avo, *in behalf of the grandfather*
pro consule, *instead of the consul (proconsul)*

c) **Sine,** *without,* governs the ablative.

sine consensu, *without the consent*

d) **Tenus,** *as far as, up to,* governs the ablative. It follows its object and is frequently attached to the feminine of an adjective pronoun to form an adverb.

Sinis tenus, *as far as China*
tecto tenus, *up to the roof*
hactenus, *hitherto*
quatenus, *so far as*

e) **Sub,** *under,* governs the accusative when motion is indicated, but the ablative when it denotes rest in a place.
Ea sub sedem posuit. *He put them under the chair.*
Aqua sub terra est. *There is water under the ground.*

f) **Subter,** *beneath, below,* usually governs the accusative, but may take the ablative.

subter montem, *below the hill*
subter lacu, *below the lake*

g) **Super,** *over, above,* governs the accusative to indicate place. With the meaning of *concerning* or *about,* it takes the ablative.

super capita nostra, *over our heads*
super socordia, *concerning sloth*

2. In Latin the present indicative with expressions of duration of time is used where English requires the present perfect. The imperfect, therefore, is replaced in English by the pluperfect.

Jam diu credit quoniam filius suus adhuc vivit. *He has long believed that his son is still living.*

Jam dudum loquebantur. *They had been talking for a long time.*

1. Eos jam dudum cohortamur, ut notiones suas falsas de hereditate rejiciant. 2. Quatenus scimus septem annos de hac re non agitur. 3. Pater vir justus atque humilis erat, qui non solum filiis compatiebatur, sed etiam conjunctis ac amicis. 4. Super coenam suam duas horas remanebant, nam non alii alios jam dudum videbant. 5. Multos jam annos satagunt, cum modica necessitas tanti sacrificii fuerit. 6. Super virtutibus theologicis jam diu legimus, et jam jamque non eas nominare possumus. 7. Ea matri suae obviam venit, quia eam accedentem ex longinquo viderat. 8. Olim propter domini amorem laboraverunt, sed jam diu solum mercedem intuentur. 9. De hac re hactenus, nisi vobis est in animo totam noctem agere super praedestinatione disserendo. 10. Prope montem modicum aurum invenerunt, quod effecit, ut amplius subter petras quaererent. 11. Mercedes hujus mundi tenues sunt prae remunerationibus quas in caelis expectaturi sumus. 12. Diaconus incensum prae se ferens in oratorium introivit, ubi numerus praemagnus ex incolis circumstabant. 13. Sine parochi licentia nemini summa turre tenus ascendere licet. 14. Jam dudum in stadio currit, sed nondum bravium accepit. 15. Conservis suis jam diu blandiebatur, proinde serius iis sine difficultate suasit ut dominum traderent.

READING

1. Nemo, quantumvis justificatus, liberum se esse ab observatione mandatorum putare debet, nemo temeraria illa et a patribus sub anathemate prohibita voce uti, Dei praecepta homini justificato ad observandum esse impossibilia. Nam Deus impossibilia non jubet, sed jubendo monet, et facere quod possis et petere quod non possis, et adjuvat ut possis; *cujus mandata gravia non sunt, cujus jugum suave est et onus leve.* Qui enim sunt filii Dei, Christum diligunt; qui autem diligunt eum (ut ipsemet testatur), servant sermones ejus, quod utique cum divino auxilio praestare possunt. Licet enim in hac mortali vita quantumvis sancti et justi in levia saltem et quotidiana, quae etiam venialia dicuntur, peccata quandoque cadant, non propterea desinunt

esse justi. Nam justorum illa vox est et humilis et verax: *Dimitte nobis debita nostra.* Quo fit, ut justi ipsi eo magis se obligatos ad ambulandum in via justitiae sentire debeant, quo *liberati jam a peccato, servi autem facti Deo, sobrie et juste et pie viventes,* proficere possint per Christum Jesum, per quem accessum habuerunt in gratiam istam. Deus namque sua gratia semel justificatos non deserit, nisi ab eis prius deseratur. Itaque nemo sibi in sola fide blandiri debet, putans fide sola se haeredem esse constitutum haereditatemque consecuturum, etiamsi Christo non compatiatur, ut et conglorificetur. Nam et Christus ipse (ut inquit Apostolus), *cum esset Filius Dei, didicit ex iis, quae passus est, obedientiam, et consummatus factus est omnibus obtemperantibus sibi causa salutis aeternae.* Propterea Apostolus ipse monet justificatos dicens: *Nescitis quod ii, qui in stadio currunt, omnes quidem currunt, sed unus accipit bravium? sic currite, ut comprehendatis. Ego igitur sic curro, non quasi in incertum, sic pugno, non quasi aërem verberans, sed castigo corpus meum et in servitutem redigo, ne forte, cum aliis praedicaverim, ipse reprobus efficiar.* Item princeps apostolorum Petrus: *Satagite, ut per bona opera certam vestram vocationem et electionem faciatis; haec enim facientes non peccabitis aliquando.* Unde constat, eos orthodoxae religionis doctrinae adversari, qui dicunt, justum in omni bono opere saltem venialiter peccare, aut, quod intolerabilius est, poenas aeternas mereri; atque etiam eos, qui statuunt, in omnibus operibus justos peccare, si in illis suam ipsorum socordiam excitando et sese ad currendum in stadio cohortando, cum hoc, ut in primis glorificetur Deus, mercedem quoque intuentur aeternam, cum scriptum sit: *Inclinavi cor meum ad faciendas justificationes tuas propter retributionem,* et de Moyse dicat Apostolus, quod aspiciebat in remuneratione.

Nemo, quamdiu in hac mortalitate vivitur, de arcano divinae praedestinationis mysterio usque adeo praesumere debet, ut certo statuat se omnino esse in numero praedestinatorum, quasi verum esset, quod justificatus aut amplius peccare non possit, aut, si peccaverit, certam sibi resipiscentiam promittere debeat. Nam nisi ex speciali revelatione sciri non potest, quos Deus sibi elegerit.

2. Deus Judaeis mysterium SS. Trinitatis expresse proponere noluit, ne forte putarent ibi tres deos proponi colendos; historia enim constat eos, propter nationes paganas quibus circumdabantur, ad polytheismum maxime pronos fuisse; sed, tum verbis tum theophaniis aliquam esse pluralitatem in divinis primum indigitavit, posteaque magis dilucide secundam saltem esse personam in Deo esse gradatim manifestavit, ut ita via pararetur plenae hujus mysterii revelationi. In nonnullis V. Test. locis pluralitas in Deo insinuatur. Praetermittimus ea quae nonnulli Patres de primis versiculis Genesis exposuerunt: dicebant siquidem *in principio* idem sonare ac *in Filio,* et vocabulum *spiritus Dei* de tertia SS. Trinitatis persona intelligebant; sed apud linguae hebraicae peritos, haec expositio jam est antiquata. Neque ex plurali forma *Elohim* aliquid certi deduci potest: Judaei enim et plerique interpretes dicunt plurale hoc esse majesticum, indicans in divinae essentiae unitate multiplicem esse virtutem. Aliis tamen in locis haec pluralitas indigitatur. Deus, antequam hominem crearet, dixit: *"Faciamus* hominem ad imaginem et similitudinem *nostram";* item, quando jam in eo erat ut expelleret protoparentes ex paradiso, ait: "Ecce Adam quasi *unus ex nobis"; tandem post aedificationem turris Babel, Deus ita loquitur: *"Venite* igitur, *descendamus* et confundamus ibi linguam eorum." Atqui, licet stricte loquendo, illud plurale in lingua hebraica adhiberi possit ab unica persona, vel majestatis causa, vel ad intensitatem exprimendam, melius tamen explicatur si de facto admittantur plures in Deo personae praesertim ubi dicitur *unus ex nobis;* revera plerique Patres ita praefata verba intellexerunt; ait enim Faustinus, presbyter Romanus: "Non est unius personae dicere *faciamus* ad imaginem et similitudinem nostram, sed neque diversae deitatis. Nam pluralitas horum verborum, i.e. *faciamus* et *nostram,* Patris et Filii personas significat. Quod autem singulariter *imaginem* dicit, una deitas, una virtus utriusque personae manifestatur." Nec dici potest hic Deum alloqui Angelos; nam nulla neque praecessit, neque sequitur Angelorum mentio. Aliunde, ut notat Augustinus, homo ad imaginem Dei, non angelorum factus est.

LESSON XXXII

Vocabulary

Adae, gen. of **Adam,** m., *Adam*

aegre, *with hardship*

confugere (io), -fugi, *to flee*

contingere, -tigi, -tactus, *to touch, to extend to*

dissentire, -sensi, -sensus, *to disagree, to dissent, to refuse to give assent*

figmentum, n., *fiction*

formaliter, *formally*

fusius, *more extensively, at greater length*

gehenna, f., *hell*

generare, *to beget, to create*

inanime, *inanimately*

innuere, -nui, -nutus, *to intimate*

invehere, -vexi, -vectus, *to bring into, to introduce*

metus, m., *fear*

obumbrare, *to overshadow*

pejor, *worse*

permissive, *permissively*

poenitere (2), -itui, *to repent*

proditio, f., *treason*

recensere (2), -censui, -censitus, *to enumerate*

renasci (dep. 3), -natus, *to be born again*

satanas, m., *Satan*

subobscure, *somewhat obscurely*

textus, m., *text*

uterus, m., *womb*

vehementius, *earnestly*

Idioms

1. nihil aliud, *nothing else*
2. nulla ex parte, *in no way*
3. ex eo quod, *because, from the fact that*
4. ex fide, *in good faith*
5. non nisi, *only*

Grammar

1. Vocative case. This is the case of direct address.

a) The vocative is the same as the nominative in form except in the singular of nouns and adjectives in **-us** of the second declension. These have **e** in the vocative.

b) Proper names in **-ius** of the second declension have **-i** in the vocative; so also **filius, fili; genius** (divine guardian), **geni.**

Audi, mi fili. *Hear, my son.*
Vergilius, Vergili

c) Adjectives in **-ius** form the vocative in **-ie.**

Lacedaemonie, *O Spartan*

d) The vocative singular of **meus** is **mi** or **meus.**

Attendite, popule meus, legem meam. *Attend, O my people, to my law.*

e) **Deus** has the vocative the same as the nominative.

Audi me, Deus Domine. *Hear me, O Lord God.*

f) **Jesus** has the vocative **Jesu.**

Tu solus Altissimus, Jesu Christe. *Thou only, O Jesus Christ, art most high.*

2. The imperative mood.

a) The imperative is used in commands and entreaties.

Dic, mi fili. *Speak, my son.*
Exsurgite, Romani. *Arise, Romans.*
Miserere nobis, Domine. *Have mercy on us, O Lord.*

b) The third person of the imperative is formal and declamatory.

Terram amanto. *They shall love the earth.*

This form of the imperative is often replaced by the hortatory subjunctive.

Terram ament. *Let them love the earth.*

c) The future imperative is used where there is a definite reference to the future, or where the command implies permanency.

Cras adstato. *Tomorrow thou shalt be present.*
Estote semper fideles. *Be ye ever faithful.*

d) **Scire, meminisse,** and **habere** usually take the future imperative instead of the present.

Scito jugum non leve esse. *Know that the yoke is not light.*
Occasionis hujus mementote, amici mei. *Remember this occasion, my friends.*
Id habeto utpote motivum bonum. *Regard this as a good motive.*

e) **Quin** with the present indicative may replace the imperative.

Quin bravium accipis. *Here, take the prize (why not take the prize).*
Quin eos agnoscitis. *Acknowledge them.*

f) The simple imperative may also be replaced by such introductory words as **cura ut,** *take care that;* **fac (fac ut),** *do that;* **velim,** *I should like,* followed by the subjunctive.

Cura ut id discas bene. *Take care to learn it well.*
Facite ut humiles sitis. *Try to be humble.*
Velim citius venias. *Please come earlier.*

1. Velim facere desinas ea quae non nisi aegre peragantur. 2. Quin hanc vestem albam induis; nigra non indigebis usque ad feriam quartam. 3. Curate ut genuflexionem faciatis, ubique ad altare accedatis. 4. Fac eis mercedem pendas, qua familias suas proprie et decenter sustineant. 5. Memento, filia mea, gustus alienos considerare potius quam tuos. 6. Scitote avum vestrum fortitudinis non satis habere, ut pericula laboresque hujus terrae novae ferat. 7. Jace, Paule, petram in aquam, et circulos paulatim extendentes usque ad terram videbis. 8. Tecum fer omne quod relictum est, ut nihil perdatur. 9. Audi, sancte Laurenti, orationem meam, qui magna cum fortitudine renuntiare Christum noluisti. 10. Duc, mi pater, et in fines ipsos inimicorum te sequi promitto. 11. Reveremini, Latini, patrum opera praeclara vestrorum, et majora vero perficere poteritis in annis venturis. 12. Suscipite, rei, certitudinem de poenis dignis, cum omnia delicta vestra inventa sint. 13. Scito semitam, quae sapientia tenus ducat, petris sparsa est. 14. Cura ut copia nutrimenti pueris ac mulieribus praebeatur in illis civitatibus praesertim quae novissime destructae sint. 15. Monemini ad tempus, homines, nam dubium est an regis praejudicia permittant, ut subditis suis privilegia concedat, quae jam diu sperent.

1. Si quis dixerit, hominem suis operibus, quae vel per humanae naturae vires, vel per legis doctrinam fiant, absque divina per Christum Jesum gratia posse justificari coram Deo: anathema sit.

Si quis dixerit, ad hoc solum divinam gratiam per Christum Jesum dari, ut facilius homo juste vivere ac vitam aeternam promereri possit, quasi per liberum arbitrium sine gratia utrumque, sed aegre tamen et difficulter possit: anathema sit.

Si quis dixerit, sine praeveniente Spiritus Sancti inspiratione atque ejus adjutorio hominem credere, sperare et diligere aut poenitere posse, sicut oportet, ut ei justificationis gratia conferatur: anathema sit.

Si quis dixerit, liberum hominis arbitrium a Deo motum et ex-
citatum nihil cooperari assentiendo Deo excitanti atque vocanti, quo
ad obtinendam justificationis gratiam se disponat ac praeparet, neque
posse dissentire, si velit, sed velut inanime quoddam nihil omnino
agere mereque passive se habere: anathema sit.

Si quis liberum hominis arbitrium post Adae peccatum amissum
et extinctum esse dixerit, aut rem esse de solo titulo, immo titulum
sine re, figmentum denique a satana invectum in ecclesiam: anathema sit.

Si quis dixerit, non esse in potestate hominis vias suas malas facere,
sed mala opera ita ut bona Deum operari, non permissive solum, sed
etiam proprie et per se, adeo ut sit proprium ejus opus non minus
proditio Judae quam vocatio Pauli: anathema sit.

Si quis dixerit, opera omnia, quae ante justificationem fiunt, quacumque ratione facta sint, vere esse peccata vel odium Dei mereri, aut
quanto vehementius quis nititur se disponere ad gratiam, tanto eum
gravius peccare: anathema sit.

Si quis dixerit, gehennae metum, per quem ad misericordiam Dei
de peccatis dolendo confugimus vel a peccando abstinemus, peccatum
esse aut peccatores pejores facere: anathema sit.

Si quis dixerit, sola fide impium justificari, ita ut intelligat, nihil
aliud requiri quod justificationis gratiam consequendam cooperetur,
et nulla ex parte necesse esse eum suae voluntatis motu praeparari
atque disponi: anathema sit.

Si quis dixerit, homines sine Christi justitia, per quam nobis meruit,
justificari, aut per eam ipsam formaliter justos esse: anathema sit.

Si quis dixerit, homines justificari vel sola imputatione justitiae
Christi, vel sola peccatorum remissione, exclusa gratia et caritate, quae
in cordibus eorum per Spiritum Sanctum diffundatur atque illis
inhaereat, aut etiam gratiam, qua justificamur, esse tantum favorem
Dei: anathema sit.

Si quis dixerit, fidem justificantem nihil aliud esse quam fiduciam
divinae misericordiae, peccata remittentis propter Christum, vel eam
fiduciam solam esse, qua justificamur: anathema sit.

Si quis dixerit, omni homini ad remissionem peccatorum assequendam necessarium esse, ut credat certo et absque ulla haesitatione propriae infirmitatis et indispositionis, peccata sibi esse remissa: anathema sit.

Si quis dixerit, hominem a peccatis absolvi ac justificari ex eo, quod se absolvi ac justificari certo credat, aut neminem vere esse justificatum, nisi qui credit se esse justificatum, et hac sola fide absolutionem et justificationem perfici: anathema sit.

Si quis dixerit, hominem renatum et justificatum teneri ex fide ad credendum, se certo esse in numero praedestinatorum: anathema sit.

Si quis magnum illud usque in finem perseverantiae donum se certo habiturum absoluta et infallibili certitudine dixerit, nisi hoc ex speciali revelatione didicerit: anathema sit.

Si quis justificationis gratiam non nisi praedestinatis ad vitam contingere dixerit, reliquos vero omnes, qui vocantur, vocari quidem sed gratiam non accipere, utpote divina potestate praedestinatos ad malum: anathema sit.

2. Magis dilucide secunda persona, a prima distincta, eique coaequalis, in nonnullis locis, a tempore Prophetarum, jam commemoratur: praecipua solum recensemus, de illis fusius infra disputaturi. In Psalmis duo numerantur Domini plane distincti, quorum unus generat alterum, unus sedet ad dexteram alterius: "Filius meus es tu, ego hodie genui te. . . . Dixit Dominus Domino meo, sede a dextris meis": atqui in his locis probabiliter saltem apparet non solum existentia secundae personae, sed etiam ejus divinitas et consubstantialitas; nam Filius, qui generatur a Patre, debet non solum ab eo distingui, sed etiam possidere eamdem naturam ac Pater; et quum in Deo unica sit numerice natura, ut patet ex multis aliis Scripturae locis, perfecta naturae identitas inveniri debet in Patre et Filio. Eadem doctrina clare invenitur in prophetia de Emmanuel, et in libris Proverbiorum et Ecclesiastici, in quibus asseritur existentia Sapientiae cujusdam increatae, a Deo distinctae et tamen omnes divinitatis characteres prae se ferentis. Trinitas personarum in ipso mysterio Annuntiationis satis clare enuntiatur; ibi enim videmus Angelum a Deo Patre missum:

"Missus est Angelus Gabriel a Deo in civitatem Galilaeae"; deinde exhibetur Spiritus Sanctus ut efformaturus animam et corpus Christi in utero Virginis: "Spiritus Sanctus superveniet in te, et virtus Altissimi obumbrabit tibi"; tandem Filius annuntiatur ut ex virgine nasciturus: "Ideoque et quod nascetur ex te Sanctum vocabitur Filius Dei." Earumdem consubstantialitas non potest quidem evidenter demonstrari ex hoc solo textu; sed jam innuitur, quia secunda persona vocatur Filius Dei; atqui Filius verus et proprie dictus particeps esse debet et quidem substantialiter naturae Patris; quod confirmatur ex eo quod infra Maria vocatur mater Domini, seu mater Dei; ergo ejus Filius est vere Deus. Divinitas autem Spiritus S. subobscure significatur verbis quibus vocatur Spiritus Altissimi, sicut Filius dicitur Altissimi Filius.

LESSON XXXIII

Vocabulary

aditus, m., *approach, access, gate*
alibi, *elsewhere*
aliquomodo, *somehow, in some manner*
assumere, -sumpsi, -sumptus, *to take*
augmentum, n., *increase*
columba, f., *dove*
confestim, *immediately*
consecutio, f., *attainment*
decedere, -cessi, -cessus, *to depart, to die*
denique, *at length, precisely, no less*
derogare, *to detract from, to derogate*
edocere (2), **-docui, -doctus,** *to instruct*
exsolvere, -solvi, -solutus, *to loose*
fidere (semidep. 3), **fisus,** *to trust*
hucusque, *hitherto*
infidelitas, f., *unbelief*
intuitus, m., *view, attention*
labi (dep. 3), **lapsus,** *to slip, to fall*
nudus, *bare, sole*
paulo, *a little while, shortly*
plenius, *more fully*
sane, *truly, indeed, very*
solummodo, *only*
synodus, f., *council*

Idioms

1. **aliqua ex parte,** *in some respect*
2. **fiat,** *so be it, very good*

3. **ut fit,** *as is commonly the case*
4. **quanto opere,** *how greatly, how much*
5. **quin etiam,** *yea indeed*
6. **quin immo,** *yea rather*

GRAMMAR

1. Prohibition or negative command.

a) This may be expressed by **noli** with the infinitive, by **cave** with the present subjunctive, or by **ne** with the perfect subjunctive.

Noli iis fidere. *Do not trust them.*
Cave labaris. *Do not slip.*
Illud ne dixeritis. *Do not say that.*

b) The future imperative with **ne** is more formal.

Ne jus civile negligitote. *Do not disregard the civil law.*

c) The future with **non** is sometimes used in general precepts intended for all time.

Non occides. *Thou shalt not kill.*
Non furtum facies. *Thou shalt not steal.*

2. The future participle.

a) The chief use of the future participle is to form the active periphrastic with **esse.**

Decessuri sunt. *They are about to die.*
Ignem tacturus erat. *He was about to touch the fire.*

b) Without **esse** the future participle may be used in agreement with a noun to denote future likelihood or intention.

Servos jamvero egressuros ejecit. *He ejected the servants who already intended to leave.*

EXERCISES

1. Cavete laborem difficilem inchoetis, quoad ideam claram habeas, quomodo faciendus sit. 2. Nolite onera vobiscumferre; alii felici-

tatem habeant de iis participandis. 3. Ea decreta ne rescinditote; iis indigemus ut usque ad salvationem nostram dirigamur. 4. Ne hominem mercede justa privaveris; unus est modus mittendi panem tuum super aquas. 5. Non loqueris contra proximum tuum falsum testimonium. 6. Scito eos qui trans mare iverint, ut pro libertate pugnarent, ad patriam suam redituros esse. 7. Memento, mi amice, de die festo; Luciae ecclesiae ad januam obviam ituri sumus non serius quam una hora post auroram. 8. In annis venturis multas res intelligemus quae nobis nunc obscurae videantur. 9. Cum eum denique invenissent, dormiebat in cubiculo obscuro ac frigido, et statim videbant eum moriturum esse. 10. Semetipsos lacus in aquas immersuri erant, cum expedite ignis flammae extinguerentur. 11. Non assumes nomen Domini Dei tui in vanum; hoc mandatum secundum est. 12. Cavete indiscriminatim loquamini de rebus alienis. 13. Noli desinere genimina vitis colligere, donec sol altus in caelis est. 14. Ne dixeris, mi pater, te stultas sententias mundanas accipere post tantos annos sapienter vivendi. Minime, filia mea. 15. Inter petras refugituri eramus, cum furiosos leonis oculos effulgentes in tenebris videremus.

READING

1. Si quis dixerit, Dei praecepta homini etiam justificato et sub gratia constituto esse ad observandum impossibilia: anathema sit.

Si quis dixerit, nihil praeceptum esse in evangelio praeter fidem, cetera esse indifferentia, neque praecepta, neque prohibita, sed libera, aut decem praecepta nihil pertinere ad Christianos: anathema sit.

Si quis hominem justificatum et quantumlibet perfectum dixerit non teneri ad observantiam mandatorum Dei et ecclesiae, sed tantum ad credendum, quasi vero evangelium sit nuda et absoluta promissio vitae aeternae, sine conditione observationis mandatorum: anathema sit.

Si quis dixerit, Christum Jesum a Deo hominibus datum fuisse ut redemptorem, cui fidant, non etiam ut legislatorem, cui obediant: anathema sit.

Si quis hominem semel justificatum dixerit amplius peccare non posse, neque gratiam amittere, atque ideo eum, qui labitur et peccat, nunquam vere fuisse justificatum; aut contra, posse in tota vita peccata omnia, etiam venialia vitare, nisi ex speciali Dei privilegio, quemadmodum de beata Virgine tenet ecclesia: anathema sit.

Si quis dixerit, justitiam acceptam non conservari atque etiam non augeri coram Deo per bona opera, sed opera ipsa fructus solummodo et signa esse justificationis adeptae, non autem ipsius augendae causam: anathema sit.

Si quis in quolibet bono opere justum saltem venialiter peccare dixerit, aut, quod intolerabilius est, mortaliter, atque ideo poenas aeternas mereri, tantumque ob id non damnari, quia Deus ea opera non imputet ad damnationem: anathema sit.

Si quis dixerit, justos non debere pro bonis operibus, quae in Deo fuerint facta, exspectare et sperare aeternam retributionem a Deo per ejus misericordiam et Jesu Christi meritum, si bene agendo et divina mandata custodiendo usque in finem perseveraverint: anathema sit.

Si quis dixerit, nullum esse mortale peccatum nisi infidelitatis, aut nullo alio quantumvis gravi et enormi praeterquam infidelitatis peccato semel acceptam gratiam amitti: anathema sit.

Si quis dixerit, amissa per peccatum gratia simul et fidem semper amitti, aut fidem, quae remanet, non esse veram fidem, licet non sit viva, aut eum, qui fidem sine caritate habet, non esse Christianum: anathema sit.

Si quis dixerit, eum, qui post baptismum lapsus est, non posse per Dei gratiam resurgere; aut posse quidem, sed sola fide, amissam justitiam recuperare sine sacramento poenitentiae, prout sancta Romana et universalis ecclesia, a Christo Domino et ejus apostolis edocta, hucusque professa est, servavit et docuit: anathema sit.

Si quis post acceptam justificationis gratiam cuilibet peccatori poenitenti ita culpam remitti et reatum aeternae poenae deleri dixerit, ut nullus remaneat reatus poenae temporalis, exsolvendae vel in hoc saeculo vel in futuro in purgatorio, antequam ad regna coelorum aditus patere possit: anathema sit.

Si quis dixerit, justificatum peccare, dum intuitu aeternae mercedis bene operatur: anathema sit.

Si quis dixerit, hominis justificati bona opera ita esse dona Dei, ut non sint etiam bona ipsius justificati merita, aut ipsum justificatum bonis operibus, quae ab eo per Dei gratiam et Jesu Christi meritum, cujus vivum membrum est, fiunt, non vere mereri augmentum gratiae, vitam aeternam et ipsius vitae aeternae (si tamen in gratia decesserit) consecutionem, atque etiam gloriae augmentum: anathema sit.

Si quis dixerit, per hanc doctrinam catholicam de justificatione, a sancta synodo hoc praesenti decreto expressam, aliqua ex parte gloriae Dei vel meritis Jesu Christi Domini nostri derogari, et non potius veritatem fidei nostrae, Dei denique ac Christi Jesu gloriam illustrari: anathema sit.

2. In Baptismo Christi clare etiam apparet realis distinctio trium personarum, non solum ex variis nominibus quibus designantur, sed etiam ex operationibus plane distinctis quas efficiunt; siquidem Pater loquitur de coelo: "Et ecce vox de coelis dicens: hic est Filius dilectus, in quo mihi complacui"; *Filius* autem baptizatur a Joanne Baptista et ascendit de aqua: "Baptizatus autem Jesus confestim ascendit de aqua"; tandem *Spiritus Sanctus* ab utroque distinguitur, nam dum Pater de coelo loquitur, Ipse descendit super Christum, et quidem sub corporali specie columbae: "Et descendit Spiritus Sanctus corporali specie sicut columba in ipsum"; evidens est igitur illos tres non esse unam personam, sed tres personas realiter distinctas. Unitas autem naturae ibi non quidem tam clare sed tamen aliquomodo apparet; nam Christus asseritur Filius Dei; et quidem additur: "in quo mihi complacui," ut declaretur eum esse Filium proprium et prae omnibus dilectum. Spiritus autem vocatur Spiritus Dei, seu a Deo ipso procedens, ut plenius alibi explicabitur, ac proinde substantiae divinae particeps.

Nec minus clare apparet trium personarum realis distinctio in promissione Spiritus Sancti a Christo facta in Coena ultima. Ait enim Christus: "Ego rogabo Patrem, et alium Paraclitum dabit vobis ut

maneat vobiscum in aeternum . . ." "Paraclitus autem Spiritus Sanctus, *quem mittit Pater* in nomine meo, ille vos docebit omnia . . ."
Sane realis esse debet distinctio inter Patrem qui *mittit* Spiritum, et
Filium qui *rogat* Patrem ut Spiritus mittatur, et Spiritum ipsum qui
mittitur a Patre, in nomine Filii; nam mittens a misso, Pater a Filio
distinguitur; aliunde Spiritus dicitur *alius* a Filio; et ita tres habemus
personas vere distinctas. Ex contextu apparet etiam trium personarum
consubstantialitas: paulo enim antea Christus dixerat: "qui videt me,
videt et *Patrem*. . . . Non creditis quia ego in Patre et Pater in me est?
Alioquin propter opera ipsa credite": quae quidem verba perfectam
aequalitatem Patris et Filii important, praesertim si sumantur cum
toto contextu, et loco parallelo apud Joannem: "Ego et Pater unum
sumus. . . . Si non facio opera Patris mei, nolite credere mihi; si
autem facio, et si mihi non vultis credere, operibus credite."

LESSON XXXIV

Vocabulary

aequaliter, *equally*
auctoritas, f., *authority*
brevis, *short*
consuetus, *accustomed*
contemnere, -tempsi, -temptus, *to despise*
diserte, *distinctly, clearly, expressly*
insuper, *moreover*
libitum, n., *pleasure, liking*
nutrire, *to nourish*
obex, m. and f., *hindrance, obstacle*
par, *equal*
poenitentia, f., *penance*
praedicatio, f., *sermon, preaching*
signare, *to mark, to stamp*
singuli (rarely in singular), *separate, individual*
ungere, unxi, unctus, *to anoint*

Idioms

1. **ex professo,** *avowedly, openly*
2. **pro libito,** *at pleasure*
3. **summo opere,** *in the highest degree*
4. **satis superque,** *enough and more than enough*
5. **immo maxime,** *most certainly not*
6. **non modo,** *not only*
7. **ne . . . quidem,** *not even*
8. **ex opere operato.** A sacrament that is administered validly and

received by a person who is **capax** has its effect; it works **ex opere operato.** If the effect of a good work (e.g., use of the sacramentals) depends on a person's spiritual disposition, it works **ex opere operantis.**

1. **The supine.**

a) The supine in -**um** is used after verbs of motion to express purpose.

Venit remotum obicem. *He came to remove the obstacle.*

b) The supine in -**u** is used with a few adjectives and with the nouns **fas, nefas,** and **opus.**

Res factu prava est. *It is a wicked thing to do.*

2. So-called relative clauses of characteristic require the subjunctive. These may be identified as follows.

a) The antecedent of the relative pronoun may be indefinite. **Res quasdam fecit, quas non explicare possim.** *He has done certain things that I cannot explain.*

b) The antecedent may be negative.

Nihil habent quod velimus videre. *They have nothing that we wish to see.*

c) **Unus** or **solus** may be the antecedent or modify the antecedent of the relative pronoun.

Immutatio est sola quae effecta sit. *That is the only change that has been brought about.*

d) **Quam ut** or **quam qui** may introduce the relative clause.

Vestis brevior est quam ut usque ad talos pertingat. *The garment is too short to reach the ankles* (shorter than it should be in order to reach).

Magis laboris pueris dederunt quam quem desiderarent. *They gave the boys too much work to do* (more than what they desired).

194 SECOND LATIN

e) The adjectives **dignus, indignus, aptus,** and **idoneus** may take a relative clause in the subjunctive. The negative is **non.**

Hic casus non dignus est quem consideremus. *This case is not worth considering.*

EXERCISES

1. Progressi sunt alienis suasum, sed ad extremum ipsis suasum est ut doctrinas novas acciperent. 2. Venit pro libito contemptum, sed, priusquam exivit, occasionem habebat sobrie cogitandi. 3. Multa exercitia, quae corpus forte efficiant, eum delectabant. 4. Nullam opinionem expressit, quae penitus probari possit. 5. Judex est unus, cui unusquisque fidat. 6. Hoc nefas est dictu, non igitur necesse est, ut te admoneam contra. 7. Stultum est vetitu quod non cogi possit. 8. Abbas vetustior erat quam ut concilio tridentino adstaret. 9. Coronae majores erunt quam quas parvuli super frontes suas ponant. 10. Ornamentum solum quo se induisset, annulus ex argento erat. 11. Illud opus est memoratu, aliter omnes passiones vestrae vanae fuerint. 12. Non modo fas est indultu, sed etiam maxime essentiale. 13. Haec dioecesis summo opere meritoria est, ut labores episcopi minuantur, cum venit auxilium petitum. 14. Ne scio quidem quare interim venerint fraudem suam confessum. 15. Satis superque dedit, et nullis operis pepercit, quae alios impellerent ad exemplum ejus nobile sequendum.

READING

1. Si quis dixerit, sacramenta novae legis non fuisse omnia a Jesu Christo Domino nostro instituta, aut esse plura vel pauciora quam septem, videlicet baptismum, confirmationem, Eucharistiam, poenitentiam, extremam unctionem, ordinem et matrimonium, aut etiam aliquod horum septem non esse vere et proprie sacramentum: anathema sit.

Si quis dixerit, ea ipsa novae legis sacramenta a sacramentis antiquae legis non differre, nisi quia caeremoniae sunt aliae et alii ritus externi: anathema sit.

Si quis dixerit, haec septem sacramenta ita esse inter se paria, ut nulla ratione aliud sit alio dignius: anathema sit.

Si quis dixerit, sacramenta novae legis non esse ad salutem necessaria, sed superflua, et sine eis aut eorum voto per solam fidem homines a Deo gratiam justificationis adipisci, licet omnia singulis necessaria non sint: anathema sit.

Si quis dixerit, haec sacramenta propter solam fidem nutriendam instituta fuisse: anathema sit.

Si quis dixerit, sacramenta novae legis non continere gratiam quam significant, aut gratiam ipsam non ponentibus obicem non conferre, quasi signa tantum externa sint acceptae per fidem gratiae vel justitiae, et notae quaedam Christianae professionis, quibus apud homines discernuntur fideles ab infidelibus: anathema sit.

Si quis dixerit, non dari gratiam per hujusmodi sacramenta semper et omnibus, quantum est ex parte Dei, etiam si rite ea suscipiant, sed aliquando et aliquibus: anathema sit.

Si quis dixerit, per ipsa novae legis sacramenta ex opere operato non conferri gratiam, sed solam fidem divinae promissionis ad gratiam consequendam sufficere: anathema sit.

Si quis dixerit, in tribus sacramentis, baptismo scilicet, confirmatione et ordine, non imprimi characterem in anima, hoc est signum quoddam spirituale et indelebile, unde ea iterari non possunt: anathema sit.

Si quis dixerit, Christianos omnes in verbo et omnibus sacramentis administrandis habere potestatem: anathema sit.

Si quis dixerit, in ministris, dum sacramenta conficiunt et conferunt, non requiri intentionem, saltem faciendi quod facit ecclesia: anathema sit.

Si quis dixerit, ministrum in peccato mortali exsistentem, modo omnia essentialia, quae ad sacramentum conficiendum aut conferendum pertinent, servaverit, non conficere aut conferre sacramentum: anathema sit.

Si quis dixerit, receptos et approbatos ecclesiae catholicae ritus in solemni sacramentorum administratione adhiberi consuetos aut contemni, aut sine peccato a ministris pro libito omitti, aut in novos alios per quemcumque ecclesiarum pastorem mutari posse: anathema sit.

2. Tandem trinitas personarum manifeste apparet in forma Baptismi a Christo tradita: "Euntes ergo docete omnes gentes baptizantes eos in nomine Patris et Filii et Spiritus Sancti"; nam in textu graeco tum conjunctio tum articulus repetuntur ante nomen cujuslibet personae; quod quidem ridiculum esset si unica tantum esset in Deo persona, triplici virtute praedita; repetitio enim articuli tam emphatica non potest explicari sine reali distinctione personarum; insuper Pater certo est alius a Filio, et si ita est, tertius terminus, seu Spiritus S., debet esse persona a duabus aliis distincta. Ex iisdem verbis deducitur etiam naturae unitas; nam agitur hic de ritu baptismali, per quem confertur gratia sanctificans: jam vero gratia non potest dari nisi in nomine, seu virtute, seu auctoritate Dei; ergo tres personae, in quarum nomine datur gratia, sunt realiter Deus, ac proinde unius divinae naturae aequaliter particeps. Constat enim Apostolos, statim post Pentecosten, divinitatem Christi praedicavisse ex professo, et divinitatem Spiritus Sancti data opportunitate, ac proinde tres personas in Deo agnovisse. Ita v.g. S. Petrus, in prima praedicatione, quam ad Judaeos habuit, aperte declarat Christum esse illum quem David Dominum (i.e. Deum) vocat; in secunda praedicatione Christum vocat "Auctorem vitae"; alibi eum vocat "Dominum omnium"; porro haec omnia soli Deo conveniunt; ergo. S. Paulus non minus diserte divinitatem Christi docet, de eo scribens: "Qui est super omnia Deus benedictus in saecula"; "Omnia per ipsum, et in ipso creata sunt." Aliunde iidem Apostoli divinitatem Spiritus S. non obscure praedicaverunt. Imo non desunt textus, in quibus tres divinae personae simul connumerantur: "Justificati estis in *nomine Domini* nostri *J. Christi, et in Spiritu Dei* nostri. . . . Qui autem confirmat nos vobiscum in *Christo,* et qui unxit nos *Deus,* qui et signavit nos et dedit pignus *Spiritus* in cordibus nostris." Ex his omnibus colligitur tres esse in Deo personas realiter distinctas, et simul aequales.

LESSON XXXV

Vocabulary

adolescentia, f., *adolescence*
adolescere -levi, *to grow up*
arcere (2), **-cui,** *to prevent, to exclude*
articulus, m., *point, moment*
attenuare, *to weaken, to diminish*
caput, n., *chapter*
catechesis, f., *oral instruction*
classicus, *classic*
computare, *to number*
conservator, m., *preserver*
creatrix, *creative*
desumere, -sumpsi, *to choose, to select*
detorquere (2), **-torsi, -tortus,** *to twist*
detrahere, -traxi, -tractus, *to detract*
emollire, *to soften, to render mild*
injurius, *unjust, insulting*
inspicere, -spexi, -spectus, *to examine*
irritus, *void, null*
lapidare, *to throw stones at*
multifariam, *in many places*
otiosus, *idle, useless, empty*
polliceri (dep. 2), **-licitus,** *to promise*
rebaptizare, *to rebaptize*
recordatio, f., *remembrance*
resipiscere, -ivi, *to repent*
sequens, *following*
sinus, m., *bosom*

Idioms

1. **ratum habere,** *to ratify, to approve*
2. **nihil est quod,** *there is no reason why*
3. **unus solusque,** *the sole and only*
4. **quod sciam,** *so far as I know*
5. **hoc est,** *that is*
6. **nescio quis,** *some sort of, certain*
7. **a fortiori,** *with the greater force, the more so*
8. **sicut et,** *just as*

GRAMMAR

1. **Verbs** of admonishing, warning, persuading, and the like are followed by an **ut** clause (negative **ne**) with the subjunctive.

Admonebit ut eos recordet. *He will admonish him to remember them.*
Suasit ne regnum destruerent. *He persuaded them not to destroy the kingdom.*

2. **Verbs** of asking, requesting, beseeching, and the like take an **ut** clause with the subjunctive (negative **ne**).

Rogo ut me juvetis. *I beg you to help me.*
Petierant ne eum contemneremus. *They had asked us not to despise him.*

EXERCISES

1. Suadent ut ipse non modo diem festum ratum habeat, sed etiam annuam ejus observantiam. 2. Monebimus ne sermones ejus ad metaphoras otiosas detorqueant. 3. Nonne persuasisti ut magistra servos suos doctrinam christianam doceret eorum durante adolescentia? 4. Quando denique admonebitis ut omnes obices positos in viam suam superent? 5. Petivi ut semetipsum ab actibus omnibus arceret qui furorem apud indultic auctorem excitarent. 6. Rogabamini ut assumeretis nescio quae onera levia dum pastor Romae esset. 7. Christus

obsecravit ut peccator unusquisque resipisceret. 8. Quis poposcit ut
catechesis pueris daretur priusquam adolescerent? 9. Quod sciam, non
monebunt ne illa vinum nec aquam cum oleo misceat. 10. Dixit eum
medicum unum solumque esse quem tu in civitate ista invenias.
11. Nihil est quod non fiat; quaerent igitur ut nomina sua in libris
paroechialibus inscribantur. 12. Poscit ut artifex capax normis ac
materiis novis fiat, antequam eas exponere carpentariis nitatur.
13. Postulabisne ut quasdam res polliceantur, quas non servare possint? 14. Suadebo ut ante meridiem veniant, ne aviam contristemus,
quae jam dudum nos expectat. 15. Petebat ne emptionem et vendi-
tionem colerent eo quod nullum tempus haberent ad ultimum hominis
finem contemplandum.

READING

1. Si quis dixerit, baptismum Joannis habuisse eamdem vim cum
baptismo Christi: anathema sit.

Si quis dixerit, aquam veram et naturalem non esse de necessitate
baptismi, atque ideo verba illa Domini nostri Jesu Christi: *Nisi quis
renatus fuerit ex aqua et Spiritu Sancto* ad metaphoram aliquam detor-
serit: anathema sit.

Si quis dixerit, in ecclesia Romana, quae omnium ecclesiarum mater
est et magistra, non esse veram de baptismi sacramento doctrinam:
anathema sit.

Si quis dixerit, baptismum, qui etiam datur ab haereticis in nomine
Patris et Filii et Spiritus Sancti, cum intentione faciendi quod facit
ecclesia, non esse verum baptismum: anathema sit.

Si quis dixerit, baptismum liberum esse, hoc est, non necessarium
ad salutem: anathema sit.

Si quis dixerit, baptizatum non posse, etiamsi velit, gratiam amittere,
quantumcumque peccet, nisi nolit credere: anathema sit.

Si quis dixerit, baptizatos per baptismum ipsum solius tantum
fidei debitores fieri, non autem universae legis Christi servandae:
anathema sit.

Si quis dixerit, baptizatos liberos esse ab omnibus sanctae ecclesiae praeceptis, quae vel scripta vel tradita sunt, ita ut ea observare non teneantur, nisi se sua sponte illis submittere voluerint: anathema sit.

Si quis dixerit, ita revocandos esse homines ad baptismi suscepti memoriam, ut vota omnia, quae post baptismum fiunt, vi promissionis in baptismo ipso jam factae irrita esse intelligant, quasi per ea et fidei, quam professi sunt, detrahatur, et ipsi baptismo: anathema sit.

Si quis dixerit, peccata omnia, quae post baptismum fiunt, sola recordatione et fide suscepti baptismi vel dimitti vel venialia fieri: anathema sit.

Si quis dixerit, verum et rite collatum baptismum iterandum esse illi, qui apud infideles fidem Christi negaverit, cum ad poenitentiam convertitur: anathema sit.

Si quis dixerit, neminem esse baptizandum nisi ea aetate qua Christus baptizatus est, vel in ipso mortis articulo: anathema sit.

Si quis dixerit, parvulos eo quod actum credendi non habent, suscepto baptismo inter fideles computandos non esse, ac propterea, cum ad annos discretionis pervenerint, esse rebaptizandos, aut praestare omitti eorum baptisma, quam eos non actu proprio credentes baptizari in sola fide ecclesiae: anathema sit.

Si quis dixerit, hujusmodi parvulos baptizatos, cum adoleverint, interrogandos esse, an ratum habere velint, quod patrini eorum nomine, dum baptizarentur, polliciti sunt, et ubi se nolle responderint, suo esse arbitrio relinquendos nec alia interim poena ad Christianam vitam cogendos, nisi ut ab Eucharistiae aliorumque sacramentorum perceptione arceantur, donec resipiscant: anathema sit.

Si quis dixerit, confirmationem baptizatorum otiosam caeremoniam esse et non potius verum et proprium sacramentum, aut olim nihil aliud fuisse quam catechesim quamdam, qua adolescentiae proximi fidei suae rationem coram ecclesia exponebant: anathema sit.

Si quis dixerit, injurios esse Spiritui Sancto eos, qui sacro confirmationis chrismati virtutem aliquam tribunt: anathema sit.

Si quis dixerit, sanctae confirmationis ordinarium ministrum non esse solum episcopum, sed quemvis simplicem sacerdotem: anathema sit.

2. Alius locus vere classicus ille est ubi Christus ipse suam divinitatem aperte declarat; cum enim Judaei ab eo inquirerent quis esset, utrum Messias vel non, respondit: "Ego et Pater unum sumus." Jamvero illa verba intelligenda sunt *de unitate naturae,* non autem de unitate morali tantum; nam ita intellecta sunt a Judaeis ipsis, qui sustulerunt lapides ut Christum lapidarent "quia tu, homo cum sis, facis teipsum Deum." Nec dicatur postea Christum sua verba emollivisse, citando textum Scripturae, in quo etiam homines dicuntur dii; hoc enim, inspecto contextu, est argumentum *a minori ad majus,* quasi diceret: si homines, quibus Deus locutus est, possunt aliquo sensu vocari filii Dei, nonne *a fortiori vocari* possum Filius Dei, et quidem in sensu proprio? Nam, addit: "si non facio opera Patris mei, nolite credere mihi; si autem facio, operibus credite, ut cognoscatis et credatis, quia Pater in me est et ego in Patre"; quae quidem verba important Christum vere Filium Dei esse, aequalem Patri, cum faciat ipsa opera Patris, et in Patre, i.e. in sinu Patris habitet, ex dictis supra; argumentum enim Christi ad hoc reduci potest: Quorum eadem sunt opera, ii idem unumque sunt; atqui mea et Patris mei opera eadem sunt; ergo ego et Pater meus unum sumus. Quod Judaei ipsi intellexerunt; nam "quaerebant ergo eum apprehendere, et exivit de manibus eorum."

Objiciunt quidem Unitarii *vocem "unum"* interpretari posse de unitate morali, nam Christus ipse in ultima coena dixit: "Sint unum sicut et nos unum sumus." Respondetur autem hoc ultimo loco vim nativam vocis *"unum"* attenuari per particulam *sicut,* eodem fere modo ac in sequenti phrasi Scripturae: "Estote igitur perfecti *sicut* et Pater vester coelestis perfectus est"; sed quando vox *"unum"* non corrigitur per aliud vocabulum, unitatem naturae significat: aliunde contextus id postulat; vult enim Dominus probare in hoc loco neminem posse de manu sua oves eripere, quia, ipse ait, "Ego et Pater *unum* sumus," i.e. ejusdem *potentiae,* ac proinde ejusdem naturae.

Nec minus validum est argumentum ex epistola ad *Hebraeos* desumptum: "Multifariam multisque modis olim Deus loquens patribus in prophetis, novissime diebus istis locutus est nobis in Filio quem constituit haeredem universorum, per quem fecit et saecula . . ." hic enim S. Paulus loquitur de Verbo Incarnato et ejus divinitatem probat asserendo: (a) ipsum esse *"haeredem universorum"* i.e. ea omnia possidere quae Deus ipse habet, nec simplicem esse prophetam, sed *Filium* Dei; (b) eumdem habere *vim creatricem* "per quem fecit et saecula"; (c) eum esse perfectam et *substantialem imaginem* Patris "qui cum sit splendor gloriae, et figura substantiae ejus"; (d) eumdem esse *conservatorem* omnium "portansque omnia verbo virtutis suae"; (e) ipsum esse *Angelis superiorem,* quia est Filius Dei, dum Angeli sunt tantum ministri ejus, etc; hinc Angeli eum adorare jubentur: "et adorent eum omnes Angeli Dei." Atqui haec omnia veram divinitatem important et perfectam cum Patre aequalitatem; ergo.

LESSON XXXVI

Vocabulary

afferre, attuli, allatus, *to bring, to apply*
alioqui, *in other respects, otherwise*
almus, *august, benign*
aperte, *openly*
apertissime, *most openly*
assidere (2), -sedi, -sessus, *to sit*
brachium, n., *arm*
circumincessio, f., *coexistence*
columna, f., *pillar*
commentum, n., *falsehood*
conjungere, -junxi, -junctus, *to join together*
constantissime, *most firmly*
convellere, -velli, -vulsus, *to pluck, to tear up*
cultus, m., *worship*
cupire, *to wish*
defluere, -fluxi, -fluxus, *to flow from*
desiderare, *to desire*
digitus, m., *finger*
disertus, *fluent, clear*
divus, m., *saint*
ductus, m., *leadership*
eruditus, *informed, instructed*
exagitare, *to harass, to disturb*
excogitare, *to devise, to invent*
flagitium, n., *shameful thing*
gubernatio, f., *government*
interdicere, -dixi, -dictus, *to forbid*

majores, m., *forefathers, elders*
misere, *wretchedly*
nuncius, m., *nuncio*
perspicuus, *clear, definite*
praesidere (2), -sedi, -sessus, *to preside*
praestantissimus, *most excellent*
processio, f., *source, origin, procession*
profiteri (2), *to profess*
quoad, *up to, as far as, as many as, as to*
Salvator, m., *Savior*
sane, *truly, indeed, very*
scindere, scidi, scissus, *to split, to rend*
similiter, *similarly*
stirpitus, *utterly, by the roots*
suggerere, -gessi, -gestus, *to suggest, to bring to mind*
superseminare, *to sow, to oversow*
symbolum, n., *symbol, creed*
testari (dep.), *to testify*
tropus, m., *trope, figure of speech*
zizania, n. pl., *cockle, weeds*

Idioms

1. **absit,** *far from it, God forbid*
2. **mirum quam,** *marvelously*
3. **mirum quantum,** *tremendously*
4. **immane quantum,** *monstrously*
5. **sane quam,** *enormously*
6. **valde quam,** *immensely*
7. **ad extra,** *external, outward, outwardly*

Grammar

1. **Verbs** of wishing may take either the infinitive or the subjunctive. When the subject of the infinitive is not the same as that of the main verb, the subjunctive is preferable. **Velle, nolle,** and **malle** often

take the subjunctive without **ut**. Other verbs frequently omitting **ut** are licet, **oportet,** and the imperatives **dic** and **fac.**

Desiderat ut adsimus. *He desires us to be present.*
Vult eas. *He wishes you to go.*
Licet praesideat. *It is lawful for him to preside.*
Dic assideat. *Tell him to be seated.*

2. Names of the months in Latin are:

Januarius	Majus	September
Februarius	Junius	October
Martius	Julius	November
Aprilis	Augustus	December

All are masculines of the second declension except **Aprilis** and the last four, which are of the third declension. Those ending in -ber have the genitive in -**bris.**

3. Names of the seasons are:

ver, n., *spring*
aestas, f., *summer*
autumnus, m., *fall*
hiems, f., *winter*

EXERCISES

1. Matres sane quam cupiebant ut filii domum Decembri venirent.
2. Volo ut hac aestate proxima non calores sint. 3. Optabimus ut Martius et Aprilis non frigidi sint. 4. Pastor almus mavult ut paroechiae mulieres media suggerant ad coenam praestantissimam episcopo comparandam. 5. Nonne vultis nepotes nos visitent autumno potius quam hieme? 6. Si valde quam volent cantem, sic faciam. 7. Fac januam claudas, ne aer frigidus introeat. 8. Si malint aperte de flagitiis testari, judex cras eos audiat. 9. Si majores nostri hodie viverent, res multas ab homine moderno immane quantum excogitatas detestarentur. 10. Si cupiisses ut columnam ex aurichalco honoris divi causa erigerent, citius conclusissent. 11. Opto vero ne tam promptus sit, ut

veritates meas ad commenta mirum quam detorqueat. 12. Desiderabitne ut pericula fictitia ac imaginaria praesentemus potius quam vera? 13. Visne sic agat, ut omnes libertates et privilegia ei interdicantur? 14. Non optaverant ut ore fidem profiteretur cui non corde crederet. 15. Nolebasne zizania stirpitus convellerent? 16. Cupiebamus ut mirum quantum pugnarent, ut impedirent quominus viri pravi nostram gubernationem serenam exagitarent.

READING

1. Sacrosancta oecumenica et generalis Tridentina synodus, in Spiritu Sancto legitime congregata, praesidentibus in ea eisdem sanctae Sedis Apostolicae legato et nunciis, etsi in eum finem non absque peculiari Spiritus Sancti ductu et gubernatione convenerit, ut veram et antiquam de fide et sacramentis doctrinam exponeret, et ut haeresibus omnibus et aliis gravissimis incommodis, quibus Dei ecclesia misere nunc exagitatur et in multas ac varias partes scinditur, remedium afferret, hoc praesertim jam inde a principio in votis habuit, ut stirpitus convelleret zizania exsecrabilium errorum et schismatum, quae inimicus homo his nostris calamitosis temporibus in doctrina fidei, usu et cultu sacrosanctae Eucharistiae superseminavit, quam alioqui Salvator noster in ecclesia sua tamquam symbolum reliquit ejus unitatis et caritatis, qua Christianos omnes inter se conjunctos et copulatos esse voluit. Itaque eadem sacrosancta synodus, sanam et sinceram illam de venerabili hoc et divino Eucharistiae sacramento doctrinam tradens, quam semper catholica ecclesia ab ipso Jesu Christo Domino nostro et ejus apostolis erudita, atque a Spiritu Sancto illi omnem veritatem in dies suggerente edocta retinuit et ad finem usque saeculi conservabit, omnibus Christi fidelibus interdicit, ne posthac de sanctissima Eucharistia aliter credere, docere aut praedicare audeant, quam ut est hoc praesenti decreto explicatum atque definitum.

Principio docet sancta synodus et aperte ac simpliciter profitetur, in almo sanctae Eucharistiae sacramento post panis et vini consecrationem Dominum nostrum Jesum Christum verum Deum atque hominem vere, realiter ac substantialiter sub specie illarum rerum sensibilium contineri. Neque enim haec inter se pugnant, ut ipse Salvator noster semper ad dexteram Patris in coelis assideat juxta modum exsistendi naturalem, et ut multis nihilominus aliis in locis sacramentaliter praesens sua substantia nobis adsit, ea exsistendi ratione, quam etsi verbis exprimere vix possumus, possibilem tamen esse Deo, cogitatione per fidem illustrata assequi possumus et constantissime credere debemus. Ita enim majores nostri omnes, quotquot in vera Christi ecclesia fuerunt, qui de sanctissimo hoc sacramento disseruerunt, apertissime professi sunt, hoc tam admirabile sacramentum in ultima coena Redemptorem nostrum instituisse, cum post panis vinique benedictionem se suum ipsius corpus illi praebere ac suum sanguinem disertis ac perspicuis verbis testatus est; quae verba a sanctis evangelistis commemorata et a divo Paulo postea repetita, cum propriam illam et apertissimam significationem prae se ferant, secundum quam a patribus intellecta sunt, indignissimum sane flagitium est ea a quibusdam contentiosis et pravis hominibus ad fictitios et imaginarios tropos, quibus veritas carnis et sanguinis Christi negatur, contra universum ecclesiae sensum detorqueri, quae, tamquam columna et firmamentum veritatis, haec ab impiis hominibus excogitata commenta velut satanica detestata est, grato semper et memore animo praestantissimum hoc Christi beneficium agnoscens.

2. Admittenda est divinarum personarum circumincessio. Circumincessio est mutua divinarum personarum in invicem coexistentia et cohabitatio, ita ut Pater sit in Filio, Filius in Patre, et uterque in Spiritu S., pariterque Spiritus in Patre et Filio. Haec mutua cohabitatio defluit ex dictis; nam si eadem numerice natura est in Patre, Filio et Spiritu S., necesse est ut Pater sit in Filio et vice versa: et idem dicendum de Spiritu Sancto. Insuper illud directe asseritur in Scriptura pro Patre et Filio: "Non creditis quia ego in Patre et Pater in me est?" Idem implicite docet Paulus quoad Spiritum S., dum tradit Eum in Deo esse, sicut spiritus hominis in homine est. Res declaratur alibi quoad tres personas: "Propter hanc unitatem Pater est totus in Filio, totus in Spiritu S.: Filius totus est in Patre, totus in Spiritu S.: Spiritus totus est in Patre, totus in Filio." Quod sic optime declarat S. Thomas:

"In Patre et Filio tria est considerare, scilicet, essentiam, relationem et originem; et secundum quodlibet illorum Filius est in Patre, et e converso.

1⁰. Secundum essentiam enim, Pater est in Filio et Filius in Patre, quia Pater est sua essentia, et communicat eam Filio, non per aliquam suam transmutationem. Unde sequitur quod, cum essentia Patris sit in Filio, in Filio sit Pater. Et similiter, cum Filius sit sua essentia, sequitur quod sit in Patre, in quo est ejus essentia. 2⁰. Secundum etiam relationes manifestum est quod unum oppositorum relative est in altero, secundum intellectum. 3⁰. Secundum originem etiam manifestum est quod processio Verbi intelligibilis non est aliquid extra, sed manet in dicente. Id etiam quod verbo dicitur, in verbo continetur. Et eadem ratio est de Spiritu S. In Deo una eademque est operatio ad extra, quae tribus personis communis est. Etenim operationes ad extra producuntur ab omnipotentia, ac proinde a natura, in qua omnipotentia residet; atqui ex dictis, est una natura in Deo; ergo est una operatio ad extra. Illa autem unica operatio ad extra, tribus divinis personis, sicut natura ipsa, communis est.

In sacris Litteris eadem opera nunc Patri, nunc Filio, nunc Spiritui S. ascribuntur; ita v.g. creatio Patri et Filio tribuitur; hinc Christus ait: *"Pater* meus usquemodo *operatur, et ego operor";* i.e. eadem opera ac Pater operor; pariter *prophetiae* seorsum tribuuntur *Patri:* "Multifariam multisque modis olim *Deus* loquens Patribus in *prophetis";* simulque Spiritui S.: "Spiritu S. inspirati locuti sunt sancti Dei homines." Hanc veritatem Patres variis illustrant comparationibus: "Ut lux omnia splendore illuminat, nihilque sine splendore potest illuminari: ita et Pater veluti per manum omnia in Verbo efficit nihilque sine illo facit." Alii vocant Filium *brachium* seu *manum* Patris, et Spiritum Filii *digitum,* ut sic melius significent Patrem *per* Filium *in* Spiritu S. omnia operari. Hinc in Symbolo Athanas. legitur: "Omnipotens Pater, omnipotens Filius, omnipotens Spiritus S.: et tamen *non tres omnipotentes, sed unus omnipotens."*

LESSON XXXVII

Vocabulary

admodum, *very, exceedingly, quite*
adstringere, -strinxi, -strictus, *to bind*
aestus, *m., heat*
alere, alui, alitus, *to nourish*
arctissimus, *closest, very tight*
cibus, m., *food*
circumferre, -tuli, -latus, *to carry around*
conari (dep.), *to try*
confortare, *to strengthen*
divitiae, f. pl., *riches*
fateri (dep. 2), **fassus,** *to avow, to confess*
Gallia, f., *France*
Gallus, m., *Frenchman*
Germanus, m., *German*
Hispanus, m., *Spaniard*
honorifice, *honorably, with honor*
hypostaticus, *hypostatic, essential, substantial*
invasor, m., *invader, usurper*
latria, f., *worship* (the highest kind of worship or that paid to God only)
libenter, *freely, willingly*
licet, *although*
locutio, f., *phrase, expression*
Lugdunensis, *of Lyons*
Nicaenus, *Nicene*
persuasum, n., *conviction, firm belief*
pignus, n., *pledge*
praecelsus, *sublime*

praefatus, *aforesaid*
praeservare, *to preserve*
quapropter, *wherefore*
reperire, reperi, repertus, *to find*
sancire, sanxi, sanctus, *to ratify, to sanction*
spiratio, f., *spiration, breath*
sumptio, f., *reception, participation*
tantumdem, *as much, just as much*

Idioms

1. **nisi vero,** *unless indeed*
2. **nisi forte,** *unless to be sure*
3. **nuper admodum,** *very recently*
4. **nihil admodum,** *nothing at all*
5. **nullus admodum,** *none at all*
6. **annos admodum octo,** *fully eight years*
7. **operam dare,** *to take pains*
8. **successu temporis,** *in the course of time*

Grammar

1. Verbs of determining, decreeing, resolving, and bargaining may take either the subjunctive or an infinitive.

Pactum fecerunt ut illo loco eodem singulis annis convenirent. *They made an agreement to meet in that same place each and every year.*
Rex lucra ad caritatem afferre statuit. *The king resolved to apply the profits to charity.*

2. Verbs of caution and effort take the subjunctive with **ut** or **uti.** However, the verb **conari,** *to try,* is usually followed by the infinitive.

Providit uti nihil eis desit. *He has seen to it that they lack nothing.*
Conabimur venire. *We shall try to come.*

EXERCISES

1. Majores censuerunt ut omnes adolescentes plus quam duodevige-simum annum agentes, inscribi debeant. 2. Decreverant uti parvuli

doctrinam christianam docerentur, nisi vero amentes vel stulti admodum erant. 3. Statuo, ait rex, subditi universi mei pignore hoc arctis-
sime adstringantur. 4. Deus constituet uti angeli ad ipsius sanctos
ministrent. 5. Pactum faciunt ut alter alterius persuasum aestimet.
6. Curabo ut nulla admodum zizania in triticum superseminem.
7. Impellisne ut nihil admodum revelet, nisi forte culpae magnae
apud se conscius est? 8. Date operam ut infantes cibo alantur et mulieres verbis gaudii confortentur. 9. Processio statuta est ut triumphus
praecelsus nostri exercitus fortis honorifice celebretur. 10. Per annos
admodum decem patris tumulum reperire conabantur. 11. Nonne
pugnabitis ut nihil admodum nuncium exagitet, dum in civitate ista
commoretur? 12. Nuper admodum providerunt ut luces extinguerentur ante mediam noctem. 13. Patroni nisi sunt ut alii incolae alios
juvarent, nisi vero penitus ab inimicis deleri malunt. 14. Cura, mi
fili, ut teipsum a mendaciis arceas. 15. Quis providebit ut chirurgus
accipiat mane medicinas quas heri praescripsit?

1. Ergo Salvator noster, discessurus ex hoc mundo ad Patrem, sacramentum hoc instituit, in quo divitias divini sui erga homines amoris
velut effudit, memoriam faciens mirabilium suorum, et in illius sump-
tione colere nos sui memoriam praecepit, suamque annuntiare mortem
donec ipse ad judicandum mundum veniat. Sumi autem voluit sacramentum hoc tamquam spiritualem animarum cibum, quo alantur et
confortentur viventes vita illius, qui dixit: *Qui manducat me et ipse*
vivet propter me, et tamquam antidotum, quo liberemur a culpis
quotidianis, et a peccatis mortalibus praeservemur. Pignus praeterea
id esse voluit futurae nostrae gloriae et perpetuae felicitatis, adeoque
symbolum unius illius corporis, cujus ipse caput exsistit, cuique
nos, tamquam membra, arctissima fidei, spei et caritatis connexione
adstrictos esse voluit, *ut id ipsum omnes diceremus, nec essent in nobis*
schismata.

Commune hoc quidem est sanctissimae Eucharistiae cum ceteris
sacramentis, symbolum esse rei sacrae et invisibilis gratiae formam

visibilem; verum illud in ea excellens et singulare reperitur, quod reliqua sacramenta tunc primum sanctificandi vim habent, cum quis illis utitur, at in Eucharistia ipse sanctitatis auctor ante usum est. Nondum enim Eucharistiam de manu Domini apostoli susceperant, cum vere tamen ipse affirmaret corpus suum esse quod praebebat; et semper haec fides in ecclesia Dei fuit, statim post consecrationem verum Domini nostri corpus verumque ejus sanguinem sub panis et vini specie una cum ipsius anima et divinitate exsistere; sed corpus quidem sub specie panis et sanguinem sub vini specie ex vi verborum, ipsum autem corpus sub specie vini et sanguinem sub specie panis, animamque sub utraque, vi naturalis illius connexionis et concomitantiae, qua partes Christi Domini, qui jam ex mortuis resurrexit non amplius moriturus, inter se copulantur, divinitatem porro, propter admirabilem illam ejus cum corpore et anima hypostaticam unionem. Quapropter verissimum est, tantumdem sub alterutra specie atque sub utraque contineri. Totus enim et integer Christus sub panis specie et sub quavis ipsius speciei parte, totus item sub vini specie et sub ejus partibus exsistit.

Quoniam autem Christus Redemptor noster corpus suum id, quod sub specie panis offerebat, vere esse dixit, ideo persuasum semper in ecclesia Dei fuit, idque nunc denuo sancta haec synodus declarat, per consecrationem panis et vini conversionem fieri totius substantiae panis in substantiam corporis Christi Domini nostri, et totius substantiae vini in substantiam sanguinis ejus. Quae conversio convenienter et proprie a sancta catholica ecclesia transsubstantiatio est appellata. Nullus itaque dubitandi locus relinquitur, quin omnes Christi fideles pro more in catholica ecclesia semper recepto latriae cultum, qui vero Deo debetur, huic sanctissimo sacramento in veneratione exhibeant. Neque enim ideo minus est adorandum, quod fuerit a Christo Domino, ut sumatur, institutum. Nam illum eumdem Deum praesentem in eo adesse credimus, quem Pater aeternus introducens in orbem terrarum dicit: *Et adorent eum omnes angeli Dei,* quem magi procidentes adoraverunt, quem denique in Galilaea ab apostolis adoratum fuisse scriptura testatur.

Declarat sancta synodus, pie et religiose admodum in Dei ecclesiam inductum fuisse hunc morem, ut singulis annis peculiari quodam et festo die praecelsum hoc et venerabile sacramentum singulari veneratione ac solemnitate celebraretur, utque in processionibus reverenter et honorifice illud per vias et loca publica circumferretur. Aequissimum est enim sacros aliquos statutos esse dies, cum Christiani omnes singulari ac rara quadam significatione gratos et memores testentur animos erga communem Dominum et Redemptorem pro tam ineffabili et plane divino beneficio, quo mortis ejus victoria et triumphus repraesentatur. Ac sic quidem oportuit victricem veritatem de mendacio et haeresi triumphum agere, ut ejus adversarii in conspectu tanti splendoris, et in tanta universae ecclesiae laetitia positi vel debilitati et fracti tabescant, vel pudore effecti et confusi aliquando resipiscant.

2. Doctrina Catholica est Spiritum procedere tum a Patre tum a Filio. Jamvero olim Eunomiani et Macedoniani, negaverunt Spiritum S. a Patre procedere; sed quum contrarium expressis verbis in Scriptura doceatur, "mittens vobis a Patre Spiritum veritatis, *qui a Patre procedit,* statim ille error damnatus est. Postea Theodoretus et post eum Monothelitae processionem Spiritus S. a Filio impugnarunt, quin tamen res ex professo disputata fuerit: tunc enim temporis totus controversiae aestus circa unionis hypostaticae quaestionem ferebatur. Ille tamen error ob Iconoclastis renovatus fuit, et in quibusdam conciliis in Gallia habitis, quaestio ventilata fuit inter Graecos et Romanos utrum Spiritus S. sicut procedit a Patre, ita procedat a Filio. Unde factum est ut apud Hispanos, Gallos et Germanos particula *Filioque* Symbolo Nicaeno addita fuerit, ut expresse declararetur Spiritum tum a Patre tum a Filio procedere. Quam quidem additionem Leo III primum sancire noluit, licet explicite fidem suam de processione Spiritus S. ab utroque professus fuerit, ne Ecclesiae particulares in recitatione Symboli ab Ecclesia Romana different; successu tamen temporis Romani Pontifices eam receperunt et approbarunt.

Eodem saeculo Photius, iniquus Sedis Constantinop. invasor, et a Nicolao I juste damnatus, a Latina Ecclesia sese sejunxit, inter alios errores docens Spiritum S. a Filio non procedere; post ejus mortem, unio inter utramque Ecclesiam restituta est, sed iterum fracta Michaelis Coerularii pessima ambitione; et licet praefatus error in Conc. Œcumenicis Lugdunensi et Florentino quibus Graeci aderant, damnatus fuerit, adhuc in Orientali Ecclesia hodie retinetur.

De fide est: "Fatemur quod *Spiritus Sanctus* aeternaliter *ex Patre et Filio,* non tanquam ex duobus principiis, sed tanquam *ex uno principio,* non duabus spirationibus, sed *unica spiratione* procedit." Spiritum S. a Patre procedere disertis verbis exprimitur, (in Scriptura) et insuper ex iis textibus infertur quibus declaratur *Spiritus Patris:* "Non enim vos estis qui loquimini, sed *Spiritus Patris* vestri qui loquitur in vobis." Quod a Graecis libenter conceditur; remanet igitur probandum Spiritum S. etiam a Filio procedere; triplici utemur argumento.

a) In pluribus Scripturae locis, Spiritus vocatur *Spiritus Filii,* vel *Spiritus Christi Jesu:* "Misit Deus Spiritum Filii sui . . ." "Non permisit eos *Spiritus Jesu";* atqui illae expressiones Spiritum S. a Patre procedere important, nam fatentibus ipsis Graecis, idem Spiritus vocatur Spiritus Patris quia procedit a Patre; ergo a pari Spiritus dicitur Spiritus Filii quia procedit a Filio; quod confirmatur ex loco parallelo; ubi S. Paulus, postquam Spiritum S. vocavit *Spiritum Dei,* addit: "Spiritum, *qui ex Deo est,"* quasi illae duae locutiones synonymae essent.

LESSON XXXVIII

Vocabulary

adorator, m., *adorer*
aptissime, *most aptly*
ascribere, -scripsi, -scriptus, *to ascribe, to apply, to attribute*
asserere, -serui, -sertus, *to assert*
cedere, cessi, cessus, *to grant, to yield, to allow*
celebritas, f., *solemnity*
circumgestare, *to carry around*
clarificare, *to glorify*
festivus, *festive, feast*
gravare, *to burden, to oppress*
idololatra, m., *idolater*
imperare, *to command*
indigne, *unworthily*
influxus, m., *a flowing in, inpouring*
laudabilis, *laudable*
mandare, *to order*
manere (2), mansi, mansurus, *to remain*
particula, f., *particle, small part* or *bit, phrase*
pertinaciter, *obstinately*
proponere, -posui, -positus, *to set before, to propose*
quantumcumque, *however much*
realiter, *really*
sacramentaliter, *sacramentally*
sacrarium, n., *sacred place, sacrarium*
superesse, -fui, *to remain, to be left over*
tantummodo, *only*

Idioms

1. **una cum,** *together with, conjointly with*
2. **in usu,** *at the moment of usage, in the act of using*
3. **eo ipso,** *because of this very thing*
4. **quam diu,** *as long as*
5. **numquam non,** *always*
6. **nostrum omnes,** *all of us*
7. **unusquisque vestrum,** *each one of you*

GRAMMAR

1. **Verbs of permitting** take either the subjunctive or the infinitive. **Patior** regularly takes the infinitive with subject accusative. The impersonal **licet** may take the subjunctive with or without **ut,** or the infinitive with subject accusative, or the infinitive with dative as in English.

Permittit ut maneamus. *He permits us to remain.*
Praeparationes fieri non patiuntur. *They do not allow preparations to be made.*

Licet ut loquatur.
Licet loquatur.
Licet eum loqui. *He is allowed to speak.*
Licet ei loqui.

2. **Verbs of commanding** take the subjunctive with or without **ut.** The negative is **ne. Jubere** and **vetare** take the infinitive with subject accusative.

Ordinavit ne discedant. *He has ordered them not to depart.*
Vetasne me id asserere? *Do you forbid me to assert this?*

EXERCISES

1. Mandatum est ut scopos deponeret, quantumcumque illos laudabiles existimet. 2. Quam diu licet in terra ista nobis manere, societate hujus populi boni gaudere volumus. 3. Quare imperavit ut isti viri

inculpabiles numquam non in carcere obscuro ac frigido inclusi ex-
sisterent? 4. Exiget ut ad susceptionem afferamus rem unam solam-
que, videlicet, fiduciam nostram. 5. Vetabant peregrinos accedere ad
sacrarium positum in summo monte. 6. Nonne indulsisti ut filiae ad
celebritatem una cum filiis adstarent? 7. Quis jubet tabernaculum per
noctes diesque vigilari, nisi parochus sit? 8. Nonne jussi clavem relin-
qui ubi nostrum omnes eam inveniamus? 9. Donabitis vero ut pauperes totum panem recipiant, cum nihil aliud exspectare possint.
10. Passi sunt majorum divitias labi de manibus suis. 11. Tribue, Deus
Domine, ut animae nostrae in vitam aeternam custodiantur. 12. Con-
cesserunt uti idololatrae in patria manerent, dummodo omnes consuetudines pravas dejicerent. 13. Episcopus imperat ut hostia sacra
per vias publicas circumgestetur, ut incolae procidentes eam adorent.
14. Reges qui permittant ut onera inutilia subditos ipsorum gravent,
tantundem mali sunt quam filii qui parentes veteres neglegi patiantur.
15. Non assentiemus ut unusquisque vestrum Julio discedat, quia hic
quopiam indigemus, ut ornamenta ac vestes vigilet.

READING

1. Si quis negaverit, in sanctissimae Eucharistiae sacramento contineri vere, realiter et substantialiter corpus et sanguinem una cum
anima et divinitate Domini nostri Jesu Christi, ac proinde totum
Christum; sed dixerit, tantummodo esse in eo, ut in signo, vel figura
aut virtute: anathema sit.

Si quis dixerit, in sacrosancto Eucharistiae sacramento remanere
substantiam panis et vini una cum corpore et sanguine Domini nostri
Jesu Christi, negaveritque mirabilem illam et singularem conversionem totius substantiae panis in corpus, et totius substantiae vini in
sanguinem, manentibus dumtaxat speciebus panis et vini, quam
quidem conversionem catholica ecclesia aptissime transsubstantia-
tionem appellat: anathema sit.

Si quis negaverit, in venerabili sacramento Eucharistiae sub unaquaque specie, et sub singulis cujusque speciei partibus, separatione facta,
totum Christum contineri: anathema sit.

Si quis dixerit, peracta consecratione in admirabili Eucharistiae sacramento non esse corpus et sanguinem Domini nostri Jesu Christi, sed tantum in usu, dum sumitur, non autem ante vel post, et in hostiis seu particulis consecratis, quae post communionem reservantur vel supersunt, non remanere verum corpus Domini: anathema sit.

Si quis dixerit, vel praecipuum fructum sanctissimae Eucharistiae esse remissionem peccatorum, vel ex ea non alios effectus provenire: anathema sit.

Si quis dixerit, in sancto Eucharistiae sacramento Christum unigenitum Dei Filium non esse cultu latriae etiam externo adorandum, atque ideo nec festiva peculiari celebritate venerandum, neque in processionibus secundum laudabilem et universalem ecclesiae sanctae ritum et consuetudinem solemniter circumgestandum, vel non publice, ut adoretur, populo proponendum, et ejus adoratores esse idololatras: anathema sit.

Si quis dixerit, non licere sacram Eucharistiam in sacrario reservari, sed statim post consecrationem adstantibus necessario distribuendam; aut non licere, ut illa ad infirmos honorifice deferatur: anathema sit.

Si quis dixerit, Christum in Eucharistia exhibitum spiritualiter tantum manducari, et non etiam sacramentaliter ac realiter: anathema sit.

Si quis negaverit, omnes et singulos Christi fideles utriusque sexus, cum ad annos discretionis pervenerint, teneri singulis annis saltem in Paschate ad communicandum juxta praeceptum sanctae matris ecclesiae: anathema sit.

Si quis dixerit, non licere sacerdoti celebranti se ipsum communicare: anathema sit.

Si quis dixerit, solam fidem esse sufficientem praeparationem ad sumendum sanctissimae Eucharistiae sacramentum: anathema sit. Et, ne tantum sacramentum indigne atque ideo in mortem et condemnationem sumatur, statuit atque declarat ipsa sancta synodus, illis, quos conscientia peccati mortalis gravat, quantumcumque etiam se contritos existiment, habita copia confessoris, necessario praemittendam esse confessionem sacramentalem. Si quis autem contrarium docere, praedicare vel pertinaciter asserere, seu etiam publice disputando defendere praesumpserit, eo ipso excommunicatus exsistat.

2. Iterum Spiritus dicitur missus a Filio sicut a Patre: "Si abiero, inquit Christus, mittam eum ad vos. . . ." "Cum venerit Paracletus, quem ego mittam vobis a Patre"; atqui missio in divinis importat processionem personae missae a mittente; nam missio supponit quemdam influxum mittentis in missum: jamvero in Deo nullus alius est influxus unius personae in aliam nisi ille qui venit ex origine seu processione: nam, praeter relationes originis, omnia sunt tribus personis communia, ex supra dictis. Hinc ait S. Augustinus: "Pater non dicitur missus; non enim habet de quo procedat," sic diserte declarans missionem sine processione fieri non posse.

Leguntur verba Christi de Spiritu S. loquentis: "Ille me clarificabit, quia de meo accipiet et annuntiabit vobis. Omnia quaecumque habet Pater mea sunt; propterea dixi: quia de meo accipiet, et annuntiabit vobis." Unde sic; hic clare asseritur Spiritum S. aliquid a Filio accipere; atqui in divinis persona ab altera aliquid accipere nequit, nisi ab ipsa procedat, quum, praeter relationem originis, omnia sint tribus personis communia. Nec dicatur hic agi tantum de communicatione scientiae futurorum, "et *annuntiabit vobis"*; nam Spiritus nequit a Filio accipere scientiam illam, nisi simul ab eo accipiat divinam naturam, quae in Deo cum scientia identificatur. Confirmatur ex verbis sequentibus: "omnia quaecumque habet Pater, mea sunt etc," quorum hic est sensus: hucusque ex V. Test. edocti fuerant discipuli futurorum scientiam soli Jehovae tribuere; dicendo autem: "omnia quaecumque habet Pater . . . ," Christus sibi hanc scientiam ascribit; et addendo: "propterea dixi: de meo accipiet, et annuntiabit vobis," reddit rationem cur Spiritus S., qui de Verbo accipit, eamdem divinam scientiam, proindeque eamdem naturam participet. Haec est Patrum interpretatio; Didymus ait: *"non enim loquetur ex semetipso;* qui non ex se est, sed ex Patre et ex me; hoc enim ipsum quod subsistit et loquitur, a Patre et a me illi est."

LESSON XXXIX

Vocabulary

affectatus, *voluntary, choice, select*
annumerare, *to number*
anteponere, -posui, -positus, *to place before, to prefer*
apertius, *more openly, more plainly*
coelibatus, m., *celibacy*
connubium, n., *marriage*
crudelis, *cruel*
damnare, *to condemn*
decernere, -crevi, -cretus, *to decree*
diffundere, -fudi, -fusus, *to spread*
dirimere, -emi, -emptus, *to dissolve*
dispar, *unlike, different*
ethnicus, m., *heathen*
exterminare, *to destroy*
firmitas, f., *firmness*
flatus, m., *blowing, breath*
gradus, m., *degree*
innuere, -nui, -nutus, *to intimate*
insignior, *principal, more outstanding*
intellectio, f., *intellect, understanding*
jactura, f., *loss, harm*
merito, *justly, with good reason*
molestus, *irksome*
nuptiae, f. pl., *marriage*
perfector, m., *perfecter*
pernitiosus, *pernicious*
perperam, *falsely*
praecognitus, *known beforehand*

praedictus, *aforesaid*
proficisci (dep. 3), **-fectus,** *to set out, to arise*
spirans, *that which breathes*
spirare, *to breathe, to exhale*
spirativus, *breathing*
subjungere, -junxi, -junctus, *to add*
temeritas, f., *boldness*
trahere, traxi, tractus, *to draw, to attract*
uxor, f., *wife*
vereri (dep. 2), **veritus,** *to fear*
volitus, *wished, wanted*

Idioms

1. **nullusdum,** *none as yet*
2. **nullus unus,** *no one*
3. **nullus alter,** *no other*
4. **num quid,** *anything further, anything else*
5. **res gestae,** *deeds*
6. **aliter atque,** *otherwise than*
7. **alia de causa,** *for another reason*

GRAMMAR

1. Verbs and other expressions **of emotion** (except fear) take the infinitive with subjective accusative or a **quod** or **quia** clause with the verb in the indicative.

Eis molestum est se horologium non videre. *They are annoyed that they cannot see the clock.*
Guademus quia venit. *We are glad that he is coming.*

2. Verbs of fearing take the subjunctive with **ne** affirmative and **ne non** or **ut** negative.

Verebar ne servus domino crudeli venderetur. *I feared that the slave would be sold to a cruel master.*
Timent ut judex eligatur. *They fear that the judge will not be elected.*

1. Timesne merito ut jacturam molestam quam fecerunt expient?
2. Gavisi sumus quod nullusdum est institutor qui plures normas
matrimonii sacramento subjunxerit. 3. Avia tristis est nepotes non
inter pueros insignes annumerari. 4. Laetabuntur, quia homines perni-
tiosi qui perperam locuti sint, damnantur. 5. Vereor ne non connubium
Martio celebretur, cum conjux juvenis terram hanc nondum attigerit,
et non ante Aprilem veniat. 6. Filii delectabantur, quia eorum pater
praetextum excogitaverat ad adducendos eos ut animalia enormia
atque peregrina viderent, qui recenter ab Africa tracta erant. 7. Sacerdotes dolent, quod solummodo pauci valent ut vitam catholicam du-
cant. 8. Verebamini ne temeritas eorum apertior fieret, etiam si rex
leges graves adversus illos decrevisset. 9. Quomodo procedemus ut
non timeamus ne inimici obstacula insuperabilia trans semitam nostram jaciant? 10. Contristaverunt se quia haeresis contagio per totam
Europam diffudit. 11. Mater humilis irascitur filias suas aliter atque
reverenter coram avo vetusto egisse. 12. Si nunc timeat ne numquam
scopum suum attingat, quid postea sperare possit? 13. Incolae exsul-
tant quia episcopo in animo est visitare parvulam eorum ecclesiam.
14. Timuitne ut ideas ejus anteponerent super omnes alias? 15. Gau-
deamus multa onera praevia non jam gravare nos.

1. Matrimonii perpetuum indissolubilemque nexum primus humani generis parens divini Spiritus instinctu pronunciavit, cum dixit:
*Hoc nunc os ex ossibus meis, et caro de carne mea. Quamobrem
relinquet homo patrem suum et matrem, et adhaerebit uxori suae et
erunt duo in carne una.* Hoc autem vinculo duos tantummodo copulari
et conjungi, Christus Dominus apertius docuit, cum postrema illa
verba tamquam a Deo prolata referens dixit: *Itaque jam non sunt duo,
sed una caro,* statimque ejusdem nexus firmitatem ab Adamo tanto
ante pronunciatam his verbis confirmavit: *Quod ergo Deus conjunxit,
homo non separet.* Gratiam vero, quae naturalem illum amorem per-

ficeret, et indissolubilem unitatem confirmaret conjugesque sanctifi-
caret, ipse Christus venerabilium sacramentorum institutor atque perfector sua nobis passione promeruit, quod Paulus Apostolus innuit
dicens: *Viri, diligite uxores vestras, sicut Christus dilexit ecclesiam,
et se ipsum tradidit pro ea,* mox subjungens: *Sacramentum hoc magnum est, ego autem dico in Christo, et in ecclesia.* Cum igitur matrimonium in lege evangelica veteribus connubiis per Christum gratia
praestet, merito inter novae legis sacramenta annumerandum sancti
patres nostri, concilia et universalis ecclesiae traditio semper docuerunt,
adversus quam impii homines hujus saeculi insanientes non solum
perperam de hoc venerabili sacramento senserunt, sed de more suo
praetextu evangelii libertatem carnis introducentes, multa ab ecclesiae
catholicae sensu et ab apostolorum temporibus probata consuetudine
aliena, scripto et verbo asseruerunt non sine magna Christi fidelium
jactura; quorum temeritati sancta et universalis synodus cupiens occurrere, insigniores praedictorum schismaticorum haereses et errores,
ne plures ad se trahat perniciosa eorum contagio, exterminandos duxit,
hos in ipsos haereticos eorumque errores decernens anathematismos.

Si quis dixerit, matrimonium non esse vere et proprie unum ex
septem legis evangelicae sacramentis a Christo Domino institutum,
sed ab hominibus in ecclesia inventum, neque gratiam conferre: anathema sit.

Si quis dixerit, licere Christianis plures simul habere uxores, et hoc
nulla lege divina esse prohibitum: anathema sit.

Si quis dixerit, eos tantum consanguinitatis et affinitatis gradus,
qui Levitico exprimuntur, posse impedire matrimonium contrahendum et dirimere contractum, nec posse ecclesiam in nonnullis illorum
dispensare, aut constituere, ut plures impediant et dirimant: anathema
sit.

Si quis dixerit, ecclesiam non potuisse constituere impedimenta
matrimonium dirimentia, vel in iis constituendis errasse: anathema sit.

Si quis dixerit, propter haeresim, aut molestam cohabitationem, aut
affectatam absentiam a conjuge dissolvi posse matrimonii vinculum:
anathema sit.

Si quis dixerit, matrimonium ratum non consummatum per solemnem religionis professionem alterius conjugum non dirimi: anathema sit.

Si quis dixerit, statum conjugalem anteponendum esse statui virginitatis vel coelibatus, et non esse melius ac beatius manere in virginitate aut coelibatu, quam jungi matrimonio: anathema sit.

Si quis dixerit, prohibitionem solemnitatis nuptiarum certis anni temporibus superstitionem esse tyrannicam ab ethnicorum superstitione profectam; aut benedictiones et alias caeremonias, quibus ecclesia in illis utitur, damnaverit: anathema sit.

Si quis dixerit, causas matrimoniales non spectare ad judices ecclesiasticos: anathema sit.

2. Si Spiritus S. a Filio non procederet, nullomodo posset ab eo distingui. Etenim personae in divinis non distinguuntur realiter ab invicem nisi per relationes oppositas: quidquid enim in Deo absolute dicitur ad unitatem essentiae pertinet; aliunde relationes dispares, sed non oppositae, non sufficiunt ad multiplicandas personas; ita v. g. generatio activa et spiratio activa, quae sunt relationes dispares, non constituunt duas personas, sed unam tantum. Atqui relationes oppositae non dantur in divinis nisi relationes originis, quatenus una persona ab alia procedit; ergo Spiritus S. non realiter a Filio distinguitur, nisi ab eo procedat. "Quod ex hoc patet, ait S. Thomas, quia Pater habet duas relationes quarum una refertur ad Filium et alia ad Spiritum S.: quae tamen quia non sunt oppositae, non constituunt duas personas, sed ad unam tantum personam pertinent. Si autem in Filio et Spiritu S. non esset invenire nisi duas relationes, quibus uterque refertur ad Patrem, illae relationes non essent ad invicem oppositae, sicut neque duae relationes, quibus Pater refertur ad illos. Unde sicut persona Patris est una, ita sequeretur quod persona Filii et Spiritus S. esset una, habens duas relationes oppositas duabus relationibus Patris. Hoc autem est haereticum, cum tollat fidem Trinitatis." Ex dictis in thesi generali, Spiritus S. procedit per modum volitionis seu amoris; atqui amor, etiam in homine, procedit non solum a voluntate sed etiam a cognitione objecti amati, juxta illud: "nil volitum quin praecogni-

tum." Ergo in Deo Spiritus S. debet procedere non solum a Patre, sed etiam a divina intellectione, seu a Verbo. Spiritus S. procedit a Patre et Filio tanquam ab unico principio et unica spiratione, licet sint duo spirantes. De fide est, ex definitione Conc. Florentini jam citata. Sensus hujus corollarii est, non esse in Patre et Filio duplicem vim spirativam, sed unam tantum, quae utrique communis est; etenim in Deo omnia communia sunt, ubi non obstat relationis oppositio; atqui in producendo Spiritum S., Pater et Filius non sibi mutuo opponuntur; ergo producunt Spiritum S. per modum unius principii. Ex quo sequitur eos producere Spiritum unica spiratione; quum enim unica sit vis spirandi, utrique communis, exerceri nequit nisi ab utroque simul agente. Ille autem actus vocatur spiratio, quia fit per modum volitionis seu amoris; amor enim est motus voluntatis ad rem amatam tendentis, qui imitatur flatum seu motum spirantis. Animadvertit S. Thomas dici posse Spiritum S. *a Patre* procedere *per Filium,* non quidem eo sensu quod Filius sit instrumentum, aut minister Patrem adjuvans in processione Spiritus, sed quia Filius est origine medius inter Patrem et Spiritum, et a Patre habet quod possit spirare Spiritum.

LESSON XL

Vocabulary

animadvertere, -verti, -versus, *to notice, to recognize*
annullare, *to annul*
arbor, f., *tree*
attentare, *to attempt*
clam, *secretly*
clandestinus, *clandestine*
cohabitare, *to live together*
consiliare, *to advise*
consiliarius, m., *counselor*
consilium, n., *advice*
corruptela, f., *corruption*
denunciatio, f., *prohibition, publication*
efficax, *efficacious*
egressio, f., *egress, departure*
flos, m., *flower*
hortari (dep.), *to exhort*
immemorabilis, *immemorial*
imperium, m., *command*
impulsio, f., *force, impulsion*
inhabilis, *incapable*
inobedientia, f., *disobedience*
malitie, *maliciously*
mansio, f., *home, house*
minoratio, f., *lessening, diminishing*
missio, f., *act of sending, emission*
palam, *openly, publicly*
perpendere, -pendi, -pensus, *to weigh, to consider*

punire, -ivi, -itus, *to punish*
radius, m., *ray*
robur, n., *strength, effect, force*
sponsus, m., *betrothed*
suspendere, -pendi, -pensus, *to suspend*
vestigium, n., *footstep*

Idioms

1. in posterum, *in the future*
2. non obstante, *notwithstanding*
3. tamdiu . . . quamdiu, *till such time as, until*
4. robur habere, *to take effect*
5. ex illo, *since then*
6. illud quidem . . . sed autem, *to be sure . . . but still*
7. pridie quam, *the day before*

Grammar

1. **A clause in the subjunctive** with or without **ut** follows **quam** after a comparative.

Hi viri veteriores sunt quam ut ad munus eligantur. *These men are too old to be elected to office.*

Injurias patiebatur potius quam clam ageret. *He endured persecution rather than act secretly.*

2. **Tantum abest,** *it is so far from* (being the case), takes two clauses in the subjunctive, each introduced by **ut;** one is the real subject of **abest,** the other depends on **tantum.**

Tantum abest ut superbus sit ut semetipsum defendere nolit. *He is so far from being proud that he is unwilling to defend himself.*

3. **Pridie quam,** *the day before,* governs the subjunctive.

Pridie quam errorem animadverterent, denunciatio jam facta erat. *The day before they noticed their mistake, the publication had already been made.*

1. Amici nostri meliores fuerint quam ut aetate vetusta negligantur.
2. Tantum abest ut scopum suum attingant, ut eis vanum sit ulterius procedere. 3. Ex illo existimavimus periculum majus esse quam ut militia in territorio hoc retineatur. 4. Tantum abest ut tamdiu exspectet quamdiu lucrum justum facere possit, ut oleum ex olivis statim vendere velit. 5. Tantum abest ut clerici tuti sint in illa terra impudica, ut omnes in dies mortem infamem exspectent. 6. Sacerdos nomina sponsorum descripserat, pridie quam parochus novus adveniret. 7. Tantum abest ut rei malitiose puniti sint, ut aeque atque benigne a custodibus acti sint. 8. Tantum abest ut tacitus sit, ut per triginta annos falsis eorum tutoribus carcerem minetur. 9. Ille quidem aliquod pauperibus dederat, pridie quam episcopus adveniret, sed autem multo magis sibi servaverat. 10. Illud quidem pactum peculiare erat, sed autem perficere posset id quod polliceretur, si vehementius niteretur. 11. Legibus tyrannicis se subjecerunt potius quam domos suas perderent. 12. Pridie quam chirurgus baptizaretur, uxor sua quoque convertebatur. 13. Tantum abest ut virgines istae stultae sint, ut sapientiam praestantem exhibuerint. 14. Tantum abest ut liberi simus, ut omnes nostrum servi ex nativitate usque ad mortem simus. 15. Ex illo, pueri imprudentiores sunt quam ut magistra eis fidat.

1. Tametsi dubitandum non est, clandestina matrimonia, libero contrahentium consensu facta, rata et vera esse matrimonia, quamdiu ecclesia ea irrita non fecit, et proinde jure damnandi sunt illi, ut eos sancta synodus anathemate damnat, qui ea vera ac rata esse negant, quique falso affirmant, matrimonia a filiis familias sine consensu parentum contracta irrita esse, et parentes ea rata vel irrita facere posse: nihilominus sancta Dei ecclesia ex justissimis causis illa semper detestata est atque prohibuit. Verum, cum sancta synodus animadvertat, prohibitiones illas propter hominum inobedientiam jam non prodesse, et gravia peccata perpendat, quae ex eisdem clandestinis conjugiis

ortum habent, praesertim vero eorum, qui in statu damnationis permanent, dum priore uxore, cum qua clam contraxerant, relicta cum
alia palam contrahunt, et cum ea in perpetuo adulterio vivunt; cui
malo cum ab ecclesia, quae de occultis non judicat, succurri non possit,
nisi efficacius aliquod remedium adhibeatur, idcirco sacri Lateranensis
concilii sub Innocentio III celebrati vestigiis inhaerendo praecipit, ut
in posterum, antequam matrimonium contrahatur, ter a proprio contrahentium parocho tribus continuis diebus festivis in ecclesia inter
missarum solemnia publice denuncietur, inter quos matrimonium sit
contrahendum; quibus denunciationibus factis, si nullum legitimum
opponatur impedimentum, ad celebrationem matrimonii in facie
ecclesiae procedatur, ubi parochus, viro et muliere interrogatis, et
eorum mutuo consensu intellecto, vel dicat: *Ego vos in matrimonium
conjungo in nomine Patris et Filii et Spiritus Sancti,* vel aliis utatur
verbis, juxta receptum uniuscujusque provinciae ritum.

Quod si probabilis fuerit suspicio, matrimonium malitiose impediri
posse, si tot praecesserint denunciationes, tunc vel una tantum denunciatio fiat, vel saltem parocho et duobus vel tribus testibus praesen-
tibus matrimonium celebretur. Deinde ante illius consummationem
denunciationes in ecclesia fiant, ut, si aliqua subsunt impedimenta,
facilius detegantur, nisi ordinarius ipse expedire judicaverit, ut prae-
dictae denunciationes remittantur, quod illius prudentiae et judicio
sancta synodus relinquit. Qui aliter, quam praesente parocho vel alio
sacerdote, de ipsius parochi seu ordinarii licentia, et duobus vel tribus
testibus matrimonium contrahere attentabunt, eos sancta synodus ad
sic contrahendum omnino inhabiles reddit, et hujusmodi contractus
irritos et nullos esse decernit, prout eos praesenti decreto irritos facit
et annullat. Insuper parochum vel alium sacerdotem, qui cum minore
testium numero, et testes, qui sine parocho vel sacerdote hujusmodi
contractui interfuerint, necnon ipsos contrahentes graviter arbitrio
ordinarii puniri praecipit. Praeterea eadem sancta synodus hortatur,
ut conjuges ante benedictionem sacerdotalem, in templo suscipiendam,
in eadem domo non cohabitent, statuitque benedictionem a proprio
parocho fieri, neque a quoquam, nisi ab ipso parocho vel ab ordinario

licentiam ad praedictam benedictionem faciendam alii sacerdoti concedi posse, quacumque consuetudine, etiam immemorabili, quae potius corruptela dicenda est, vel privilegio non obstante. Quod si quis parochus vel alius sacerdos, sive regularis sive saecularis sit, etiamsi id sibi ex privilegio vel immemorabili consuetudine licere contendat, alterius parochiae sponsos sine illorum parochi licentia matrimonio conjungere aut benedicere ausus fuerit, ipso jure tamdiu suspensus maneat, quamdiu ab ordinario ejus parochi, qui matrimonio interesse debebat seu a quo benedictio suscipienda erat, absolvatur. Habeat parochus librum, in quo conjugum et testium nomina, diemque et locum contracti matrimonii describat, quem diligenter apud se custodiat.

Postremo sancta synodus conjuges hortatur, ut antequam contrahant, vel saltem triduo ante matrimonii consummationem, sua peccata diligenter confiteantur, et ad sanctissimum Eucharistiae sacramentum pie accedant. Si quae provinciae aliis ultra praedictas laudabilibus consuetudinibus et caeremoniis hac in re utuntur, eas omnino retineri sancta synodus vehementer optat. Ne vero haec tam salubria praecepta quemquam lateant, ordinariis omnibus praecipit, ut, quam primum potuerint, curent hoc decretum populo publicari ac explicari in singulis suarum dioecesum parochialibus ecclesiis, idque in primo anno quam saepissime fiat, deinde vero quoties expedire viderint. Decernit insuper, ut hujusmodi decretum in unaquaque parochia suum robur post triginta dies habere incipiat, a die primae publicationis in eadem parochia factae numerandos.

2. Quum duae sint missionum species in Deo, scilicet missio invisibilis, et missio visibilis, dicemus: a) de missionibus in genere, b) de missione invisibili, c) de missione visibili. Missio in genere est motio vel egressio alicujus entis ab alio cum destinatione ad aliquem terminum. Triplex distinguitur: a) *physica* quae fit per physicam impulsionem, v. g. lapis missus a brachio; b) *moralis,* quae fit per impulsionem moralem sive per imperium, sive per consilium; sic v. g. servus mittitur a domino per imperium; rex mittitur a consiliariis per consilium; c) *substantialis,* quae fit per quamdam *originem,* seu

emanationem ex ipsa substantia mittentis, sic flos emittitur ab arbore, radius a sole. Missiones divinae sunt missiones substantiales, sine defectibus tamen quae in creaturis inveniuntur; in humanis "missio importat minorationem in eo qui mittitur, secundum quod importat processionem a principio mittente aut secundum imperium aut secundum consilium, quia imperans est major, et consilians est sapientior. In divinis non importat nisi processionem originis, quae est secundum aequalitatem." Missio in divinis est processio unius personae ab alia, cum destinatione ad aliquem temporalem effectum, seu cum novo existendi modo. Dicitur a) processio unius personae ab alia, vel a duabus aliis, nam missio importat influxum realem personae mittentis in personam missam; atqui, in Deo, nullus est influxus unius personae in alteram nisi per processionem; ergo missio supponit processionem. b) Cum destinatione etc.; missio enim supponit destinationem ad aliquem terminum, seu ad aliquid novum faciendum, et quum in Deo nihil novi sit faciendum, destinatio illa est ad aliquem temporalem effectum. c) Cum novo *existendi modo;* temporalis ille effectus non potest consistere in mutatione loci, quum divinae personae jam sint ubique, neque in productione alicujus substantiae, nam talis productio communis est tribus personis et opus naturae divinae; consistit igitur in eo quod persona missa *novo modo existat* in creaturis, vel per manifestationem praesentiae, vel per specialem conjunctionem cum creatura; sic v. g. missio Filii per Incarnationem consistit in eo quod Verbum Divinum, quod jam antea erat super terram, *novo modo* incoepit esse in aliqua parte terrae, sese *hypostatice uniendo humanae naturae.* Pater mitti nequit. Non enim legitur in Scriptura quod mittatur, sed solum quod veniat ad nos: "Ad eum *veniemus* et mansionem apud eum faciemus." Jamvero magnum discrimen est inter *venire* et *mitti:* Pater ad nos venire potest, aliquem effectum gratiae producendo; at *mitti* non intelligitur ex dictis nisi ea persona quae ab altera procedit. Hinc S. Augustinus ait: "Solus Pater legitur non missus: quia solus non habet auctorem, de quo sit genitus, vel a quo procedat." Cujus rationem sic reddit S. Thomas: "In omni missione oportet quod ponatur aliqua auctoritas alicujus ad ipsum missum. In divinis autem personis non est auctoritas nisi secundum originem. Et ideo nulli personae divinae convenit mitti nisi ei quae est (i.e. procedit) ab alio, respectu cujus potest in alio designari auctoritas, et ideo Spiritus S. et Filius dicuntur mitti, et non Pater vel Trinitas ipsa."

VOCABULARY

A

a, ab, from, by; **ab hac parte,** on this side

abbas, *m.,* abbot

abesse, -fui, to be absent; **absit,** far from it, God forbid

abjicere, -jeci, -jectus, to degrade, to debase

abluere, -lui, -lutus, to wash, to cleanse

ablutio, *f.,* ablution, washing, pouring on

abortivus, abortive, prematurely born

abrogare, to revoke, to abrogate

absens, absent

absentia, *f.,* absence

absolute, absolutely, fully, completely

absolutio, *f.,* absolution

absolutus, absolute, complete

absolvere, -solvi, -solutus, to absolve

absorbere (2), -ui, to absorb

absque, without, except

abstergere (2), -tersi, -tersus, to wipe away

abstinere (2), -tinui, -tentus, to abstain, to refrain

abstractio, *f.,* detachment, removal

ac, and; **aeque —,** as well as; **haud minus —,** just as

accedere, -cessi, -cessus, to accede, to approve

accendere, -cendi, -census, to kindle

accensere (2), -censui, -censitus, to reckon, to number

acceptabilis, acceptable

acceptus, agreeable, welcome, worthy

accessus, *m.,* access

accidens, *n.,* accident

accidentalis, accidental

accidere, -cidi, to happen, to take place

accipere, -cepi, -ceptus, to receive, to take, to accept

acclinis, leaning, bowing

accurate, accurately

accuratius, more accurately

acquisitus, acquired

actio, *f.,* action

activitas, *f.,* activity

actu, abl. of **actus;** actually, in reality

actualis, actual

actualitas, *f.,* reality, existence

actus, *m.,* act

ad, to, unto, at, toward, against, near; **— diem,** on the day; **— extra,** external, outward, outwardly; **— extremum,** finally; **— hoc,** besides; **— hunc modum,** in this way; **— id quod,** besides that; **— postremum,** lastly; **quem — modum,** as, how; **— summum,** on the whole, in general, at the most; **— tempus,** at the time, in time; **— ultimum,** to the last degree, utterly; **usque —,** up to, as far as; **— verbum,** literally, word for word

Adae, gen. of **Adam,** *m.,* Adam

adaequare, to be equal to, to be adequate

adaequatus, adequate

Adamus, *m.,* Adam

addere, -didi, -ditus, to add

addicere, -dixi, -dictus, to doom to, to adjudge

additio, *f.,* addition

adducere, -duxi, -ductus, to bring, to adduce

adeo, even

adequate, adequately

adesse, -fui, to attend, to be present, to be mindful

adhaerere (2), -haesi, -haesus, to adhere, to cleave to

adhibere (2), to apply, to employ

adhuc, yet, still, now, as

adipisci (dep. 3), adeptus, to reach, to obtain, to achieve

aditus, m., approach, access, gate

adjicere, -jeci, -jectus, to add

adjunctio, f., limitation, restriction

adjunctum, n., addition, accessory circumstance

adjungere, -junxi, -junctus, to add, to attach

adjutorium, n., help

adjuvare, -juvi, -jutus, to aid

administrare, to administer

administratio, f., administering

admiscere (2), -miscui, -mixtus, to mix

admittere, -misi, -missus, to admit, to join

admodum, very, exceedingly, quite; annos — octo, fully eight years; nihil —, nothing at all; nullus —, none at all; nuper —, very recently

admonere (2), -monui, -monitus, to warn, to admonish

adnexus (annexus), connected

adnotatio, f., comment, annotation

adolescentia, f., adolescence

adolescere, -levi, to grow up

adorare, to adore, to worship, to bow down before

adoratio, f., adoration

adorator, m., adorer

adscribere, -scripsi, -scriptus, to enroll

adscriptus, approved

adstare, to be present, to attend

adstringere, -strinxi, -strictus, to bind

adultus, m., adult

adunare, to unite

advenire (4), -veni, -ventus, to come

adventus, m., coming, arrival

adversari (dep. 1), to be opposed

adversarius, m., adversary, opponent

advertentia, f., knowledge, warning

aedificare, to build

aegre, with hardship

aequalitas, f., equality, sameness

aequaliter, equally

aeque, equally; — ac, as well as

aequus, right, equal; ex aequo, justly, on a par

aër, m., air

aestas, f., summer

aestimare, to esteem, to consider

aestimator, m., one who esteems

aestus, m., heat

aetas, f., age

aeternaliter, eternally

aeternus, everlasting, eternal; in aeternum, forever

affectatus, voluntary

affectus, m., affection

affinis, allied, related

affinitas, f., affinity

affirmare, to affirm

affirmatio, f., affirmation

affligere, -flixi, -flictus, to mortify, to punish

agens, m., doer, actor, agent

agere, egi, actus, to do, to act, to deal, to put in motion; dies festos —, to spend holy days; gratias —, to give thanks; quartum annum agit, he is four years old; se —, to behave; agitur, it is a question of

aggregare, to add to, to join with

agnoscere, -novi, -notus, to acknowledge

agnus, m., lamb

ait, he speaks, he says

albus, white
alere, alui, alitus, to nourish
alias, otherwise
alibi, elsewhere
alioqui, in other respects, otherwise
alioquin, otherwise
aliquando, formerly
aliqui, some, any; aliqua ex parte, in some respect
aliquid, to some extent, somewhat
aliquis, some one, somebody
aliter, otherwise; — atque, otherwise than
aliunde, hence
alius, other; nihil aliud, nothing else
aliquomodo, somehow, in some manner
alloqui (dep. 3), -locutus, to address
almus, august, benign
altare, n., altar
alter, the other; nullus —, no other; — ... —, the one the other
alterare, to change
alteratio, f., change, alteration
alteruter, one or the other
altus, high, deep
amabilis, loveable
amare, to love
amarus, bitter
amator, m., lover
ambulare, to walk
amens, insane, idiot
amicus, m., friend
amittere, -misi, -missus, to lose
amodo, from henceforth
amor, m., love
amplius, yet more
anathema, n., anathema
anathematismus, m., anathema
angelicus, angelic
angelus, m., angel
anima, f., soul, life
animadvertere, -verti, -versus, to notice, to recognize

animal, n., animal
animus, m., heart, mind, spirit; est ei in animo, he has in mind, he intends
anniversarius, anniversary
annuere, -nui, to assent, to grant
annullare, to annul
annulus, m., ring
annumerare, to number
annuntiare, to announce, to declare, to show forth, to relate
annus, m., year; annos admodum octo, fully eight years; multis post annis, after many years; quartum annum agit, he is four years old
annuus, annual, yearly, year by year
ante, before, ago
antea, before
anteponere, -posui, -positus, to place before, to prefer
antequam, before
antidotum, n., antidote
antimensium, n. (in the Eastern Church, a consecrated cloth used in place of an altar; or sometimes in the Syrian Church, a slab of wood so used)
antiquatus, archaic, outdated
antiquissimus, very ancient
antiquus, ancient
antistes, m., bishop
aperire (4), -perui, -pertus, to open
aperte, openly
apertissimus, most open, most plain
apertius, more openly, more plainly
apostasia, f., apostasy
apostolicus, apostolic
apostolus, m., apostle
apparere (2), to appear
appellare, to call
appetere, -ivi or -ii, -itus, to long for, to desire
appetitivus, having appetite or desire for

appetitus, *m.*, appetite
appicare, -avi or -ui, -atus, to apply
apprime, especially
appropriatio, *f.*, appropriation
aptissime, most aptly
aptitudo, *f.*, aptitude
aptus, fit, suited to, correct
apud, to, with, in the presence of, among, at the house of
aqua, *f.*, water
arbitrium, *n.*, judgment, will
arbor, *f.*, tree
arcanus, secret, sacred
arcere (2), -cui, to prevent, to exclude
archangelus, *m.*, archangel
arctissimus, closest, very tight
argentum, *n.*, silver
argumentum, *n.*, argument
ars, *f.*, art
articulus, *m.*, article, point, moment
artifex, *m.*, artificer, maker, author
artificialis, artificial, man-made
ascendere, -cendi, -census, to ascend
ascensio, *f.*, ascension
ascribere, -scripsi, -scriptus, to ascribe, to apply, to attribute
aspergere, -spersi, -spersus, to sprinkle
aspersio, *f.*, sprinkling
aspicere, -spexi, -spectus, to look toward
assentire (4), to assent
assequi (dep. 3), assecutus, to obtain
asservare, to preserve, to guard, to protect
assidere (2), -sedi, -sessus, to sit, to be seated
assistentia, *f.*, assistance, presence
assistere, -stiti, to attend
assuetudo, *f.*, custom, habit
assumere, -sumpsi, -sumptus, to take at, but
atque, and, and in addition; aliter —, otherwise than
atqui, however, but nevertheless

attamen, nevertheless
attentare, to attempt
attentus, attentive
attenuare, to weaken, to diminish
attingere, -tigi, -tactus, to arrive at, to attain
attribuere, -ui, -utus, to attribute, to bestow, to grant
atvero, however
auctor, *m.*, author
auctoritas, *f.*, authority
audere (semidep. 2), ausus, to dare, to risk, to make bold
audire (4), to hear
auditio, *f.*, hearing
auditus, *m.*, hearing
auferre, abstuli, ablatus, to take away
augere (2), auxi, auctus, to increase, to augment
augmentum, *n.*, increase
aurichalcum, *n.*, brass
auris, *f.*, ear
aurora, *f.*, dawn
aurum, *n.*, gold
autem, however, whereupon, but, and also, and; illud quidem . . . sed —, to be sure . . . but still; contra —, but on the other hand
authenticus, authentic
auxilium, *n.*, help, assistance
aversio, *f.*, aversion
avertere, -verti, -versus, to turn away
avia, *f.*, grandmother
avus, *m.*, grandfather
azymus, unleavened

B

baculus, *m.*, staff
baptisma, *n.*, baptism
baptismalis, baptismal
baptismus, *m.*, baptism
baptisterium, *n.*, baptistery
baptizare, to baptize

beatitudo, *f.*, happiness, blessedness

beatus, blessed, happy

bene, well

benedicere, -dixi, -dictus, to bless

benedictio, *f.*, benediction

benedictus, blessed

benefactor, *m.*, benefactor

beneficium, *f.*, benefice

benigne, favorably

benignus, favorable, merciful, good, benign, loving

bibere, bibi, bibitus, to drink

blandiri (dep. 4), to flatter

bonitas, *f.*, goodness

bonus, good; bona, *n. pl.*, goods; in bonum, for good

brachium, *n.*, arm

bravium, *n.*, prize

brevis, short

brutus, brute, irrational

C

cadere, cecidi, cassus, to fall, to fall down, to beat

caelestis, heavenly

caelum (coelum), *n.*, heaven, sky

caeremonia, *f.*, ceremony

calamitas, *f.*, calamity, disaster, distress

calamitosus, calamitous

calculus, *m.*, coal

calefacere, -feci, -factus, to heat

calefactio, *f.*, heat, heating

calidus, hot

calix, *m.*, chalice

calor, *m.*, heat

canere, cecini, cantus, to sing, to blow

canon, *f.*, canon (ecclesiastical rule or edict)

capax, capable

capere (io), cepi, captus, to receive, to obtain, to contain, to take, to understand

caput, *n.*, head, chapter

carcer, *m.*, jail

cardinalis, cardinal, principal, chief

carentia, *f.*, lack

carere (2), to lack, to be devoid of

caritas, *f.*, charity

caro, *f.*, flesh, meat

carpentarius, *m.*, carpenter

castigare, to punish

cassus, vain

casus, *m.*, case

catechesis, *f.*, oral instruction

catechismus, *m.*, catechism

cathedralis, cathedral

catholicus, catholic

causa, *f.*, cause, means, matter; alia de causa, for another reason; multis de causis, for many reasons; qua de causa, for which reason

causare, to cause

cautum, *n.*, concern

cavere (2), cavi, cautus, to beware

cedere, cessi, cessus, to yield, to grant, to allow

celebrare, to celebrate

celebratio, *f.*, celebration

celebritas, *f.*, solemnity

censere (2), censui, census, to reckon, to count

centrum, *n.*, center

cernere, crevi, cretus, to discern

certamen, *n.*, strife

certitudo, *f.*, certainty

certo, certainly

certus, certain; certiorem reddere, to inform

cessare, to cease

ceterus, other; et cetera, and so forth; de cetero, as for the rest

character, *m.*, character, spiritual mark, sign

cherub, *m.*, cherub

chirurgus, *m.*, surgeon

chorus, *m.*, choir

chrisma, *n.*, chrism, consecrated oil
christianus, Christian
Christus, *m.*, Christ
cibus, *m.*, food
cinis, *m.*, ashes, embers
circa, about, in respect to
circiter, about
circulus, *m.*, circle
circumdare, -dedi, -datus, to encompass, to surround
circumferre, -tuli, -latus, to bear or carry around
circumgestare, to carry around
circumincessio, *f.*, coexistence
circumstantia, *f.*, circumstance
circumstare, -steti, to be present, to stand around
cithara, *f.*, harp
citius, sooner, earlier, before
civilis, civil
clam, secretly
clamare, to cry out, to proclaim
clamor, *m.*, cry, shout
clandestinus, clandestine
clarificare, to glorify
claritas, *f.*, light, clarity
classicus, classic
claudere, clausi, clausus, to close
clavis, *f.*, key
clemens, merciful
clementer, mercifully, graciously
clementia, *f.*, clemency, mercy
clericus, *m.*, clerk, cleric, clergyman
coactio, *f.*, compulsion
coadunare, to unite
coaequalis, coequal
coarctare, to confine
coelibatus, *m.*, celibacy
coena, *f.*, supper
coenare, to sup, to dine
coextendere, -tendi, -tensus or -tentus, to have the same extension
cogere, coegi, coactus, to lead, to bring, to assemble, to compel

cogitare, to think
cogitatio, *f.*, thought
cognatio, *f.*, relationship
cognitio, *f.*, knowledge, idea
cognoscere, -novi, -nitus, to know
cognoscitivus, cognizant, aware
cohabitare, to live together
cohabitatio, *f.*, cohabitation
cohortari (dep. 1), to encourage, to exhort
colere, colui, cultus, to worship
collatio, *f.*, gathering, conferring
collatus, *m.*, conferring, compared
colligere, -legi, -lectus, to assemble, to collect
color, *m.*, color
coloratus, colored
columba, *f.*, dove
columna, *f.*, pillar
comedere, -edi, -esus, to eat
comestio, *f.*, eating
comitari (dep. 1), to attend, to accompany
comitatus, *m.*, company
commemorare, to commemorate
commemoratio, *f.*, commemoration
commendare, to commend
commendatitius, of recommendation or introduction
commentum, *n.*, falsehood
committere, -misi, -missus, to bring together, to unite
commixtio, *f.*, mingling
commode, conveniently
commoditas, *f.*, convenience
commonere (2), -monui, -monitus, to warn, to admonish
commorari (dep. 1), to stay, to tarry
commotio, *f.*, stirring, movement, agitation
communicare, to communicate, to receive in communion
communio, *f.*, communion
communis, common

communiter, commonly

comparare, to prepare, to furnish, to obtain, to compare

compati (dep. 3, io), -passus, to suffer

competenter, fitly

competere, -ivi, -itus, to be capable of, to fit, to belong to

complecti (dep. 3), -plexus, to embrace

complere, -plevi, -pletus, to complete, to fulfill

completus, complete

complures, several

componere, -posui, -positus, to compose

compos, sane, sound

compositio, f., composition

comprehendere, -hendi, -hensus, to comprehend, to obtain, to apprehend, to take

comprehensio, f., comprehensiveness

comprobare, to prove, to establish

computare, to number

conari (dep. 1), to try

concedere, -cessi, -cessus, to grant

concelebrare, to celebrate together

conceptus, m., concept

concilium, n., council

concionator, m., preacher

concipere, -cepi, -ceptus, to conceive

concomitantia, f., concomitance

concupiscentia, f., concupiscence

concurrere, -curri, -cursus, to concur, to agree

condemnatio, f., condemnation

condemnatorius, condemnatory

condere, -didi, -ditus, to create, to found

conditio, f., condition, nature; sub conditione, conditionally

conditionatus, conditional

conditor, m., founder, creator

condonare, to condone, to pardon

conducere, -duxi, -ductus, to lead

conferre, -tuli, collatus, to accompany, to grant, to confer, to ponder, to gain

confessarius, m., confessor

confessio, f., confession, praise

confessor, m., confessor

confestim, immediately

conficere, -feci, -fectus, to confer, to make

confirmare, to confirm, to strengthen, to ratify

confirmatio, f., confirmation

confiteri (dep. 2), -fessus, to confess, to praise, to give thanks or glory

conformare, to conform

conformis, conformable, in conformance with

conformitas, f., conformity

confortare, to strengthen

confugere (io), -fugi, to flee

confundere, -fudi, -fusus, to confound

conglorificare, to glorify

congregare, to gather, to gather together

congregatio, f., company, congregation

congruere, -grui, to fit, to conform to

congruus, proper, suitable

conjugalis, conjugal, married

conjunctio, f., union, whole, conjunction

conjunctus, connected, united with; (as noun), kinsman, relative

conjungere, -junxi, -junctus, to join, to have affinity with

conjux, m. and f., husband, wife, spouse

commixtio, f., mingling

complexio, f., combination

concludere, -clusi, -clusus, to conclude

connaturaliter, in a natural way

connexio, f., connection, relation

connubium, n., marriage

connumerare, to number amongst

consanguinitas, *f.*, consanguinity

conscientia, *f.*, conscience

conscius, conscious, aware

consecrare, to consecrate

consecratio, *f.*, consecration

consecratus, consecrated

consecutio, *f.*, attainment

consensus, *m.*, consent

consentaneus, suited, proper

consentire (4), to consent, to be in agreement

consequentia, *f.*, consequence

consequi (dep. 3), -secutus, to obtain, to follow

conserere, -serui, -sertus, to connect

conservare, to preserve

conservatio, *f.*, preservation

conservator, *m.*, preserver

considerare, to consider

consideratio, *f.*, consideration

consiliare, to advise

consiliarius, *m.*, counselor

consilium, n., advice

consistere, -stiti, -stitus, to consist

consolari (dep. 1), to comfort

consors, having a common lot, partaking

consortium, n., consort, company

conspectus, *m.*, sight, presence

constantissime, most firmly

constare, -stiti, -status, to consist

constituere, -ui, -utus, to constitute, to decree, to appoint, to set, to ordain

constitutivus, constituent

constringere, -strinxi, -strictus, to constrain

construere, -uxi, -uctus, to construct

consubstantialis, consubstantial

consubstantialitas, *f.*, consubstantiality, state of being one and the same essence

consuetudo, *f.*, custom

consuetus, accustomed

consulere, -ui, -tus, to consult

contagio, *f.*, contagion

contemnere, -tempsi, -temptus, to despise

contemplatio, *f.*, contemplation

contendere, -tendi, -tentus, to contend

contentiosus, contentious

contextus, *m.*, context

continere (2), -tinui, -tentus, to contain

contingere, -tigi, -tactus, to touch, to extend to

continuus, continuous, constant

contra, against, before; e —, on the contrary, over against, opposite; — autem, but on the other hand; — haec, in answer to this; haec —, this in reply; quod —, whereas on the other hand

contractus, *m.*, contract, bargain

contradicere, -dixi, -dictus, to contradict

contrahere, -traxi, -tractus, to contract

contrarietas, *f.*, opposite

contrarium, *n.*, opposite

contribulatus, troubled

contristare, to sadden, to afflict, to trouble

contritus, contrite

conturbare, to disquiet, to disturb, to trouble

convalescere, -valui, to regain health or strength

convellere, -velli, -vulsus, to pluck or tear up

convenientia, *f.*, agreement

convenire (4), -veni, -ventus, to agree

conventio, *f.*, agreement

conventualis, conventual, of a convent

conversatio, *f.*, intercourse, conversation

conversio, *f.*, conversion, change

conversus, turned, converse; e converso, conversely, on the contrary convertere, -verti, -versus, to convert, to change

cooperare, to cooperate

copia, *f.*, quantity, amount, plenty

copiosus, plentiful

copulare, to unite

cor, *n.*, heart

coram, in the presence of, before, face to face

cornu, *n.*, horn

corollarium, *n.*, corollary

coronare, to crown

corporalis, corporal, corporeal, bodily

corporeus, bodily, corporeal

corpus, *n.*, body, carcass

corruptela, *f.*, corruption

corruptibilis, corruptible

corruptus, corrupt, spoiled

cras, tomorrow

creare, to create

creatio, *f.*, creation

creator, *m.*, creator

creatrix, creative

creatura, *f.*, creature

credere, -didi, -ditus, to believe, to trust

cremare, to burn

criminosus, criminal

crucifixus, crucified

crudelis, cruel

crux, *f.*, cross

cubiculum, *n.*, bedroom

culpa, *f.*, fault, guilt, blame, sin

cultor, *m.*, professor, server, worshiper

cultus, *m.*, worship

cum, with, when, while, whereas, although, since; una —, together with, conjointly with

cumulativus, accruing

cunctus, all

cupire (4), to wish

cur, why

cura, *f.*, care

custodia, *f.*, watch, custody

custodire (4), to protect, to preserve, to keep, to guard, to watch over

custos, *m.* and *f.*, guard, keeper

D

damnare, to condemn

damnatio, *f.*, damnation, condemnation

dare, dedi, datus, to give, to grant, to yield; operam —, to take pains

de, from, out of, concerning, against, by; de cetero, as for the rest; multis de causis, for many reasons; qua de causa, for which reason; de industria, on purpose

dealbare, to make white

debere (2), owe, ought, must, due

debilitare, to weaken

debitor, *m.*, debtor

debitus, *m.*, due

debitum, *n.*, trespass, debt

decedere, -cessi, -cessus, to depart, to die

decens, decent, suitable, proper

decernere, -crevi, -cretus, to decree

decet, it is becoming

declarare, to make clear, to show, to demonstrate

declaratorius, declaratory

declinare, to incline, to go aside, to turn away

decor, *m.*, beauty

decorare, to adorn, to honor

decretum, *n.*, decree

deducere, -duxi, -ductus, to lead, to conduct

deesse, -fui, to be lacking

defendere, -fendi, -fensus, to defend

deferre, -tuli, -latus, to submit

deficere, -feci, -fectus, to fail, to forsake, to depart from, to be wanting

definire, to define

definitio, *f.*, definition

defluere, -fluxi, -fluxus, to flow or proceed from

defunctus, dead

degradatus, deprived of office or dignity

deinde, then, finally

Deitas, *f.,* Deity, godhead, divinity

delectare, to delight

delectatio, *f.,* delight

delegatus, *m.,* delegate

delere (2), **-evi, -etus,** to blot out, to wash away, to destroy

deliberatus, deliberate

delictum, *n.,* crime, sin

delinquere, -liqui, -lictus, to transgress

demeritum, *n.,* defect, demerit

demonstrare, to demonstrate, to prove

denique, at length, lastly

denunciatio, *f.,* prohibition, publication

denuo, once more, again

dependere (2), to depend

depositio, *f.,* burial

depositus, divested

deprecari (dep. 1), to beseech

deprecatio, *f.,* prayer, supplication

deprehendere, -prehendi, -prehensus, to find

deputare, to appoint, to depute

derogari (dep. 1), to detract from, to derogate

descendere, -scendi, -scensus, to come down, to descend

describere, -scripsi, -scriptus, to describe, to record

deserere, -serui, -sertus, to desert, to forsake

desiderare, to desire

desiderium, *n.,* desire

designare, to designate

desperatio, *f.,* desperation, despair

despicere (io), **-pexi, -pectus,** to despise

destinare, to destine

destinatio, *f.,* destination

destruere, -struxi, -structus, to destroy

desumere, -sumpsi, to choose, to select

detegere, -texi, -tectus, to uncover, to detect

detestari (dep. 1), to detest

determinare, to determine

determinatio, *f.,* determination

determinatus, definite, determined

detorquere (2), **-torsi, -tortus** or **-torsus,** to twist

detrahere, -traxi, -tractus, to detract

detrimentum, *n.,* detriment

Deus, *m.,* God

deviare, to deviate, to depart from

devotio, *f.,* devotion

devotus, devout

dexter, right

diaconus, *m.,* deacon

diametro; e —, diametrically

dicere, dixi, dictus, to say, to tell, to call, to mean

dicitur, it is called, it is said to be

dictum, *n.,* word

dies, *m.* and *f.,* day; **de die in diem,** from day to day; **in dies,** daily; **ad diem,** on the day; **dies festos agere,** to spend holy days

differentia, *f.,* difference, differential

differe, distuli, dilatus, to differ

difficilis, difficult

difficultas, *f.,* difficulty

difficulter, with difficulty

difformitas, *f.,* lack of conformity, disagreement

diffundere, -fudi, -fusus, to spread

digitus, *m.,* finger

dignari (dep. 1), to vouchsafe, to grant

digne, worthily, rightly

dignitas, *f.,* worth, merit

dignus, worthy, becoming, deserved

diligenter, carefully

diligentia, *f.,* diligence

diligere, -lexi, -lectus, to love

dilucidus, lucid, sane

dimanare, to emanate, to flow from

dimittere, -misi, -missus, to forgive, to dismiss, to put or send away, to dissolve, to leave, to let down

dioecesis, f., diocese

directe, directly

directus, direct; in directo, in the direct way

dirigere, -rexi, -rectus, to direct

dirimere, -emi, -emptus, to dissolve

discedere, -cessi, -cessus, to depart, to swerve from, to leave

discere, didici, to learn

discernere, -crevi, -cretus, to distinguish, to discern

discipulus, m., disciple

discretio, f., separation, discretion

discrimen, n., hazard, risk

discriminare, to distinguish

discussio, f., dispersal

discutere, -cussi, -cussus, to disperse

diserte, distinctly, clearly, expressly

disertus, fluent, clear

dispar, unlike, different

dispensare, to dispense

disponere, -posui, -positus, to dispose, to order

dispositio, f., disposition, providence

disputare, to dispute, to argue

dissentire (4), -sensi, -sensus, to disagree, to dissent, to refuse to give assent

disserere, -serui, -sertus, to discourse

dissolvere, -solvi, -solutus, to dissolve

distantia, f., distance

distincte, clearly, plainly, distinctly

distinctio, f., distinction

distinguere, -stinxi, -stinctus, to distinguish

diu, long, for a long time; quam —, as long as; jam —, for a long time

diversificare, to be different, to vary

diversitas, f., difference, diversity

diversus, different

dividere, -visi, -visus, to divide

divinitas, f., divinity

divinitus, divinely

divinus, divine

divisibilis, divisible, separate

divisio, f., division

divitiae, f. pl., riches

divus, m., saint

docere, (2), docui, doctus, to teach

documentum, n., document

dolere (2), dolui, dolitus, to suffer

dolosus, deceitful

domina, f., mistress

dominare, to dominate

dominatio, f., dominion

dominus, m., Lord, lord, master

domne (vocative), m., sir

domus, f., house

donare, to give, to grant, to forgive

donum, n., gift, present

dormire, to sleep

dormitio, f., sleep, repose

drachma, f., drachma (small Greek coin)

dubie, doubtfully

dubitare, to doubt

dubius, doubtful

ducere, duxi, ductus, to lead, to bring, to dispose, to reckon, to consider

ductus, m., leadership

dudum, not long since, just now; jam —, long, a long time

dum, while

dummodo, as long as, provided that

dumtaxat, only

duo, two

duodecim, twelve

duplex, double

dupliciter, doubly, in a double sense

durante, during

E

e, from, out of

ecce, behold

ecclesia, f., church

ecclesiasticus, ecclesiastical, pertaining to the church

econtra, on the other hand

edere, -didi, -ditus, to bring forth, to deliver

ediscere, -didici, to learn

edocere (2), -docui, -doctus, to instruct

educatio, f., training

educere, -duxi, -ductus, to take away, to bring forth

effective, efficaciously

effectus, m., effect

efficax, efficacious

efficere (io), -feci, -fectus, to make, to bring about

effluere, -fluxi, to flow out or away

efformare, to form, to shape

effulgere (2), -fulsi, -fulsus, to shine upon

effundere, -fudi, -fusus, to shed, to pour out

e.g. (abbrev. for exempli gratia), for example

ego, I

egredi (dep. 3), -gressus, to come out, to go out, to go forth

egressio, f., egress, departure

egressus, m., departure

ejicere (io), -jeci, -jectus, to cast out, to bring forth

ejusmodi, of this sort; et ejusmodi, and the like

electio, f., election, choice

electus, m., elect

eleemosyna, f., alms

elementaris, elementary

elementum, n., element

elevare, to elevate, to lift up

elevatio, f., elevation, lifting

elicere, -licui, -licitus, to elicit, to call forth

eligere, -legi, -lectus, to elect, to choose

eloquentia, f., eloquence, oratory

elucere (2), -luxi, to shine forth, to be apparent

elucescere, to shine forth, to stand out clearly

emanatio, f., emanation

emere, emi, emptus, to buy

emittere, -misi, -missus, to send out, to put forth

emollire (4), to soften, to render mild

emphaticus, emphatic

emptio, f., buying

enarrare, to tell, to relate, to show forth

energia, f., energy

enim, for

enormis, enormous

ens, n., being

entitativus, entitative, of the nature of an entity or real thing

episcopus, m., bishop

epistola, f., epistle

erga, towards

ergo, therefore, then

erigere, -rexi, -rectus, to raise up, to erect

eripere, -ripui, -reptus, to rescue, to deliver from

errare, to err

erroneus, erroneous

error, m., error

eruditus, informed, instructed

eruere, -rui, -rutus, to deliver

esse, fui, to be; est ei in animo, he has in mind, he intends

essendi, essendo, of, in being (gerund of esse used in Vulgar Latin)

essentia, f., essence

essentialis, essential

essentialiter, essentially

et, and, even, then; also; — cetera, — ceteri, and so forth; — ejusmodi, and the like; — . . . —, both . . . and

ethnicus, m., heathen

etiam, also, certainly, yea, although; quin —, yea indeed

etsi, although

Eucharistia, f., Eucharist

eucharisticus, eucharistic

evadere, -vasi, -vasus, to escape, to evade, to move, to pass, to take place

evanescere, -vanui, to vanish, to disappear

Evangelium, n., Gospel

evangelicus, of the Gospel

evidenter, evidently

evolvere, -volvi, -volutus, to develop

ex, from, out of; — aequo, justly; — eo quod, because, from the fact that; — fide, in good faith, as a matter of faith; — improviso, suddenly, on the spur of the moment; — illo, since then; — longinquo, from a distance; — opere operato (see Lesson XXXIV); — parte, in part; — professo, openly, avowedly; — usu, expedient; — toto, wholly

exagitare, to harass, to disturb

exaudire (4), to hear

excedere, -cessi, -cessus, to exceed, to excel

excellentia, f., excellence

excellere, -celui, -celsus, to excel

excelsus, high, lofty, most high, in excelsis, in the highest; in excelso, on high

exceptio, f., exception

excipere (io), -cepi, -ceptus, to receive, to except

excitare, to excite, to arouse

excludere, -clusi, -clusus, to exclude

exclusio, f., exclusion

excogitare, to devise, to invent

excommunicatus, excommunicated

excusare, to excuse

excusatio, f., excuse

exemplar, n., pattern, model, original

exemplum, n., example

exemptus, exempt, exempted

exercere (2), -cui, -citus, to exercise, to operate

exercitium, n., exercise

exercitus, m., army, host

ex. gr. or e.g. (abbrev. for exempli gratia), for example

exhibere (2), to show, to exhibit

exigere, -egi, -actus, to demand

existentia, f., existence

existere, -stiti, -stitus, to exist

existimare, to think, to deem

exorare, to beseech, to pray

expectare (exspectare), to look for, to expect, to wait for

expedire (4), to deliver, to detach, to be expedient, to expedite, to hasten

expedite, readily, promptly

expendere, -pendi, -pensus, to weigh, to ponder

experientia, f., experience

expers, devoid of, without

expiare, to cleanse, to expiate, to atone for, to do penance for

explicare, to explain

explicite, explicitly

exponere, -posui, -positus, to expound, to set forth, to explain

expresse, expressly

exsecrabilis, execrable

exsolvere, -solvi, -solutus, to loose

exstare, -stiti, to stand forth

exsultare, to rejoice, to exult, to extol

exsultatio, f., exultation, joy, gladness

exsurgere (2), to arise

extensio, f., extension, extent

exterior, external

exterminare, to destroy

externus, external

extinguere, -tinxi, -tinctus, to extinguish, to destroy

extra, outside of; ad —, external, outward, outwardly

extrahere, -traxi, -tractus, to release, to extract

extraneus, m., outsider, stranger

extremus, last; ad extremum, finally

extrinsece, extrinsically, externally

extrinsecus, outward, external

exuere, -ui, -utus, to free from, to deliver

F

facere, feci, factus, to make, to cause, to grant, to yield, to bring forth

facies, f., face, appearance, aspect; a facie, because of, from before; facie ad faciem, face to face

facile, easily

facilitas, f., means, facility, ease

factitius, factitious, artificial

factor, m., maker

factum, n., deed, act

facultas, f., faculty

falsitas, f., falseness

falsus, false

familia, f., family, household

famula, f., servant

famulus, m., servant

fas, lawful

fateri (dep. 2), fassus, to avow, to confess

favilla, f., ashes

favor, m., favor

felicitas, f., happiness, bliss

femina, f., woman

fere, almost

feria, f., day of the week; — quinta (V), Thursday

fermentatus, fermented

festivus, festive, feast

festus, feastal, festive; dies —, holy day; dies festos agere, to spend holy days

fetus, m., fetus

fictitius, fictitious

fidere (semidep. 3), fisus, to trust

fides, f., faith; ex fide, in good faith, as a matter of faith; ultra fidem, incredible

fiducia, f., confidence

fieri, factus, to become, to be made; factum est, it came to pass; fiat, so be it, very good; ut fit, as is commonly the case

figmentum, n., fancy

figura, f., shape

filia, f., daughter

filialis, filial

filius, m., son, child

finis, m. and f., end, confine, limit; sine fine, ceaselessly

firmamentum, n., firmament, strength

firmare, to strengthen

firmitas, f., firmness

firmus, firm, inflexible

flagitium, n., shameful thing

flamma, f., flame

flatus, m., blowing, breath

Florentinus, of Florence

flos, m., flower

fons, m., fountain, source, well, spring

foras, out of doors, forth, out, outside

forma, f., form

formalis, formal, essential

formaliter, formally

formare, to train, to guide, to form

forsitan, perhaps

forte, perchance; nisi —, unless to be sure

fortis, strong, valiant, mighty, grievous; a fortiori, with the greater force

fortitudo, f., fortitude, strength, power

fovere (2), fovi, fotus, to cherish
fragilitas, f., frailty
frangere, fregi, fractus, to break
frater, m., brother
fraus, f., fraud, deceit
frequenter, frequently
frigidus, cold
frons, f., forehead
fructuose, fruitfully, beneficially
fructus, m., fruit, profit, benefit
fundamentalis, fundamental
fundamentaliter, basically, essentially
fundamentum, n., foundation
furiosus, m., madman
fuse, at length, in much detail
fusius, more extensively, at greater length
futurus, future

G

Gallia, f., France
Gallus, m., Frenchman
gaudere (semidep. 2), gavisus, to enjoy
gaudium, n., joy
gehenna, f., hell
generalis, general
generare, to beget, to create
generatim, generally, in general
generatio, f., generation, reproduction
genimen, n., fruit
genitrix, f., mother
genitus, begotten
gens, f., nation, gentile, heathen
genuflexio, f., genuflection
genus, n., class, species, kind; in genere, in general, generally speaking
gerere, gessi, gestus, to bear, to reign
Germanus, m., German
gestus, done; res gestae, deeds
gloria, f., glory
glorificare, to glorify
gloriosus, glorious

gradatim, gradually
gradus, m., degree
Graecus, Greek
grammatice, grammatically
gratia, f., grace, thankfulness; gratias, thanks; gratis, free; gratiarum actio, thanksgiving; gratias agere, to give thanks
gratus, gracious, thankful
gravare, to burden, to oppress
graviter, seriously, gravely
grex, m., flock
gubernatio, f., government
gustus, m., taste

H

habere (2), to have; se —, to be; se male —, to be sick; robur —, to take effect; se habet, is regarded
habitaculum, n., dwelling, house, habitation
habitatio, f., dwelling
habitualiter, habitually, regularly
habitudo, f., habitual association, close relationship
habitus, m., habit
hactenus, hitherto; de hac re —, so much for that
haedus, m., kid
haereditas, f., heredity
haeres, m., heir
haeresis, f., heresy
haereticus, heretic, heretical
haesitatio, f., hesitation
haurire (4), hausi, haustus, to draw, to take
hebdomada, f., week
hebraicus, Hebrew
heri, yesterday
hic, this, here; hoc est, that is; ad hoc, besides; ab hac parte, on this side; hunc in modum, in this way; contra haec, in answer to this; haec

contra, this in reply; **ad hunc modum**, in this way

hinc, hence

Hispanus, Spaniard

historia, *f.*, history

hodie, today, this day

holocaustum, *n.*, holocaust, burnt offering

homo, *m.*, man, husband

honestas, *f.*, honesty

honestus, decent, proper

honor, *m.*, honor

honorare, to honor

honorifice, honorably, with honor

horologium, *n.*, clock

horrendus, dreadful

hortari (dep. 1), to exhort

hostia, *f.*, host, sacrifice, victim, offering

hucusque, hitherto

hujusmodi, of this kind

humanitas, *f.*, humanity, kindness

humanus, human

humectare, to moisten

humiditas, *f.*, moisture

humidus, wet

humiliatus, humbled

humilis, humble

humilitas, *f.*, humility, abjection

hymnus, *m.*, hymn

hypostaticus, hypostatic, essential, substantial

hyssopus, *m.*, hyssop

I

ibidem, in the same place

id, this; **eo ipso**, because of this very thing; **eo . . . quo**, the . . . the; **ad — quod**, besides that; **— ipsum**, that very thing

idem, same

identicus, identical

identificare, to identify, be identical with

identitas, *f.*, identity

ideo, therefore

idololatra, *m.*, idolater

i.e. (abbrev. for **id est**), that is

igitur, therefore, accordingly

ignis, *m.*, fire

ignitus, burning

ignorantia, *f.*, ignorance

ignorare, to be ignorant, not to know

ignotus, unknown

ille, that, the former; **ex illo**, since then

illecebra, *f.*, allurement

illegitimus, illegitimate

illibatus, unblemished

illic, there

illicitus, illicit

illimitatus, unlimited

illud, that; **— quidem . . . sed autem**, to be sure . . . but still

illuminare, to illuminate, to enlighten, to make or cause to shine

illustrare, to illumine

illustratio, *f.*, illumination

imaginarius, imaginary

imitari (dep. 1), to imitate

immaculatus, spotless, undefiled, immaculate

immaterialis, immaterial

immediate, immediately

immediatus, immediate, direct

immemorabilis, immemorial

immergere, -mersi, -mersus, to immerse, to merge

immersio, *f.*, immersion

imminere (2), to be imminent, to threaten

imminuere, -minui, -minutus, to lessen, to diminish

immolare, to immolate, to sacrifice

immortalitas, *f.*, immortality

immunis, free, immune

immunitas, *f.*, freedom, immunity

immutare, to change

immutativum, *n.*, change, alteration, modification

imo (immo), by all means; quin —, yea rather; — maximo, most certainly not

impedimentum, *n.*, impediment

impedire (4), to prevent, to impede

impendere (2), to threaten, to impend

impellere, -puli, -pulsus, to impel, to urge

imperare, to command, to govern

imperfectio, *f.*, imperfection

imperium, *n.*, command, rule

impertiri (dep. 4), to grant, to bestow

impius, wicked

implicite, implicitly

implorare, to implore

imponere, -posui, -positus, to lay or put upon

importare, to convey

impositio, *f.*, imposition, laying on

impossibilis, impossible

imprimere, -pressi, -pressus, to impress

imprimis, first of all, chiefly

imprudens, imprudent

impudicus, shameless

impugnare, to assail, to attack

impugnatio, *f.*, attack

impulsio, *f.*, force, impulsion

impulsivus, impelling

imputabilitas, *f.*, responsibility

imputare, to impute

imputatio, *f.*, imputation

in, in, into, unto, upon, for, to, against, among, at, toward; — genere, in general, generally speaking; — perpetuum, forever; —usu, at the moment of usage, in the act of using

inadaequatus, inadequate

inanime, inanimately

incarnatus, incarnate

incedere, -cessi, -cessus, to go, to walk

incensum, *n.*, incense

incertum, *n.*, uncertainty

inchoare, to begin

inclinare, to incline, to bow

inclinatio, *f.*, tendency, inclination

includere, -clusi, -clusus, to include, to confine, to imprison

incola, *m.* and *f.*, inhabitant, resident

incolatus, *m.*, sojourn, residence

incolumitas, *f.*, safety

incommodum, *n.*, inconvenience, discomfort

inconvenienter, improperly

incorporeus, incorporeal

increatus, uncreated, not begotten

inculpabilis, innocent, guiltless

inde, hence

indelebilis, indelible

indeliberate, involuntarily, without deliberation

independenter, independently

indicare, to indicate

indifferens, indifferent

indigere (2), -gui, to need

indigitare, to indicate

indigne, unworthily

indignus, unworthy

indirecte, indirectly

indiscriminatim, indiscriminately

indispositio, *f.*, indisposition

indissolubilis, indissoluble

individualis, individual

individuatio, *f.*, individuation

individuum, *n.*, individual

indivisibilis, indivisible

indivisio, *f.*, indivision

indivisus, undivided

indoles, *f.*, nature

inducere, -duxi, -ductus, to lead, to bring into

indulgentia, *f.*, pardon, forgiveness, indulgence

indulgere (2), -dulsi, -dultus, to forgive, to grant

indultum, *n.*, dispensation, indult

industria, *f.*, diligence; de industria, on purpose

indutus, clothed

inesse, -fui, to be in or engaged in

infallibilis, infallible

infamia, *f.*, infamy, bad repute

infamis, infamous, disreputable

infans, *m.* and *f.*, infant, babe; infantes expositi et inventi, foundlings

infantia, *f.*, infancy, childhood

infantilis, infantile, of infancy

infelix, unhappy

infernus, infernal, of hell

inferre, -tuli, illatus, to infer, to bring, to carry, to wage

inferus, below

infidelis, faithless, infidel

infidelitas, *f.*, unbelief

infinitus, infinite

infirmitas, *f.*, weakness

infirmus, sick

influxus, *m.*, flowing in, inpouring, stream, rush, influence

infundere, -fudi, -fusus, to pour, to infuse, to water

infusio, *f.*, pouring

infusus, instilled

ingemiscere, -gemui, to groan

ingenitus, inborn, innate

ingredi (dep. 3), -gressus, to walk along, to come in

inhabilis, incapable

inhabitare, to dwell

inhaerentia, *f.*, inherent quality

inhaerere (2), -haesi, -haesus, to adhere to

inimicus, *m.*, enemy

iniquitas, *f.*, iniquity

iniquus, unjust

initium, *n.*, beginning

injurius, unjust, insulting

innocens, innocent

innovare, to renew

innuere, -nui, -nutus, to intimate

innumerabilis, innumerable

inobedientia, *f.*, disobedience

inquantus, inasmuch as

inquirere, -quisivi, -quisitus, to seek

insanire (4), to be insane

inscius, not knowing, unawares

inscribere, -scripsi, -scriptus, to inscribe

inserere, -serui, -sertus, to implant, to embody

inservire (4), -servivi, -servitus, to serve

insignior, principal, more outstanding

insignitus, signed, known

insinuare, to hint at, to suggest

inspicere, -spexi, -spectus, to examine

inspiratio, *f.*, inspiration

instar, *n.* (indecl.), likeness, equivalent

instinctus, *m.*, instinct

instituere, -stitui, -stitutus, to institute, to establish

institutio, *f.*, institution

instruere, -struxi, -structus, to instruct

instrumentum, *n.*, instrument

insuper, besides, in addition, moreover

integer, virtuous, wholly right

integralis, integral

integrans, integrating, making up a whole

intellectualis, intellectual

intellectivus, intellective, intelligent

intellectus, *m.*, intellect

intelligere, -lexi, -lectus, to perceive, to understand

intendere, -tendi, -tentus or -tensus, to stretch out, to extend, to hearken, to be attentive

intensitas, *f.*, emphasis

intensus, intense

intentio, *f.*, intention

inter, among, between

intercedere, -cessi, -cessus, to intercede

intercessio, *f.*, intercession

interdictus, interdicted

interesse, -fui, to take part in, to be present

interim, in the meanwhile

interitus, *m.*, destruction, annihilation

internus, internal

interpres, *m.*, expounder, translator

interpretatio, *f.*, interpretation

intervallum, *n.*, interval

intolerabilis, intolerable

intra, among, within

intrare, to enter

intrinsece, intrinsically, inwardly

introire, to go in

intueri (dep. 2), -tuitus, to behold, to have in view

intuitivus, intuitive

intuitus, *m.*, view, attention

inultus, unpunished, unavenged

invalescere, -valui, to become strong

invalidus, invalid

invasor, *m.*, invader, usurper

invehere, -vexi, -vectus, to bring into, to introduce

invenire, -veni, -ventus, to effect, to bring about, to find, to come upon

investigare, to investigate

inveteratus, inveterate, of long standing

invicem: ad —, reciprocally, among themselves

invisibilis, invisible

invitus, unwilling

invocare, to call upon, to invoke

involuntarius, involuntary

ipse, self; eo ipso, because of this very thing; id ipsum, that very thing; quod ipsum, which of itself alone

ira, *f.*, wrath, anger

ire, ivi or ii, itus, to go; — obviam. to go to meet

irrationalis, irrational, unreasonable

irrescindibilis, irrevocable

irreverentia, *f.*, irreverence

irritus, void, null

is, that, he; eo quod, to the extent that

isque, and that, too; and that, indeed

iste, this, that, the latter

ita, so, even

item, likewise, also

iterare, to repeat

iterum, again

J

jacere (2), to lie down

jacere, jeci, jactus, to throw

jactura, *f.*, loss, harm

jam, now, already; — non, no longer; — diu, for a long time; — dudum, for a long time; — jamque, now at this very moment

jamvero, indeed

janua, *f.*, entrance, door, gate

jejunium, *n.*, fasting

jejunus, fasting

jubere (2), jussi, jussus, to command, to ask, to pray

Judaeus, *m.*, Jew

judex, *m.*, judge

judicialis, judicial

judicium, *n.*, judgment

judicare, to judge

jugiter, always

jugum, *n.*, yoke

jumentum, *n.*, beast (of burden)

jungere, junxi, junctus, to join, to bind, to unite

jurare, to swear

jurisdictio, *f.*, jurisdiction

jus, *n.*, law

jusjurandum, *n.*, oath

jussus, *m.*, order, command
juste, righteously, justly
justificare, to justify
justificatio, *f.*, justification
justitia, *f.*, justice
justus, right, just
juvare, to aid
juvenis, young
juventus, *f.*, youth
juxta, according to

L

labi (dep. 3), lapsus, to slip, to fall
labium, *n.*, lip
labor, *m.*, labor
laborare, to labor, to suffer
laboriosus, laborious, toilsome
lacrimosus, tearful
lacus, *m.*, lake, pit, den
laetificare, to give joy
laetitia, *f.*, gladness
laetari (dep. 1), to rejoice
laicus, *m.*, layman
languere (2), langui, to faint, to be feeble
lapidare, to throw stones
lapis, *m.*, stone
largiri (dep. 4), to grant, to bestow
largitor, *m.*, giver, bestower
lassus, faint, tired
late, broadly, widely
latere (2), -ui, to lie hidden
latinus, Latin
latissimus, widest
latria, *f.*, worship (the highest kind of worship or that paid to God only)
latro, *m.*, thief
latus, *n.*, side
laudabilis, laudable
laudare, to praise
laus, *f.*, praise
lavare, to wash

lectio, *f.*, lesson, reading
legatus, *m.*, legate
legere, legi, lectus, to read
legislator, *m.*, legislator
legitime, legitimately
legitimus, legitimate
leo, *m.*, lion
lethargus, *m.*, lethargy, coma
levare, to lift
levis, light, slight
lex, *f.*, law
libenter, freely, willingly
liber, *m.*, book
liber, free
liberare, to free, to deliver
libertas, *f.*, freedom
libitum, *n.*, pleasure, liking; pro libito, at pleasure
licentia, *f.*, permission
licere (2), *impers.;* to be permitted, to be allowable
licet, although
licite, legitimately
licitus, licit, legitimate
lingua, *f.*, tongue, language
litare, to offer a sacrifice; Sacrum —, to offer the Sacrifice of the Mass
litigare, to quarrel, to strive
littera, *f.*, letter
liturgicus, liturgical
localis, local, localized
locus, *m.*, place, room
locutio, *f.*, phrase, expression
logice, logically
logicus, logical
longinquus, far; ex longinquo, from a distance
loqui (dep. 3), locutus, to speak, to profess, to converse
lucere (2), luxi, to shine
lucrum, *n.*, profit, money
Lugdunensis, of Lyons
lumen, *n.*, light
lux, *f.*, light

M

macula, *f.*, stain

magis, more

magistra, *f.*, mistress

magnitudo, *f.*, size

magnus, great, large; **magna ex parte,** in a great degree

majestas, *f.*, majesty

majestaticus, majestic, sublime

major, greater

majores, *m. pl.*, forefathers, elders

maledictum, *n.*, wicked thing, wickedness, curse

malitia, *f.*, malice, evil

malitie, maliciously

malum, *n.*, evil

malus, bad, evil

mancus, defective, imperfect, infirm, maimed

mandare, to order

mandatum, *n.*, command

manducare, to eat

manere (2), mansi, mansus, to remain

manifestare, to manifest

manifeste, manifestly

manifestus, manifest

mansio, *f.*, home, house

manus, *f.*, hand

mare, *n.*, sea

martyr, *m.*, martyr

mater, *f.*, mother

materia, *f.*, matter

materialis, material

maternitas, *f.*, motherhood

matrimonialis, matrimonial

matrimonium, *n.*, matrimony

matutinus, morning

maxime, chiefly, to the greatest extent, especially, in the highest degree; quam —, as much as possible

maximus, very great, greatest, grievous

medela, *f.*, remedy, healing

mediante, by means of

mediate, indirectly

medicina, *f.*, remedy

medicus, *m.*, physician

medium, *n.*, means

membrum, *n.*, member, limb

meminisse, to be mindful, to remember

memor, mindful

memorari (dep. 1), to remember

memoratus, mentioned

mendacium, *n.*, lie

mens, *f.*, mind

mensura, *f.*, measure

mentio, *f.*, mention

merces, *f.*, wages

mere, merely

mereri (dep. 2), **meritus,** to be worthy

meridies, *m.*, noon

merito, justly, with good reason

meritorio, meritoriously

meritorius, meritorious, worthy

meritum, *n.*, merit

metallum, *n.*, metal

metaphora, *f.*, metaphor

metaphysica, *f.*, metaphysics

metropolitanus, metropolitan

metus, *m.*, fear

migrare, to depart

militia, *f.*, army, soldiers

mille, thousand

minime, least; — vero, by no means

minister, *m.*, minister

ministrare, to administer

minoratio, *f.*, lessening, diminishing

minuere, minui, **minutus,** to lessen, to diminish

minus, less; **plus minusve,** more or less

mirabilis, wonderful

mirabiliter, wonderfully

mirabilium, *n.*, wonder

mirum, *n.*, wonder, marvel; — quam, marvelously; — **quantum,** tremendously mirus, wondrous, wonderful

miscere (2), -cui, mixtus, to mix

miser, wretched

misere, wretchedly

miseratio, *f.*, mercy

misereri (dep. 2), misertus, to have mercy on

miseria, *f.*, wretchedness

misericordia, *f.*, mercy

misericors, merciful

missa, *f.*, Mass

missio, *f.*, act of sending, emission

mitra, *f.*, miter

mittere, misi, missus, to send, to cast, to put, to lay

mixtus, mingled, mixed

modicissimus, a very little

modicus, a little

modo, provided that; non —, not only

modus, *m.*, manner; hunc in modum, in this way; ultra modum, immoderate; ad hunc modum, in this way; quem ad modum, how, as

molestus, irksome

momentum, *n.*, element, essential point

monere (2), to warn, to teach, to advise

monitum, *n.*, precept

mons, *m.*, hill, mount, mountain; summus —, the top of the hill

monstrum, *n.*, monstrosity

mora, *f.*, delay

moralitas, *f.*, morality

moraliter, morally

mori (dep. 3, io), mortuus, to die

mors, *f.*, death

mortalis, mortal

mortalitas, *f.*, mortal life

mortaliter, mortally

mos, *m.*, custom; supra morem, more than usual

mosaicus, Mosaic, pertaining to Moses

motio, *f.*, motion

motivum, *n.*, motive

motor, *m.*, mover, motor impulse

motus, *m.*, movement, motion

movere (2), movi, motus, to move

mox, afterwards, at a later period, presently

mulier, *f.*, woman

multifariam, in many places

multiplex, manifold

multiplicare, to multiply

multiplicatio, *f.*, multiplication

multipliciter, in many ways

multitudo, *f.*, multitude

multus, much; multa nocte, late at night; multis post annis, after many years; multis de causis, for many reasons

mundanus, mundane, of the world

mundare, to cleanse

mundus, *m.*, world

munire (4), to defend, to strengthen, to preserve

munus, *n.*, gift, offering, bounty, office

murus, *m.*, wall

mutare, to change

mutuo, mutually

mysterium, *n.*, mystery

N

nam, for

nasci (dep. 3), natus, to be born, to spring up

nativitas, *f.*, nativity, birth

natura, *f.*, nature

naturalis, natural

naturaliter, naturally

ne, not, lest; — . . . quidem, not even

nec, neither; — . . . —, neither . . . nor; — non, and also, nor less

necne, or not

necessario, necessarily

necessitas, *f.*, necessity, need

nefas, unlawful
negare, to deny
negatio, *f.*, negation, denial
neglegere, -lexi, -lectus, to neglect
negligentia, *f.*, negligence
negotium, *n.*, trouble, difficulty
nemo, *m.* and *f.*, no one
nempe, namely, certainly, to be sure
nepos, *m.* and *f.*, grandchild
nequaquam, by no means
neque, and not, neither, nor
nequire, nequivi, not to be able, cannot
nescire (4), -scivi or -scii, -scitus, not to know; nescio quis, some sort of, certain
nexus, *m.*, relationship, connection
Nicaenus, Nicene
niger, black
nihil, nothing; — admodum, nothing at all; — aliud, nothing else; — est quod, there is no reason why
nihilominus, nevertheless
nihilum, *n.*, nothing
nimirum, certainly, indisputably
nimis, exceedingly
nisi (ni), if not, unless, except, but; non —, only; non . . . —, not only; — vero, unless indeed; — forte, unless to be sure
niti (dep. 3), nisus or nixus, to endeavor
nitidus, clean
nix, *f.*, snow
nobilis, noble
nobilitas, *f.*, nobility
nolle, nolui, to be unwilling
nomen, *n.*, name, noun
nominare, to call
non, not; no; — modo, not only; — nisi, only; — obstante, notwithstanding; — solum, not only; jam —, no longer
nondum, not yet

nonnihil, not nothing (that is, something)
non-usus, *m.*, disuse
norma, *f.*, rule, precept
noscere, novi, notus, to know
noster, our; nostrum omnes, all of us
nota, *f.*, mark, feature
notabilis, important, noteworthy
notio, *f.*, notion
notitia, *f.*, knowledge, acquaintance
notorius, notorious
notus, known; an acquaintance
novitius, *m.*, novice
novus, new; novissimus, latest, last
nox, *f.*, night; sera nocte, late at night; multa nocte, late at night
nubes, *f.*, cloud
nudus, bare, sole
nullus, not any; —admodum, none at all; — alter, no other; nulla ex parte, in no way; — unus, on one
nullusdum, none as yet
num (interrogative word used when a negative answer is expected); — quid, anything further, anything else
numerare, to number
numerus, *m.*, number
nunc, now
nuncius, *m.*, nuncio
nuncupare, to name, to call
nunquam (numquam), never; — non, always
nuntiare, to proclaim
nuper, recently; — admodum, very recently
nuptiae, *f. pl.*, marriage
nutrimentum, *n.*, food
nutrire (4), to nourish

O

ob, for, on account of
obex, *m.* and *f.*, hindrance, obstacle

objectum, *n.*, object
oblatio, *f.*, oblation, offering
obligatio, *f.*, obligation
obliquum, *n.*, that which is indirect; in obliquo, indirectly
oblivisci (dep. 3), oblitus, to forget
obnubilare, to becloud, to dim
oboedire (4), to obey
obscurus, dark
obsecrare, to beseech, to implore
obsecundare, to obey
obsequium, *n.*, homage, service, worship
observantia, *f.*, observance
observare, to observe, to mark, to watch
obstaculum, *n.*, hindrance
obstante: non —, notwithstanding
obstare, -stiti, -status, to hinder, to prevent, to be in the way
obstetrix, *f.*, midwife
obtemperare, to obey
obtinere (2), -tinui, -tentus, to obtain
obumbrare, to overshadow
obviam, on the way; ire —, to go to meet
occasio, *f.*, occasion
occultum, *n.*, hidden thing
occultus, hidden
occurrere, -curri, -cursus, to meet, to go meet, to come to; to restrain
octo, eight
oculus, *m.*, eye
odisse, to hate
odium, *n.*, hate
odor, *m.*, savor, odor, smell
oecumenicus, ecumenical, universal
offensio, *f.*, offense
offerre, obtuli, oblatus, to offer
officium, *n.*, favor, kindness; duty
oleum, *n.*, oil
olfactus, *m.*, sense of smell
olim, formerly, once
oliva, *f.*, olive, olive tree

omittere, -misi, -missus, to omit
omnimodus, of every sort, complete
omnino, altogether, entirely
omnipotens, omnipotent, almighty
omnis, all; nostrum omnes, all of us
ontologia, *f.*, ontology
onus, *n.*, burden
opera, *f.*, work; operam dare, to work hard at, to devote oneself to
operans, *m.*, worker, agent
operatio, *f.*, operation, action
opinari (dep. 1), to think
opinio, *f.*, opinion
oportere (impers., 2), to be necessary, proper, reasonable
opponere, -posui, -positus, to oppose
opportune, fittingly
opportunus, opportune
oppositum, *n.*, opposite
ops, *f.*, help, power, support; ope, with the help
optimus, best
optare, to desire
opus, *n.*, deed, work; wages; — esse, to need, to be necessary; ex opere operato, by its own power; summo opere, in the highest degree; quanto opere, how greatly, how much
orare, to pray, to beseech
oratio, *f.*, prayer
oratorium, *n.*, oratory, chapel
orbis, *m.*, world
ordinare, to order, to ordain
ordinatio, *f.*, ordination
ordo, *m.*, order
organismus, *m.*, organism
organum, *n.*, organ
oriens, Orient, east
orientalis, oriental
oriri (dep. 4), ortus, to rise
onamentum, *n.*, ornament
ornare, to adorn
orthodoxus, orthodox
os (oris), *n.*, mouth

os (ossis), *n.,* bone
ostendere, -tendi, -tensus or -tentus, to show
ostentum, *n.,* prodigy
ostium, *n.,* door
otiosus, idle, useless, empty
ovis, *f.,* sheep

P

pacificare, to pacify, to grant peace
pactum, *n.,* agreement
paganus, pagan
palam, openly, publicly
palpare, to feel
panis, *m.,* bread, loaf
Papa, *m.,* Pope
papalis, papal
par, equal
Paracletus, *m.,* Paraclete, Holy Ghost
Paradisus, *m.,* paradise
parallelus, parallel, similar
parare, to prepare
parce, moderately
parcere, peperci, parcitus, to spare, to forbear
parens, *m.* and *f.,* parent
pariter, at the same time, together
parochus, *m.,* parish priest, pastor
paroecia, *f.,* parish
paroecialis, parochial
pars, *f.,* part, portion; ab hac parte, on this side; aliqua ex parte, in some respect; magna ex parte, in a great degree; nulla ex parte, in no way; ex parte, in part
partialis, partial
particeps, *m.* and *f.,* partaker, fellow
participare, to participate, to share in
participatio, *f.,* participation
participium, *n.,* participle
particula, *f.,* particle, small part or bit, phrase
partitio, *f.,* division

parvulus, small; (as a noun), little one, child
Pascha, *n.,* Easter
passibilis, passible
passio, *f.,* passion, suffering, martyrdom
passive, passively
passivus, passive
passus, suffered
pastor, *m.,* pastor
pater, *m.,* father
patere (2), to be visible, to be obvious
pati (dep. 3), passus, to suffer
patria, *f.,* home, homeland
patriarcha, *m.,* patriarch
patrinus, *m.,* sponsor
patronus, *m.,* defender, advocate
pauci, few; paucis, in a few words
paulatim, gradually
paulo, a little while, shortly
pauper, poor
pax, *f.,* peace
peccare, to sin
peccator, *m.,* sinner
peccatum, *n.,* sin
peculiaris, special
pejor, worse
pendere (2), pependi, to hang, to depend
penes, with, within
penitus, wholly
Pentecoste, *f.,* Pentecost
penuria, *f.,* want, lack
per, through, by; — se, in and of itself
peragere, -egi, -actus, to accomplish
perceptio, *f.,* partaking, reception
percipere (io), -cepi, -ceptus, to take, to partake, to receive, to attain, to seize; to experience
percussio, *f.,* striking, percussion
perdere, perdidi, perditus, to lose, to destroy
perducere, -duxi, -ductus, to bring to, to lead to, to conduct

peregrinus, *m.*, stranger

perennis, eternal

perfecte, perfectly

perfectio, *f.*, perfection, correctness

perfector, *m.*, perfecter

perferre, -tuli, -latus, to carry up, to bring

perficere, -feci, -fectus, to perfect

perfrui (dep. 3), -fructus, to enjoy

perhibere (2), -hibui, -hibitus, to report, to bear witness

periculum, *n.*, danger

perire (eo), -ii or -ivi, -itus, to perish

peritus, skilled, expert

permanens, permanent

permanere (2), -mansi, -mansus, to remain, to stand

permissive, permissively

permittere, -misi, -missus, to permit, to suffer

permutatio, *f.*, exchange

perpendere, -pendi, -pensus, to weigh, to consider

perperam, falsely

perpetuo, perpetually, forever

perpetuus, perpetual, everlasting, unfailing; in perpetuum, forever

perscribere, -scripsi, -scriptus, to write down

perseverantia, *f.*, perseverance

persona, *f.*, person

perspicere, -spexi, -spectus, to perceive

perspicuus, clear, definite

persuasum, *n.*, conviction, firm belief

pertinaciter, obstinately

pertinere (2), -tinui, -tentus, to pertain

pertingere, to reach, to extend

perturbatio, *f.*, disturbance

pervenire, -veni, -ventus, to attain, to come to

pervigilium, *n.*, vigil

pes, *m.*, foot

petere, petivi or -ii, petitus, to entreat, to beseech, to request

petra, *f.*, stone

phantasia, *f.*, image, representation

philosophia, *f.*, philosophy

philosophus, *m.*, philosopher

phrasis, *f.*, phrase, sentence

phrenesis, *f.*, delirium

physice, physically

physicus, physical

pie, mercifully, piously

pietas, *f.*, goodness, piety, pity

pignus, *n.*, pledge

pileolus, *m.*, skull cap

pius, just, merciful, tender

placatio, *f.*, propitiation

placere (2), placui, placatus, to be pleasing

plane, plainly, clearly

Plato, *m.*, Plato (Greek philosopher, 427–347 B.C.)

plebs, *f.*, people

plene, fully

plenius, more fully

plenus, full

plerique, most, very many

pluralis, plural

pluralitas, *f.*, plurality

plures, more, several

pluries, frequently

plurimus, most, very much; quam plurimi, as many as possible

plus, more; — minusve, more or less

poena, *f.*, pain, punishment

poenitentia, *f.*, penance

poenitere (2), -itui, to repent

politicus, political

pollere (2), -lui, to be strong, to be efficacious

polliceri (dep. 2), -licitus, to promise

polytheismus, *m.*, polytheism, worship of several gods

ponere, posui, positus, to put, to set, to lay, to make

pontifex, *m.*, pontiff, bishop, high priest

pontificale, *n.*, pontifical (book of rites performed by a bishop)

pontificalis, pontifical

populus, *m.*, people

porro, next

porta, *f.*, gate

portabilis, portable

poscere, poposci, to ask

posse, potui, to be able

possessio, *f.*, possession

possibilitas, *f.*, possibility, ability

possidere (2), -sedi, -sessus, to possess

post, after, afterwards, later; multis — annis, after many years

posterior, the latter

posterum: in —, in the future

postmodum, afterwards

postquam, after, as soon as

postremus, last; ad postremum, lastly

postulare, to demand, to require

potare, to drink

potentia, *f.*, power, potentiality

potestas, *f.*, power, authority

potissimum, chiefly, above all

potius, rather

practicus, practical

praebere (2), -bui, -bitus, to show, to exhibit

praecedere, -cessi, -cessus, to go before, to precede, to prepare

praecelsus, sublime

praeceptum, *n.*, precept, command

praecipere (io), -cepi, -ceptus, to instruct, to teach, to command

praecipue, especially

praecipuus, special, extraordinary

praecisio, *f.*, preciseness

praecisive, precisely

praeclarus, excellent, outstanding

praedestinare, to predestine

praedestinatio, *f.*, predestination

praedicare, to preach

praedicatio, *f.*, sermon, preaching

praedictus, aforementioned

praeditus, possessed of, provided with

praefatus, aforesaid

praefectus, *m.*, prefect

praeferre, -tuli, -latus, to prefer

praegnans, pregnant

praeire(eo), to go before

praejudicium, *n.*, objection

praemittere, -misi, -missus, to set forth as a premise

praemium, *n.*, gift, reward

praenoscere, -novi, -notus, to know beforehand

praeparare, to prepare

praeparatio, *f.*, preparation

praescindere, -scidi, -scissus, to prescind

praescriptus, prescribed, commanded

praesens, present

praesentare, to present

praesentia, *f.*, presence

praesertim, particularly

praeservare, to preserve

praesidere (2), -sedi, -sessus, to preside

praestantissimus, most excellent

praestare, -stiti, -stitus, to accomplish, to surpass, to give, to grant, to bestow, to keep hold

praesto, present

praesumere, -sumpsi, -sumptus, to presume

praesupponere, -posui, -positus, to presuppose

praeter, beyond, besides, in addition to

praeterea, besides, moreover

praeteritus, past

praetermittere, -misi, -missus, to neglect, to omit

praeterquam, beyond, besides

praetextus, *m.*, pretext

praevenire, -veni, -ventus, to prevent, to anticipate, to predispose, to guide, to direct praevidere (2), -vidi, -visus, to foresee

praevius, previous

pravus, evil

praxis, m., practice, exercise

precari (dep. 1), to beseech, to pray

premere, pressi, pressus, to press upon, to oppress

presbyter, m., priest

pretium, n., price

prex, f., prayer

pridie, on the day before; — quam, the day before

primario, primarily

primitivus, early

primo, first, firstly

primum, first; in primis, in the first place

princeps, m., prince

principalis, perfect, principal

principatus, m., public office

principium, n., beginning, foundation, principle, sovereignty, principality

prior, the former

prius, previously

priusquam, before

privare, to deprive

privatim, privately

privativus, deprived of, lacking

privatus, private

privilegium, n., privilege

pro, for, through, in behalf of, as a result of, instead of; — libito, at pleasure; — hac vice, for this once

probare, to prove, to test, to examine

probe, properly

probitas, f., honesty, integrity

procedere, -cessi, -cessus, to proceed from

processio, f., source, origin, procession

processus, m., course, process

procidere, -cidi, to fall prostrate

prodesse, profui, to avail, to benefit

proditio, f., treason

producere, -duxi, -ductus, to produce

productio, f., production, creation, producing

proferre, -tuli, -latus, to bring out, to lay before, to display, to speak, to utter

professus, professed; ex professo, avowedly, openly

proficere (io), -feci, -fectus, to avail, to increase, to contribute to, to advance, to go forth

proficisci (dep. 3), -fectus, to set out, to arise

profiteri (dep. 2), to profess

profundum, n., depth

profundus, deep

progenies, f., lineage, family

progredi (dep. 3, io), -gressus, to progress, to advance

prohibere (2), to prohibit, to forbid

prohibitio, f., prohibition

proinde, hence, therefore, accordingly

projicere (io), -jeci, -jectus, to cast down, to cast away

prolabi (dep. 3), -lapsus, to lapse, to fall away

proles, f., offspring, child

promanare, to emanate, to derive from

promerere (2), -merui, -meritus, to obtain, to deserve

promissio, f., promise

promittere, -misi, -missus, to promise

prompte, promptly

pronunciare, to pronounce, to express

pronus, prone, inclined

propheta, m., prophet

prophetia, f., prophecy

propitiatio, f., propitiation, forgiveness, clemency

propinquus, near, near of kin

propitiabilis, propitious

propitiare, to be merciful, to be favorable

propitius, propitious, merciful, gracious

proponere, -posui, -positus, to propose, to expose, to display, to set forth

proportio, *f.,* proportion

proportionatus, related

proprie, properly

proprius, one's own, proper

proprietas, *f.,* property, peculiarity, distinction

propter, for, because of, by reason of

propterea, on that account

protectio, *f.,* protection

protoparens, *m.,* first parent

prout, according as

provenire, -veni, -ventus, to come for, to be granted, to result

proverbium, *n.,* proverb

providere (2), -vidi, -visus, to provide

provincia, *f.,* province

provisio, *f.,* provision

provisus, *m.,* provision, precaution

prudens, prudent, wise

prudenter, prudently

prudentia, *f.,* prudence

psalmus, *m.,* psalm

publice, publicly

pudor, *m.,* propriety, modesty

puer, *m.,* boy, child, servant

pugna, *f.,* struggle

pugnare, to fight, to struggle

pulchritudo, *f.,* beauty, excellence

punctum, *n.,* point, moment; **puncto temporis,** in an instant

punire (4), -ivi, -itus, to punish

pupilla, *f.,* pupil (of the eye)

purgare, to purify

purgatorium, *n.,* purgatory

purus, pure, clear

putare, to consider, to suppose, to imagine

Q

quacumque, whatsoever

quadratus, square

quaerere, -sivi or -sii, -situs, to seek, to require

quaesere, -sivi or -sii, -situs, to beseech

quaestio, *f.,* question

qualis, what kind

qualitas, *f.,* quality

quam, than; — diu, as long as; — maxime, as much as possible; mirum —, marvelously; pridie —, the day before; — plurimi, as many as possible; sane —, enormously; tam . . . —, both . . . and, as well as; valde —, immensely

quamdiu, as long as; tamdiu . . . —, till such time as, until

quamprimum, as soon as possible

quamquam (quanquam), although

quamvis, although

quando, when

quandoque, at one time or another

quantitas, *f.,* quantity

quanto . . . tanto, the . . . the; — opere, how greatly, how much

quantum, how much; — ad, so far as concerns; immane —, monstrously; mirum —, tremendously

quantumcumque, however much

quantumvis, however (much)

quantus, what, how great, how much

quapropter, wherefore, on which account

quare, why, wherefore

quartus, fourth; **quartum annum agit,** he is four years old

quasi, as if, like, as it were, about, in a certain sense or degree, quasi

quatenus, insofar as

-que (enclitic), and

qui, **quae, quod,** who, which, what, that

quia, for, because, that

quid, what, why

quidam, a certain one

quidditas, *f.*, essence, "whatness"

quidem, indeed; ne . . . —, not even; illud — . . . sed autem, to be sure . . . but still

quidquid, whatever

quies, *f.*, rest, quiet

quiescens, of quiet or rest

quiescere, to rest, to cease

quin, except that, unless; — etiam, yea indeed; — immo, yea rather

quinque, five

quinquennium, *n.*, period of five years

quire (eo), to be able

quis, who, what; nescio —, some sort of, certain; qua de causa, for which reason; qua tale, of any sort

quisquis, each, whatever

quivis, any whatever

quo, wherein, whither

quoad, up to, as far as, as many as

quod, that, which, what; because; ad id —, besides that; — ipsum, which of itself alone; eo —, to the extent that; ex eo quod, from the fact that, because; — contra, whereas on the other hand; eo . . . quo, the . . . the; nihil est —, there is no reason why; — sciam, so far as I know; supra —, besides

quodammodo, in a certain manner, in a measure

quodcumque, whatever

quodlibet, any whatsoever

quominus (introduces clauses after verbs of hindering), so as not, from

quomodo, how, as

quondam, formerly, once

quoniam, for, since, because, that

quoque, also

quot, how many; — quot, however many

quoties, as often as, whenever

quotiescumque, as often as

quotidianus, daily

quotidie, daily, every day

quum (cum), since; ut —, as when

R

radius, *m.*, ray

rapere(io), -ui, raptus, to take up, to take by force, to catch, to pluck

ratio, *f.*, reckoning, retribution, account

ratiocinium, *n.*, reasoning

rationabilis, reasonable

rationabiliter, reasonably

rationalis, rational

ratus, settled, ratified; **ratum habere,** to ratify, to approve

realis, real, actual

realiter, really

reatus, *m.*, guilt

rebaptizare, to rebaptize

recens, recent, fresh

recensere (2), -censui, -censitus, to enumerate

recenter, recently, newly

recipere (io), -cepi, -ceptus, to receive, to recover

recitatio, *f.*, recitation

recolere, -colui, -cultus, to survey, to sum up

recognoscere, -cognovi, -cognitus, to recognize

reconciliare, to reconcile

recordari (dep. 1), to remember

recordatio, *f.*, remembrance

recte, correctly, properly

rector, *m.*, rector

rectum, *n.*, that which is right, straight, or direct; in recto, directly

rectus, right, upright

recuperare, to recover

reddere, -didi, -ditus, to restore, to return, to pay, to render; certiorem —, to inform

redemptio, f., redemption

redemptor, m., redeemer

redigere, -egi, -actus, to bring back, to reduce, to make

redimere, -emi, -emptus, to redeem

redire (eo), to return, to pay

referre, -tuli, -latus, to relate, to refer

reficere (io), -feci, -fectus, to refresh

reflectere, -flexi, -flexus, to reflect

reflexus, reflex

reformare, to renew, to reform

refrigerium, n., refreshment

refugere (io), -fugi, -fugitus, to flee from, to escape

regere, rexi, rectus, to govern

regio, f., region, country

regnare, to reign

regnum, n., kingdom

regula, f., rule

rejicere (io), -jeci, -jectus, to reject, to abandon

relate, in relation to

relatio, f., relation

relative, relatively

relativus, relative

relaxare, to loose, to forgive

religiosus, religious

relinquere, -liqui, -lictus, to leave

reliquiae, f. pl., relics

remanere (2), -mansi, -mansus, to remain, to be left

remedium, n., remedy

remissio, f., remission, forgiveness

remittere, -misi, -missus, to slacken, to relax, to remit

remotus, remote

removere (2), -movi, -motus, to remove

remuneratio, f., reward

renasci (dep. 3), -natus, to be born again

renuere, -nui, to refuse, to decline

repellere, -puli, -pulsus, to cast from, to overcome

rependere, -pendi, -pensus, to pay, to reward

repetere, -petivi, -petitus, to repeat

repetitio, f., repetition

reperire (4), reperi, repertus, to find

replere (2), -plevi, -pletus, to fill

repletus, filled

reponere, -posui, -positus, to set, to place

repositus, laid up

repraesentare, to show, to lead, to represent

reprimere, -pressi, -pressus, to check, to repress

reprobare, to reject

reprobus, cast off, rejected

repugnare, to be inconsistent or incompatible; to deny, to disagree

requies, f., rest

requiescere, -quievi, -quietus, to rest

requirere, -sivi, -situs, to require

requisitum, n., requisite

res, f., thing; res gestae, deeds; de hac re hactenus, so much for that

rescindere, -scidi, -scissus, to cut off, to rescind, to revoke

rescindibilis, revocable

residere (2), -sedi, -sessus, to remain, to reside

resipiscentia, f., repentance

resipiscere, -ivi, to repent

resistere, -stiti, to resist

resolvere, -solvi, -solutus, to separate, to resolve

respectus, m., respect, consideration

respicere (io), -spexi, -spectus, to look, to see

respirare, to breathe, to have life again, to find relief

respondere (2), -spondi, -sponsus, to answer
respuere, to reject
restituere, -ui, -utus, to restore, to set again
restitutio, f., restitution
resuscitare, to raise up
resurgere, -surrexi, -surrectus, to rise again, to awake
resurrectio, f., resurrection
retinere (2), -tinui, -tentus, to keep
retribuere, -ui, -utus, to render, to repay, to bring
retributio, f., reward
reus, m., defendant, criminal
revelare, to reveal
revelatio, f., revelation
revera, indeed, truly
reverenter, reverently
reverentialis, reverent
revereri (dep. 2), -veritus, to respect, to revere
rhetorica, f., rhetoric
ridiculus, ridiculous
ritualis, ritual
ritus, m., rite
roborare, to strengthen
robur, n., strength, effect, force; — habere, to take effect
rogare, to beseech
Romanus, Roman
ros, m., dew
rubere (2), -bui, -bitus, to redden
rubrica, f., rubric
rudimentum, n., rudiment
rursus, again

S

sacellum, n., chapel, sanctuary
sacerdos, m., priest
sacerdotalis, sacerdotal, priestly
sacramentalis, sacramental
sacramentaliter, sacramentally

sacramentum, n., sacrament
sacrarium, n., sacred place, sacrarium
sacrificium, n., sacrifice
sacrosanctus, most holy
sacer, sacred
saecularis, secular
saeculum (saeclum), n., age, period, time
saepe, often
saltem, at least
salus, f., salvation, deliverance
salutare, n., health, salvation
salutaris, wholesome, salutary
salvare, to save
salvatio, f., salvation
Salvator, m., Savior
salvus, saved, safe
sanare, to heal
sancire (4), sanxi, sanctus, to ratify, to sanction
sanctificans, sanctifying
sanctificare, to sanctify
sanctificatio, f., sanctification
sanctificator, m., sanctifier
sanctitas, f., holiness
sanctus, holy; (as noun), saint
sane, truly, indeed, very, soundly; — quam, enormously
sanus, healthy, in good health
sapiens, wise, discerning
sapienta, f., wisdom
sapor, m., savor, flavor
satagere, -egi, -actus, to labor
satanas, m., Satan
satis, enough; — superque, enough and more than enough
satisfacere (io), -feci, -factus, to satisfy
satisfactio, f., satisfaction, fulfillment
scelus, n., sin, crime
schisma, n., schism
schismaticus, m., schismatic
scientia, f., knowledge
scil. (abbrev. for scilicet), that is to say, namely

scindere, scidi, scissus, to split, to rend

scire, scivi or scii, scitus, to know, to know how; quod sciam, so far as I know

scopus, m., aim, object

scotista, m., Scotist (follower of the doctrine of Duns Scotus)

scribere, scripsi, scriptus, to write

scriptum, n., writing

scriptura, f., Scripture

secta, f., sect

secumferre, -tuli, -latus, to bear with oneself, to take along

secundo, second, secondly

secundum, according to

securus, secure, steadfast, quiet

secus, otherwise

sed, but, yet; — et, as also; illud quidem . . . — autem, to be sure . . . but still

sedere (2), sedi, sessus, to sit

sedes, f., place, seat, throne, habitation, see

sedulo, carefully, diligently

seipsum, himself; sibiipsi, to himself

semel, once

semen, n., seed, descendant

semita, f., path

semper, ever, always

sempiternus, eternal, everlasting

sensibilis, perceptible, apprehensible

sensitivus, perceptive

sensus, m., sense, feeling

sententia, f., sentence, opinion

sentire (4), sensi, sensus, to feel, to perceive, to experience, to think

separare, to separate

separatio, f., separation

separatus, separate

sepelire (4), -ivi or -ii, sepultus, to bury

septem, seven

septenarius, m., septenary, seven

septiformis, sevenfold

septimus, seventh

sepulcrum, n., sepulcher

sequens, following

sequentia, f., continuation

sequestrare, to separate

sequi (dep. 3), secutus, to follow

serenus, serene

serio, seriously

serius, later, after

sermo, m., word, discourse

sero, late

serra, f., saw

serus, late; sera nocte, late at night

servare, to observe

servire (4), to serve, to be obedient, to be in bondage

servitus, f., servitude, service, bondage, subjection

servus, m., servant, slave

seu, or; — . . . vel, whether . . . or

sexus, m., sex

si, if

sibimetipsi, to itself, himself, or herself

sic, so, thus

siccus, dry

sicut (sicuti), as, even as

signaculum, n., little seal

signare, to sign, to mark, to stamp

signifer, m., standard bearer

significare, to mean, to signify

signum, n., sign, miracle, token

similis, like, similar

similiter, similarly

similitudo, f., resemblance, likeness

simplex, simple

simplicitas, f., simplicity

simonia, f., simony

simoniace, simoniacally

simoniacus, simoniacal

simul, together

sin, but if, if however

sincerus, sincere, genuine

sine, without

singulare, singly, separately, one by one

singularis, unique, remarkable, excellent

singularitas, f., oneness

singuli (rarely in singular), separate, individual

sinus, m., bosom, breast

siquidem, inasmuch as

sistere, stiti, status, to stand

sobrie, soberly

socialis, social

sociare, to share in

societas, f., society, fellowship

socius, together, allied

socordia, f., sloth

sol, m., sun

solere (semidep. 2), solitus, to be accustomed

sollemnis, solemn

sollemnitas, f., solemnity

sollemniter, solemnly

solummodo, only

solus, only, alone; non solum, not only; unus — que, the sole and only

solvere, solvi, solutus, to fulfill, to loose, to destroy, to undo, to break

somnus, m., sleep

sonare, to sound, to indicate

sonus, m., sound

sortire (4), to select

spargere, sparsi, sparsus, to fling, to scatter, to spread

specialis, special

specialiter, specially

species, f., kind, species, class

specificus, specific, relating to a species

spectare, to look, to envision

speculativus, speculative

sperare, to hope, to trust

spes, f., hope

spirans, m., that which breathes

spirare, to breathe, to exhale

spiratio, f., spiration, breath

spirativus, breathing

spiritualis, spiritual

spiritus, m., spirit, breath

spondere (2), spopondi, sponsus, to pledge, to sponsor

spons, f., free will; sponte sua, of one's own accord

sponsus, m., betrothed

stabilis, stable, durable

stadium, n., racecourse, race

stare, steti, status, to stand

statim, immediately

statuere, -ui, -utus, to station, to place, to set, to appoint, to determine, to decide, to ordain

status, m., state

statutum, n., statute, law

stirpitus, utterly, by the roots

strepitus, m., noise

stricte, severely

strictus, strict, severe, close

studiosus, zealous, eager, assiduous

stultus, foolish

stupere (2), -ui, to be amazed, to be struck, to be astounded

suadere (2), suasi, suasus, to recommend, to persuade

suavis, sweet, gentle

suavitas, f., sweetness, gentleness

sub, under; — conditione, conditionally

subdere, -didi, -ditus, to place under, to subject

subdiaconus, m., subdeacon

subditus, m., subject

subesse, -fui, to be under, to underlie

subjectio, f., subjection

subjectivus, subordinate

subjectum, n., subject, proposition

subjicere (io), -jeci, -jectus, to subject

subjungere, -junxi, -junctus, to add

sublevare, to support, to assist

sublimis, sublime, on high

submittere, -misi, -missus, to submit

subobscure, somewhat obscurely

substantia, *f.*, substance, nature

substantialis, substantial

subvenire, -veni, -ventus, to come up, to relieve, to assist

succedere, -cessi, -cessus, to succeed

successus, *m.*, advance, succession, course; successu temporis, in the course of time

succurrere, -curri, -cursus, to aid

sufficere (io), -feci, -fectus, to suffice

sufficienter, sufficiently

suggerere, -gessi, -gestus, to suggest, to bring to mind

sumere, sumpsi, sumptus, to receive, to take, to obtain

summe, in the highest degree

summus, highest; summo opere, in the highest degree; — mons, the top of the hill; ad summum, on the whole, in general, at the most

super, on, upon, above, over, towards; satis superque, enough and more than enough

superare, to overcome, to surmount

superesse, -fui, to remain, to be left over

superfluus, superfluous

superseminare, to sow, to oversow

supernaturalis, supernatural

supernaturaliter, supernaturally

superstitio, *f.*, superstition

superus, supreme

suppeditare, to furnish, to supply

suppetere, -petivi, -petitus, to be sufficient

supplere (2), -plevi, -pletus, to supply

supplex, suppliant, low

supplicare, to beseech humbly

supplicatio, *f.*, supplication, prayer

suppliciter, suppliantly, humbly

supra, over, above, upon; — morem, more than usual; — quod, besides

supremus, ultimate, highest

sursum, upward, above

susceptio, *f.*, reception

suscipere (io), -cepi, -ceptus, to receive, to uphold, to support, to undertake

suspendere, -pendi, -pensus, to suspend

sustinere (2), -tinui, -tentus, to sustain, to support, to wait upon, to rely, to undergo, to abide, to endure, to wait for

suus, his, her, its, their (when referring to the subject)

symbolum, *n.*, symbol, creed

synodus, *f.*, synod

synonymus, synonymous

systema, *n.*, system

T

tabernaculum, *n.*, tabernacle

tacitus, tacit, assumed

tactus, *m.*, touch

talis, such; qua tale, as such, of any sort

talus, *m.*, ankle

tam, so, to such a degree; — . . . quam, both . . . and; as well as

tamdiu . . . quamdiu, till such time as, until

tamen, yet, nevertheless

tamquam (tanquam), like, as, as if, just as, as it were

tandem, at length, finally

tangere, tetigi, tactus, to touch

tantum, only

tantumdem, as much, just as much

tantummodo, only

tantus, so much, so great, such; tanto . . . quanto, so much . . . as

tartarus, *m.*, hell

tectum, *n.*, roof

temerarius, rash

temeritas, *f.*, boldness

temperamentum, *n.,* temperament

temperies, *f.,* temperature, climate

temporalis, temporal

tempus, *n.,* time; season, ad —, at the time, on time, for a while; **puncto temporis,** in an instant; **quanto tempore,** as long as; **successu temporis,** in the course of time

tendere, tetendi, tentus or **tensus,** to tend, to strive, to bend one's course

tenebrae, *f. pl.,* darkness

tenere (2), **tenui, tentus,** to hold, to have, to possess, to keep

tentatio, *f.,* temptation

tenuis, slight

ter, three times

terminare, to limit

terminus, *m.,* term

terra, *f.,* earth, ground, land

terrenus, earthly

territorium, *n.,* territory

tertio, third, thirdly

tertius, third

testamentum, *n.,* testament, covenant

testari (dep. 1), to testify

testimonium, *n.,* witness

testis, *m.,* witness

textus, *m.,* text

theologia, *f.,* theology

theologicus, theological

theologus, *m.,* theologian

theophania, *f.,* manifestation of God in human form

theoretice, theoretically

thronus, *m.,* throne

timere (2), **timui,** to fear, to be afraid

timor, *m.,* fear, terror

titulus, *m.,* title

tollere, sustuli, sublatus, to take away, to lift up

totidem, just so many

totus, whole, all; **ex toto,** wholly

tractare, to treat

tradere, -didi, -ditus, to deliver up, to betray

trahere, traxi, tractus, to attract, to draw, to bring

transcendentalis, transcendental

transcendere, -scendi, -scensus, to transcend

transferre, -tuli, -latus, to transport, to convey

transiens, transient

transigere, -egi, -actus, to pass, to spend (time)

transire (eo), to pass through, to go over or across to

transmutare, to transform, to change

transmutatio, *f.,* change

transsubstantiatio, *f.,* transubstantiation

tremendus, tremendous, awful

tremere, -ui, to tremble

tremor, *m.,* fear, trembling

tres, tria, three

tribuere, -ui, -utus, to grant, to give

tridentinus, of Trent

trigesimus, thirtieth

triginta, thirty

Trinitas, *f.,* Trinity

triplex, threefold, triple

tristis, sad, sorrowful

triticeus, wheaten

triumphus, *m.,* triumph

tropus, *m.,* figure of speech

tuba, *f.,* trumpet

tum . . . tum, both . . . and

tumulus, *m.,* grave

tunc, then; **ex —,** from of old

turba, *f.,* multitude, crowd

turma, *f.,* squadron, troop

turris, *f.,* tower

tutamentum, *n.,* safety, safeguard

tutor, *m.,* guardian

tutus, safe

tyrannicus, tyrannical

U

ubi, where

ubicumque (ubicunque), wherever, whenever

ubique, everywhere

ulcisci (dep. 3), ultus, to avenge

ullus, any

ulterior, further, later

ultimus, last, ultimate, final; ad ultimum, to the last degree, utterly

ultio, *f.,* revenge, vengeance

ultra, beyond; — fidem, incredible; — modum, immoderate

umbra, *f.,* shadow

unctio, *f.,* anointing

unde, wherefore, whence, thence, whereupon

ungere, unxi, unctus, to anoint

unicus, single

unigenitus, only-begotten

unio, *f.,* union

unire (4), to unite

unitas, *f.,* unity

unitus, united, joined

unus, one; in unum, together; nullus —, no one; una cum, together with; — solusque, the sole and only

unusquisque, each and every one; — vestrum, each one of you

universus, all, entire

urgens, urgent

urgere (2), ursi, to impel, to be urgent

usque, as far as; all the way; — ad, even until, up to, as far as

usurpare, to use

usus, *m.,* use; in usu, at the moment of usage, in the act of using; ex usu, expedient

ut (uti), that, as, after, when; — quum, as when;— fit, as is commonly the case

uter, which of two, both, either

uterlibet, whichever of the two

uterque, both, either of two, either one

uterus, *m.,* womb

utilitas, *f.,* benefit

utique, indeed, doubtless

utpote, as being, inasmuch as

utrum, whether

uxor, *f.,* wife

V

valde, greatly, exceedingly; — quam, immensely

valide, validly

validitas, *f.,* validity

validus, valid

valor, *m.,* value, validity

vanitas, *f.,* vanity, vain or empty thing

vanus, vain, false

varius, various, diverse

ve (-ve), or; plus minusve, more or less

vegetabilis, vegetable

vehemens, strong, violent

vehementer, strongly

vehementius, earnestly

vel, or; — . . . —, either . . . or; seu . . . —, whether . . . or

velle, volui, to wish, to will, to choose, to mean

vendere, to sell

venditio, *f.,* selling

venerabilis, venerable

venerari (dep. 1), to venerate

venia, *f.,* pardon

venialis, venial

venialiter, venially

venire, veni, ventus, to come

venturus, coming, future

verax, true

verberare, to beat

verbum, *n.*, word; ad —, literally, word for word
vere, really, truly
vereri (dep. 2), veritus, to fear
veritas, *f.*, truth
vero, truly, but, whereas; minime —, by no means; nisi —, unless indeed
versare, to turn, to treat, to deliberate
versiculus, *m.*, verse
vertibilis, convertible, liable to be turned back
verum, truly, indeed; — etiam, but also
verus, true
vespertinus, evening
vester, your
vestigium, *n.*, footstep
vestis, *f.*, clothing, attire, vestment
vetare, vetui, vetitus, to forbid
vetus, old
vetustissimus, very ancient
v.g. (abbrev. for verbi gratia), for example
via, *f.*, way, road
viator, *m.*, wayfarer
vicarius, *m.*, vicar
vicis, *f.*, punishment, time, instance; in or ad vicem, instead of; pro hac vice, for this once
vicissim, on the contrary, on the other hand, in turn
victoria, *f.*, victory
victus, *m.*, a living
videre (2), vidi, visus, to see
videri (dep. 2), to seem
vigere (2), to live, to flourish
vigilare, to watch
vincere, vici, victus, to overcome, to conquer
vindicare, to vindicate, to deliver

vinum, *n.*, wine
vir, *m.*, man, husband
virginitas, *f.*, virginity
virgo, *f.*, virgin, maiden
virtuosus, virtuous, of virtue
virtus, *f.*, virtue, host, excellence, power, might, strength
viscera, *n. pl.*, bowels, innermost parts
visibilis, visible
vis, *f.*, violence, force
visitare, to visit
visitatio, *f.*, visit, visitation
visivus, visual
vita, *f.*, life
vitiosus, vicious
vitium, *n.*, vice
vitulus, *m.*, calf
vivens, living
vivificare, to quicken, to bring to life, to give life to
vivere, vixi, victus, to live
vivus, living
vix, scarcely, with difficulty
vocabulum, *n.*, name
vocalis, vocal
vocare, to call
vocatio, *f.*, vocation
volitio, *f.*, volition, will
volitus, wished, wanted, willed
voluntas, *f.*, will
votum, *n.*, vow, prayer
vox, *f.*, voice, petition
V. Test. (*abbrev.*), Old Testament
vulgo, commonly, generally
vultus, *m.*, face, countenance

Z

zizania, *n. pl.*, cockle

Companion volume to **SECOND LATIN**

LATIN GRAMMAR

by

CORA CARROLL SCANLON, A.M.

and

CHARLES L. SCANLON, A.M.

THE AIM and scope of this work are to prepare those with no previous knowledge of Latin to read the Missal and Breviary. Unlike most First Year Latin textbooks, it is not an introduction to the reading of Caesar.

Its twenty lessons embrace Latin grammar completely, from the first declension to the various uses of the subjunctive. Special drill in forms and vocabulary is provided by generous exercises. After the student has made a fair start, he will encounter reading lessons, which are connected passages from the two liturgical sources for which the whole book is a preparation.

A valuable part of the book is the Latin-English vocabulary. In it and throughout the book, the accented syllable is marked in all Latin words of more than two syllables.

The one-year study provided by this textbook should enable a diligent student to read the Missal and Breviary with reasonable facility.

TAN BOOKS AND PUBLISHERS, INC.
P.O. Box 424
Rockford, Illinois 61105

OTHER TITLES AVAILABLE

Trustful Surrender to Divine Providence.
The Sinner's Return to God. Mueller.
A Year with the Saints.
Saint Michael and the Angels.
The Dolorous Passion of Our Lord. Emmerich.
Modern Saints—Their Lives & Faces. Ball.
Our Lady of Fatima's Peace Plan from Heaven.
Divine Favors Granted to St. Joseph. Binet.
St. Joseph Cafasso—Priest of the Gallows. St. John Bosco.
Catechism of the Council of Trent.
The Foot of the Cross. Fr. Faber.
The Rosary in Action. Johnson.
Padre Pio—The Stigmatist. Carty.
The Life of Anne Catherine Emmerich. 2 Vols. Schmoger.
Fatima—The Great Sign. Johnston.
Wife, Mother and Mystic. Bessieres.
St. Rose of Lima. Sister Alphonsus.
Charity for the Suffering Souls. Nageleisen.
Devotion to the Sacred Heart of Jesus. Verheylezoon.
Who Is Padre Pio?
The Stigmata and Modern Science. Carty.
The Incorruptibles. Cruz.
The Life of Christ. 4 Vols. Emmerich.
St. Dominic. Dorcy.
Is It a Saint's Name? Dunne.
St. Anthony—The Wonder Worker of Padua. Stoddard.
The Precious Blood. Fr. Faber.
The Holy Shroud & Four Visions. O'Connell.
Clean Love in Courtship. Lovasik.
The Devil. Delaporte.
Too Busy for God? Think Again! D'Angelo.
The Prophecies of St. Malachy. Bander.
St. Martin de Porres. Cavallini.
The Secret of the Rosary. St. Louis De Montfort.
The History of Antichrist. Huchede.
The Douay-Rheims New Testament.
Purgatory Explained. Schouppe.
St. Catherine of Siena. Curtayne.
Where We Got the Bible. Graham.
Hidden Treasure—Holy Mass. St. Leonard.
Imitation of the Sacred Heart of Jesus. Arnoudt.

At your bookdealer or direct from the Publisher.

At your bookdealer or direct from the Publisher.

NOTES

NOTES

NOTES

NOTES

NOTES

NOTES

NOTES

NOTES